働く人のための
エンプロイアビリティ

山本　寛 [著]

創 成 社

まえがき

　現代の組織は，グローバル化の進展や技術の高度化によって，予測困難な環境下におかれている。オープンシステム論[1]に依拠すると，組織は存続のために外部環境に適合する行動を日常的にとり続けなくてはならない。こうした状況のなか，現代の企業はコストを削減し効率性を高め，人材の最適配置を図るような多くの施策を実施している。例えば，リストラクチャリング，M&A，フラット化[2]，アウトソーシング化などである。また，企業以外でも公的組織の民営化が進行している。持続的な競争優位を獲得するため，こうした企業経営の柔軟性を高める戦略が，多くの組織でとられるようになってきた。これらの柔軟性戦略によって，組織形態の変化が日常的にみられるようになり，雇用関係も大きく変化するようになってきた。そして，これらの変化は望まずして現在の仕事を失ったり，また他の仕事に転換させられたりするのではないかという組織従業員の不安感を高めている。さらに，実際多くの人々がそのような経験に曝されるようになってきた。このような雇用に対する不安が常態的に語られるようになって久しい。わが国の勤労者も，バブル経済崩壊後何度も雇用不安に直面してきた。近年では，派遣切り，雇い止めなどに象徴されるような，非正規社員と呼ばれる人々の雇用が脅かされた2008年のリーマンショック後の雇用不安が記憶に新しい。もちろん，この傾向は，終身雇用の慣習が相当程度崩壊し，従業員の雇用確保に最大限の努力を払わない企業が増加してきたことがその背景にあろう。このような状況が長く続いていることが，社会全体，特に働く人々に大きな影響を与えているのである。いくつかの調査で，終身雇用を支持する勤労者の比率が非常に高く，また近年上昇傾向を示しているが，これも終身雇用の崩壊と雇用不安の影響といえるだろう（e.g. 産業能率大学，2009）。

　このような状況を働く人のキャリアの観点からみてみよう。現代は，自分の

キャリアについて漠然とでも考える人が増えてきている。キャリアを考えるということは、これまで働いてきた自分、現在の自分、そして特に将来の自分の働く姿について考えるということである。すなわち、現在勤めている組織で終身雇用が保障されていれば、仕事や人間関係にある程度満足している場合、辞めることはあまり考えないだろうし、取り立てて自分のキャリアについて考えなくても良いだろう。しかし、終身雇用の崩壊と雇用不安の広がりによって、「もし自分がリストラされたら・・・」ということを考えない勤労者の方が少ないかもしれない。その場合、多くの人々は他の組織に移るかまたは独立することによって、その後の職業人生を過ごしていく必要が生じる。そして、いくつかの調査結果によると独立よりも他の組織へ移る転職という道を選ぶ勤労者が圧倒的に多い（e.g. 労働政策研究・研修機構, 2005）。

　そこで、注目される概念または考え方がエンプロイアビリティ（employability）[3]である。エンプロイアビリティとは後ほど詳述するが、組織で雇用される能力を示す。すなわち、これが高い勤労者ほど意に添わず辞めさせられたりすることも少なく、また仮に辞めさせられても転職が可能となる。つまり、終身雇用の崩壊と漠然とした雇用不安にさらされている多くの勤労者にとって理想的な状態を示している。つまり、エンプロイアビリティは、勤労者が現代のような予測不可能、不安定な雇用関係に柔軟に対処することを可能にしてくれるのである。また、組織が激しい環境の変化に柔軟に対応していくためにも、エンプロイアビリティの高い従業員は必要である。なぜなら、従業員のエンプロイアビリティが高ければ、やむを得ずリストラせざるを得ない場合でも退職者から過度な恨みを買い、残留した従業員のモチベーションを大きく下げることを防げるかもしれないからである。しかし、このように理想的な状態と考えられるエンプロイアビリティにも問題点がある。そして、その問題点こそ筆者が本書を執筆しようと考えた動機であり、本書のタイトルにその思いを込めているつもりである。その理由については終章の最後をご覧頂きたい。

　筆者は、前々著『転職とキャリアの研究』において主に勤労者の観点から転職等組織間の移動によるキャリア発達の問題を扱った（山本, 2008）。また、前著『人材定着のマネジメント』では、主に組織の側から、転職などによって組

織をまたがってキャリア発達しようとする従業員をいかに組織内に引き留め業績をあげてもらうかというリテンション（定着）・マネジメントの問題を扱った（山本, 2009）。両書とも, 勤労者のキャリアの発達がバックボーンとなっている。本書では, 組織の立場を考慮しつつも, 再び勤労者の視点を中心にして, 組織間の移動を踏まえたキャリア発達に不可欠な能力などの指標であるエンプロイアビリティを考えていく。

　本書の内容の一部は, 既発表の以下の論文を基礎として分析方法を変更し, 大幅な加筆・修正を施したものである。第10章は「雇用不安と従業員の職務上の態度, 意思・行動との関係におよぼすエンプロイアビリティ知覚の影響」（『日本労務学会第42回全国大会研究報告論集』2012a, pp.121-128）, 第11章は「量的および質的雇用不安と勤労者の職務態度・行動との関係におよぼすエンプロイアビリティの影響」（『日本労務学会第43回全国大会研究報告論集』2013, pp.139-146）, 第12章は「エンプロイアビリティ保障の実証的研究」（『産業・組織心理学会第28回大会発表論文集』2012b, pp.64-67）, 第13章は「エンプロイアビリティ保障の実証的研究（2）－能力開発以外の観点から－」（『経営行動科学学会第15回年次大会発表論文集』2012c, pp.425-430）, 第14章は「専門職のキャリアの停滞と退職との関係におよぼすエンプロイアビリティと専門性コミットメントの影響－キャリア・プラトー現象の観点から」（『産業・組織心理学会第29回大会発表論文集』2013, pp.54-57：山梨県立大学看護学部松下由美子教授, 田中彰子教授, 佐久大学看護学部吉田文子准教授, 富士吉田市立病院杉本君代看護部長, 共立高等看護学院雨宮久子副校長との共同発表）がもとになっている。その他の部分は, 本書のために新たに書き加えたものである。

　本書の完成までには多くの方々のお世話になった。特に, 第14章の分析は, 筆者も加わった看護職におけるキャリア・プラトー現象の研究会が実施した実証分析の成果がもとになっている。研究会を主宰する山梨県立大学看護学部の松下由美子教授には謝して厚く御礼申し上げたい。また, 著者の勤務先である青山学院大学の同僚の先生方および事務職員の方々にはいろいろとお世話になった。さらに, 本書の刊行について大変お世話になった創成社代表取締役社長の塚田尚寛氏および出版部の西田徹氏に厚くお礼を申し上げたい。その他名前

を挙げるのは差し控えるが，研究の途上では多くの方々にご支援を賜った。これらの方々にも衷心よりお礼を申し上げたい。

　最後に，私事にわたるが日頃著者を励まし勇気づけてくれている妻，娘と息子，そして父と母に感謝したい。

2014年春

山本　寛

【注】
1）外部環境との継続的な相互作用を重視し，組織がそれらから予測不可能な影響を受けるシステムであるとする理論である。
2）意思決定のスピードアップなどの目的で管理職階層の数を減らすことである。課長職などを対象とすることが多い。
3）'Employability'は，「雇用され得る能力」，「雇用可能性」などと訳されることもあるが，「エンプロイアビリティ」と表記されることの方が多い。本書では，エンプロイアビリティの概念自体を再検討したいという意図もあり，他の類書同様，「エンプロイアビリティ」と表記する。

目　次

まえがき
図表一覧

序　章　働く人のためのエンプロイアビリティの意義 ── 1
第1節　エンプロイアビリティの意義 ………………………………… 1
第2節　社会における変化とエンプロイアビリティの重要性 …… 5
第3節　組織におけるパラドックスとエンプロイアビリティ …… 7
第4節　本書の研究方法および構成 ………………………………… 9

第Ⅰ部　エンプロイアビリティの歴史・現状とその概念的検討

第1章　エンプロイアビリティの過去と現在 ── 16
第1節　エンプロイアビリティの歴史的生成過程 ……………… 16
第2節　エンプロイアビリティにおける地域的な特徴 ………… 22
第3節　わが国におけるエンプロイアビリティの普及と現状 … 24

第2章　エンプロイアビリティの概念的検討 ── 27
第1節　エンプロイアビリティの定義 ……………………………… 27
第2節　エンプロイアビリティの特徴 ……………………………… 32
第3節　エンプロイアビリティの関係者とその対象 …………… 34
第4節　エンプロイアビリティの分類 ……………………………… 37
第5節　エンプロイアビリティの次元や構成概念 ……………… 43
第6節　エンプロイアビリティの関連概念 ………………………… 49
第7節　エンプロイアビリティの知覚 ……………………………… 58
第8節　エンプロイアビリティの測定 ……………………………… 60

第3章 エンプロイアビリティの要因 ―― 70
　第1節　エンプロイアビリティの要因に関する理論的
　　　　　フレームワーク ……………………………… 70
　第2節　エンプロイアビリティの個人的要因 ………… 74
　第3節　エンプロイアビリティに関する組織や
　　　　　労働市場の要因 ………………………………… 87

第4章 エンプロイアビリティの影響 ―― 92
　第1節　エンプロイアビリティの影響に関する理論的
　　　　　フレームワーク ……………………………… 92
　第2節　エンプロイアビリティと職務態度やキャリア意識
　　　　　との関係 ………………………………………… 94
　第3節　エンプロイアビリティと職務行動や業績との関係 … 100

第Ⅱ部　エンプロイアビリティに関する実証分析

第5章 エンプロイアビリティの知覚尺度の開発と
その妥当性 ―― 104
　第1節　勤労者の知覚によるエンプロイアビリティの測定 … 104
　第2節　エンプロイアビリティの知覚と他の概念との関係 … 105
　第3節　実証分析の方法 ………………………………… 107
　第4節　エンプロイアビリティの知覚尺度の妥当性に
　　　　　ついての実証分析 ……………………………… 110
　第5節　調査結果が示唆すること―考察と展望 ……… 113

第6章 エンプロイアビリティの日英比較 ―― 116
　第1節　エンプロイアビリティの国際比較 …………… 116
　第2節　実証分析の方法 ………………………………… 119

　　　　第3節　エンプロイアビリティの構造の日英比較についての
　　　　　　　実証分析 ………………………………………………… 121
　　　　第4節　調査結果が示唆すること―考察と展望 ……………… 125

第7章　エンプロイアビリティ・スキルとエンプロイアビリティ知覚との関係 ── 127

　　　　第1節　エンプロイアビリティ・スキルとエンプロイアビリティ知覚との関係 ……………………………… 127
　　　　第2節　エンプロイアビリティ・スキル，エンプロイアビリティ知覚と職務態度・行動との関係 ……… 128
　　　　第3節　実証分析の方法 ………………………………………… 130
　　　　第4節　エンプロイアビリティ・スキルとエンプロイアビリティ知覚との関係についての実証分析 ……… 133
　　　　第5節　調査結果が示唆すること―考察と展望 ……………… 139

第8章　エンプロイアビリティの客観的基準の検討 ── 143

　　　　第1節　エンプロイアビリティの客観的基準 ………………… 143
　　　　第2節　実証分析の方法 ………………………………………… 147
　　　　第3節　転職者におけるエンプロイアビリティの
　　　　　　　客観的基準についての実証分析 ……………………… 150
　　　　第4節　調査結果が示唆すること―考察と展望 ……………… 152

第9章　エンプロイアビリティの要因とその影響についての実証分析 ── 155

　　　　第1節　実証分析の方法 ………………………………………… 155
　　　　第2節　エンプロイアビリティの要因についての実証分析 … 161
　　　　第3節　エンプロイアビリティの影響についての実証分析 … 171
　　　　第4節　調査結果が示唆すること―考察と展望 ……………… 187

第10章 雇用不安と従業員の職務態度などとの関係に及ぼすエンプロイアビリティの影響 ─── 196

第1節 雇用不安と職務態度などとの関係 …………………… 196
第2節 雇用不安と職務態度などとの関係に及ぼすエンプロイアビリティの影響 ………………………… 199
第3節 実証分析の方法 ………………………………… 203
第4節 雇用不安と職務態度などとの関係に及ぼすエンプロイアビリティの影響についての実証分析 …… 205
第5節 調査結果が示唆すること─考察と展望 …………… 210
第6節 本章の限界と今後の課題 ……………………… 213

第11章 雇用不安と従業員の職務態度などとの関係に及ぼすエンプロイアビリティの影響(2)
─量的雇用不安と質的雇用不安との比較の観点から ── 215

第1節 量的雇用不安と質的雇用不安 …………………… 215
第2節 量的・質的不安と職務態度などとの関係 ……………… 217
第3節 量的・質的不安と職務態度などとの関係に及ぼすエンプロイアビリティの影響 ……………………… 220
第4節 実証分析の方法 ………………………………… 222
第5節 量的不安・質的不安と職務態度などとの関係に及ぼすエンプロイアビリティの影響についての実証分析 … 223
第6節 調査結果が示唆すること─考察と展望 …………… 227
第7節 本章の限界と今後の課題 ……………………… 232

第12章 エンプロイアビリティ保障の実証的研究 ─── 233

第1節 エンプロイアビリティ保障の重要性 ……………… 233
第2節 組織の能力開発によるエンプロイアビリティ保障 … 234
第3節 能力開発によるエンプロイアビリティ保障の有効性… 235
第4節 実証分析の方法 ………………………………… 237

　　　　第5節　エンプロイアビリティ保障についての実証分析 …… 239
　　　　第6節　調査結果が示唆すること―考察と展望 ………… 242

第13章　エンプロイアビリティ保障の実証的研究（2）
　　　　　―能力開発以外の観点から―　　　　　　　　　　　245
　　　　第1節　能力開発以外の人的資源管理によるエンプロイ
　　　　　　　　アビリティ保障 ………………………………… 245
　　　　第2節　能力開発以外の人的資源管理によるエンプロイ
　　　　　　　　アビリティ保障の有効性 ……………………… 249
　　　　第3節　実証分析の方法 ………………………………… 251
　　　　第4節　能力開発以外によるエンプロイアビリティ保障に
　　　　　　　　ついての実証分析 ……………………………… 252
　　　　第5節　調査結果が示唆すること―考察と展望 ………… 257

第14章　専門職のキャリアの停滞と退職との関係に及ぼすエ
　　　　　ンプロイアビリティと専門性コミットメントの影響
　　　　　―キャリア・プラトー現象の観点から―　　　　　　260
　　　　第1節　専門職のキャリアの停滞と退職との関係 ……… 260
　　　　第2節　専門職のキャリア・プラトー化の退職に対する
　　　　　　　　影響モデル ……………………………………… 263
　　　　第3節　実証分析の方法 ………………………………… 267
　　　　第4節　キャリア・プラトー化と退職との関係に及ぼす
　　　　　　　　エンプロイアビリティと専門性コミットメント
　　　　　　　　の影響についての実証分析 …………………… 270
　　　　第5節　調査結果が示唆すること―考察と展望 ………… 274
　　　　第6節　本章の限界と今後の課題 ……………………… 277

終　章　本書の意義と今後の研究課題　　　　　　　　　　　279
　　　　第1節　実証分析結果のまとめ ………………………… 279

第2節　組織の人的資源管理への提言 …………………………… 284
　第3節　勤労者のエンプロイアビリティ向上に向けた
　　　　　政策的提言 ……………………………………………… 288
　第4節　キャリア発達論における本書の意義 ………………… 291
　第5節　グローバルな観点からのエンプロイアビリティ研究
　　　　　における本書の意義 …………………………………… 293
　第6節　今後の研究課題 …………………………………………… 295
　結　語 ………………………………………………………………… 298

付　　表　301
引用文献　307
事項索引　327
人名索引　329

図表一覧

図　序	実証分析全体の研究概念図	12
図 2 − 1	NEDモデル	39
図 2 − 2	エンプロイアビリティと関連概念との関係	50
図 2 − 3	勤労者の能力の構造	54
図 7 − 1	第7章の変数間の関係図	130
図10 − 1	第10章の変数間の関係図	202
図10 − 2	雇用不安と組織コミットメントとの関係に対するエンプロイアビリティの調整効果	209
図10 − 3	雇用不安とキャリア満足との関係に対するエンプロイアビリティの調整効果	209
図10 − 4	雇用不安とキャリア展望との関係に対するエンプロイアビリティの調整効果	210
図11 − 1	第11章の変数間の関係図	221
図11 − 2	量的不安と職務満足との関係に対するエンプロイアビリティの調整効果	225
図11 − 3	量的不安とキャリア満足との関係に対するエンプロイアビリティの調整効果	226
図11 − 4	質的不安と職務満足との関係に対するエンプロイアビリティの調整効果	226
図11 − 5	質的不安とキャリア展望との関係に対するエンプロイアビリティの調整効果	227
図12 − 1	第12章の変数間の関係図	237
図13 − 1	第13章の変数間の関係図	251
図14 − 1	第14章の変数間の関係図	267
図14 − 2	階層プラトー化と退職意思との関係に対するエンプロイアビリティと専門性コミットメントの調整効果	273
表 2 − 1	業種別のエンプロイアビリティの測定	66
表 5 − 1	エンプロイアビリティ項目の因子分析	111
表 5 − 2	記述統計と相関	112
表 6 − 1	エンプロイアビリティ項目の因子分析（イギリス人調査）	121
表 6 − 2	記述統計と相関	122
表 6 − 3	配置不変モデルの適合度	123

表6-4	4つのモデルの平均共分散構造分析	124
表7-1	エンプロイアビリティ・スキルのエンプロイアビリティ知覚に対する重回帰分析	135
表7-2	能力ベースのエンプロイアビリティおよびエンプロイアビリティ知覚の職務態度・行動に対する重回帰分析	137
表7-3	キャリア開発コンピテンスおよびエンプロイアビリティ知覚の職務態度・行動に対する重回帰分析	137
表7-4	エンプロイアビリティ知覚の媒介効果（ソベル検定）	139
表8-1	転職経験と外的エンプロイアビリティ知覚	151
表8-2	転職の誘いの有無と転職時の評価（調査3）	151
表8-3	転職の誘いの有無と処遇の変化（調査3）	152
表9-1-1	性別によるエンプロイアビリティ知覚のt検定	162
表9-1-2	性別と転職の誘いの有無のクロス表（調査3）	162
表9-1-3	性別によるエンプロイアビリティ・スキルのt検定（調査5）	163
表9-2-1	年齢とエンプロイアビリティ知覚との相関	164
表9-2-2	転職の誘いの有無による年齢のt検定（調査3）	164
表9-3-1	学歴別のエンプロイアビリティ知覚のt検定	165
表9-3-2	学歴と転職の誘いの有無のクロス表（調査3）	165
表9-3-3	学歴別のエンプロイアビリティ・スキルのt検定（調査5）	166
表9-4-1	現職務担当期間とエンプロイアビリティとの相関	166
表9-4-2	転職の誘いの有無による現職務担当期間のt検定（調査3）	167
表9-5	勤続期間とエンプロイアビリティとの相関	167
表9-6-1	職位別のエンプロイアビリティ知覚のt検定	168
表9-6-2	職位と転職の誘いの有無のクロス表（調査3）	169
表9-6-3	職位別のエンプロイアビリティ・スキルのt検定（調査5）	169
表9-7-1	国際業務経験の有無によるエンプロイアビリティ知覚のt検定	170
表9-7-2	国際業務経験の有無と転職の誘いの有無のクロス表（調査3）	170
表9-7-3	国際業務経験の有無によるエンプロイアビリティ・スキルのt検定（調査5）	170
表9-8-1	職務関与とエンプロイアビリティ知覚との相関（調査3）	171
表9-8-2	転職の誘いの有無による職務関与のt検定（調査3）	171
表9-9-1	エンプロイアビリティ知覚の職務満足に対する重回帰分析	173
表9-9-2	転職の誘いによる転職の職務満足に対する重回帰分析（調査3）	174
表9-9-3	エンプロイアビリティ・スキルの職務満足に対する重回帰分析（調査5）	174
表9-10-1	エンプロイアビリティ知覚の組織コミットメントに対する重回帰分析	175

表9-10-2	エンプロイアビリティ・スキルの組織コミットメントに対する重回帰分析（調査5）	176
表9-11-1	エンプロイアビリティ知覚のキャリア満足に対する重回帰分析	177
表9-11-2	転職の誘いによる転職のキャリア満足に対する重回帰分析（調査3）	178
表9-11-3	エンプロイアビリティ・スキルのキャリア満足に対する重回帰分析（調査5）	178
表9-12-1	エンプロイアビリティ知覚のキャリア展望に対する重回帰分析	179
表9-12-2	転職の誘いによる転職のキャリア展望に対する重回帰分析（調査3）	180
表9-12-3	エンプロイアビリティ・スキルのキャリア展望に対する重回帰分析（調査5）	181
表9-13-1	エンプロイアビリティ知覚の収入に対する重回帰分析	182
表9-13-2	転職の誘いによる転職の収入に対する重回帰分析（調査3）	182
表9-13-3	エンプロイアビリティ・スキルの収入に対する重回帰分析（調査5）	183
表9-14-1	エンプロイアビリティ知覚の職務業績に対する重回帰分析	184
表9-14-2	転職の誘いによる転職の職務業績に対する重回帰分析（調査3）	184
表9-15-1	エンプロイアビリティ知覚の退職意思に対する重回帰分析	185
表9-15-2	転職の誘いによる転職の退職意思に対する重回帰分析（調査3）	186
表9-15-3	エンプロイアビリティ・スキルの退職意思に対する重回帰分析（調査5）	186
表10-1	雇用不安とエンプロイアビリティ項目の因子分析	206
表10-2	雇用不安，エンプロイアビリティの職務態度などに対する重回帰分析	208
表11-1	雇用不安，エンプロイアビリティの職務態度などに対する重回帰分析	224
表12-1	能力開発のエンプロイアビリティに対する重回帰分析	239
表12-2	能力開発およびエンプロイアビリティの職務態度などに対する重回帰分析	240
表12-3	エンプロイアビリティの媒介効果（ソベル検定）	241
表13-1	人的資源管理項目の因子分析	253
表13-2	人的資源管理のエンプロイアビリティに対する重回帰分析	254
表13-3	人的資源管理およびエンプロイアビリティの職務態度などに対する重回帰分析	256
表13-4	エンプロイアビリティの媒介効果（ソベル検定）	257
表14-1	階層プラトー化と内容プラトー化項目の因子分析	270
表14-2	エンプロイアビリティと専門性コミットメント項目の因子分析	271
表14-3	キャリア・プラトー化，エンプロイアビリティ，専門性コミットメントの退職意思に対する重回帰分析	272

付　表

| 付表7-A | 能力ベースのエンプロイアビリティ項目の因子分析 | 301 |

付表7−B　キャリア開発コンピテンス項目の因子分析 …………………………………… 302
付表7−C　エンプロイアビリティ項目の因子分析（調査5） …………………………… 305
付表8　エンプロイアビリティ項目の因子分析（調査3） ………………………………… 306
付表13　エンプロイアビリティ項目の因子分析 …………………………………………… 306

序　章

働く人のためのエンプロイアビリティの意義

第1節　エンプロイアビリティの意義

　これまでの雇用関係においては，経営者が長期雇用または終身雇用によって従業員の雇用を保障することが期待されてきた。しかし，IT化やグローバル化の影響による企業間競争の激化を背景に，多くの国々で雇用関係が安定した長期的なものから，より柔軟，多様で短期的なものに変化してきた（Hiltrop, 1995）。わが国でも，バブル経済の崩壊にともなうリストラクチャリングや成果主義的人的資源管理の広がり，規制緩和による非正規従業員の増加による雇用の多様化の進行によって，組織は長期的な雇用保障を個々の従業員に約束できなくなってきた。勤労者もそれらを組織に期待することはできなくなってきた。そこで，勤労者自身がキャリアの発達，雇用や現在従事している職務を保障していく上でより責任をもつことが求められるようになった。こうした状況のなかでのエンプロイアビリティの意義について，いくつかの観点からみてみよう。

　第1が，勤労者のキャリアの観点である。現代は境界のないキャリアの時代といわれる（Arthur & Rousseau, 1996）。勤労者のキャリア環境は，境界があり単一の雇用者のもとで正規の雇用関係によって営まれる安定的なものから，境界がなく勤労者によって自己管理される形へと変化しつつある。わが国でも，終身雇用慣習が根強かった頃，つまり多くの人々が1つの組織だけでその職業生涯を終えた時代には，自分のキャリアの発達も1つの組織内でのみ考えれば良かった。しかし，組織と個人の関係が永続的かつ安定的なものではなくなって

きた現代，キャリア上の成功（キャリア成功）を収める人は，現在の所属組織で何らかの付加価値を生み出し続けられる人，または労働市場における市場性が高いとみられ，他の組織への転職が可能な人であることが必要とされるようになってきた。つまり，自分のキャリアがどのように展開していくか予測不可能になるにつれ，自分のもつ能力とエンプロイアビリティを徹底して分析することが，キャリア発達をめざす勤労者の重要なスタートポイントになってきた。実際，わが国でも将来の職業生活の設計を主体的に，つまり自分で考えたいとする勤労者（特に正規従業員）の比率が高くなっている（厚生労働省能力開発基本調査）。こうして，エンプロイアビリティはキャリア成功の重要な指標と考えられるようになってきた（Boudreau, Boswell, & Judge, 2001）。エンプロイアビリティは，従業員が急速に変化しつつある職務要件に対応することを可能にしてくれるからである（Van der Heijde & Van der Heijden, 2006）。

このような経緯から，エンプロイアビリティの分析において，（将来の）従業員の多様なキャリアの側面が検討されてきた。例えば，身体的な適応性，認知的な適合性，学習，非専門化，柔軟性，急速な変化への適応や移動（Gazier, 1990）である。エンプロイアビリティは，これらの側面のいくつかに適応しかつ研究上の視点に依拠し，結局のところ単一の概念ではないことが明らかにされてきた。同時に，エンプロイアビリティは単なる仕事上の経験だけではなく，資格取得などを通して，得られた経験を体系立てて整理・理解することによって社会的に通用することに重点が置かれてきた。

第2が，組織の観点である。前述したように，多くの組織で従業員に長期雇用を保障していくことが困難になってきた現代，欧米ではエンプロイアビリティが経営者と従業員との間の新しい心理的契約という観点から注目されるようになってきた（Hiltrop, 1995）。心理的契約とは，「当該個人と他者との間の互恵的な交換において合意された項目や状態に関する個人の信念」（Rousseau, 1989, p.123）と定義され，経営者と従業員が相互にどのような義務を負っているかということについて従業員がもつ知覚である。これまで，わが国の企業は相当の理由がない限り従業員を解雇せず，終身雇用が心理的契約となってきた（Abegglen, 1958）。そのため，近年多くの企業で広く行われるようになった正

規従業員の雇用調整[1]は，まさにその契約の不履行と考えられる。その契約の不履行は，従業員，特にこれまで終身雇用慣習に慣れ親しんできた中高年従業員の意識に大きな影響を与えたといえる。実際，経営者による契約の不履行は職務満足，組織コミットメントや業績を低下させ，離職を高めることが実証されている（Zhao, Wayne, Glibkowski, & Blavo, 2007）。

　終身雇用を心理的契約とすることが困難になってきた現代，欧米の組織では，雇用保障からエンプロイアビリティ保障へという考え方が広がってきた。エンプロイアビリティ保障は，企業側が主導するエンプロイアビリティの側面を示す考え方であり，現代の労働市場において，勤労者の新しい雇用保障としても考えられる。これは，「個人の雇われる能力を企業が保障・支援する制度」（林・福島，2003, p.49）を設定することで，将来の機会に備えて，現在の仕事で勤労者の価値を高めるという認識のことである（Kanter, 1989）。また，従業員に自分のスキル（技能）を継続的に高めるチャンスを与え，組織内外での職務の柔軟性を保障し，そうした機会をより多く提供することである（Ghoshal & Bartlett, 1999）。すなわち，企業が雇用保障を約束できなくなった代わりに従業員にスキルや知識を習得する仕組みを保障していくことで，従業員の専門的なスキルが高度化する，つまり人的資本の蓄積によってエンプロイアビリティを高めることを示す。人的資本とは，「雇用主に対し自己の価値を高めるような教育的，専門的な価値の蓄積」（Judge, Cable, Boudreau, & Bretz., 1995, p.489）などと定義され，勤労者がもつ生産に有用な知識・熟練・スキルなどをいう。このように，従業員が自己の能力を開発・増進させることができる能力開発制度を用意することが，制度としてのエンプロイアビリティである。エンプロイアビリティ保障と類似した考え方が，エンプロイアビリティ志向（employability orientation: Van Dam, 2004）である。これは，エンプロイアビリティを向上させるための組織の行動であり，組織によるエンプロイアビリティ（organizational employability）を意味する点はエンプロイアビリティ保障と同様である。しかし，組織のために従業員のエンプロイアビリティを発達させ，維持することを通して組織の柔軟性を高めていくことをねらった組織の活動や施策全体を示すという点で，エンプロイアビリティ保障よりやや広い概念である。

エンプロイアビリティ保障やエンプロイアビリティ志向という考え方に基づく、いわば新たな心理的契約における経営者と従業員との新しい雇用関係とは、以下のようなものである。すなわち、従業員は、経営者が彼らのエンプロイアビリティを高めるために必要な援助を提供してくれることを期待でき、その見返りに従業員は彼ら自身の職務業績の向上にコミットするという関係である。そして、従業員は経営者から彼ら自身のキャリアに責任をもつことを前提として求められる。そのため、従業員の組織への依存度の高い終身雇用が心理的契約の場合より、エンプロイアビリティ保障に基づく新たな心理的契約における方が、雇用関係がより対等ないわば「大人と大人の関係」に近くなると考えられる（Waterman, Waterman, & Collard, 1994）。

　この新しい契約の核心は、従業員が携帯可能で市場性の高いスキルを獲得することを組織が援助することである。すなわち、グローバルな企業間競争が激化するなか、企業は従業員を定年まで雇用することを前提とするのではなく、エンプロイアビリティ保障によって高いスキルをもった従業員がより高い業績を生むことを目的に、従業員に投資することになる（Kanter, 1989）。Kanter（1994）は、（能力開発制度の整備だけでなく）仕事をより挑戦的なものにすることによっても、エンプロイアビリティ保障につながるとしている。他方、従業員も自分のエンプロイアビリティを高めるために、仕事の内容、職務や部署を変え、教育訓練プログラムに参加することが求められる（Van Dam, 2004）。このように、境界のないキャリアの時代だからこそ、実際、自分の能力開発やキャリア発達の多くを組織に依存せざるを得ない勤労者にとって、組織によるエンプロイアビリティ保障が重要になるのである。

　第3が、組織と個人との相互関係の観点である。

　エンプロイアビリティは、経営者および従業員の双方にとって大きな意味をもつ。すなわち、組織で発揮することが可能な能力と組織で求められる能力との一致は、いわゆる能力のミス・マッチを生じない。そのことで、従業員は自身の能力を最大限に活用することが可能となり、それによって自己実現につながる。しかし、エンプロイアビリティは経営者と従業員間の率直で良好な交換関係なしには成り立たない。具体的には、経営者の従業員に対する能力開発な

どの投資とそれによって期待される能力や業績の向上といった利益との関係のバランスがとれることである。これを，経営側の観点から組織均衡論によって考えると，組織に存続と成長をもたらすには，組織が株主，従業員等の参加者の動機を満足するために提供する誘因・投資と，組織目的達成に寄与する参加者の貢献とのバランスが重要となる（March & Simon, 1958）。

第2節　社会における変化とエンプロイアビリティの重要性

　前節では，3つの観点から現代におけるエンプロイアビリティの意義を探った。さらに，エンプロイアビリティが必要とされる背景には，社会におけるいくつかの大きな変化が関わっている。本節では，現代社会における変化の観点から，エンプロイアビリティの意義と必要性について考えてみたい。ここで取り上げるのは，イノベーション，組織の変化，グローバル競争の激化，属性的特徴の変化である（Riddell & Sweetman, 2000）。

　第1が，イノベーションである。社会におけるイノベーションの進展は，職務ごとに必要とされる職務特殊スキルが陳腐化する原因となる。言い換えると，過去に取得されたスキルや経験は，現在または近い将来十分な量（質）の職務業績を挙げていくには不十分になる。さらに，特定の職務におけるスキルの必要条件が高まることで，勤労者が保持している人的資本と必要とされる人的資本との間のギャップが生じる（Borghans & De Grip, 2000）。エンプロイアビリティはそのギャップを埋めていくのに重要な働きを果たす。イノベーションは職務を完全に消失させることもあり得る。例えば，銀行における情報技術の発展は伝統的な金銭出納係（テラー）の職務を消失させた。職務が消失すると，勤労者が労働市場に参加し続けるためにはエンプロイアビリティが重要になってくる。同時に，エンプロイアビリティは，配置転換させなければならない従業員のためのコストを負担する必要がなくなるという点で，欧米の多くの組織の経営者にとっても利点がある。しかし，長期雇用の慣行が一般的であったわが国では必ずしもそうではない。

　第2が，組織の変化である。これはイノベーションに付随して発生すること

も多い（Caroli & Van Reenen, 2001）。まえがきでも触れたように，現代の組織は，必然的に柔軟性を追い求めざるを得ない。これまでの官僚制的な組織がより柔軟な構造をもつ組織に変化するにつれ，従業員は，かなりの程度自分の行動を自分でコントロールできるプロジェクトチームで仕事をするようになる。この傾向は，わが国の企業で特に顕著である。そうした組織の変化は従業員に高度な柔軟性を求めることになる。そして，それはエンプロイアビリティが高いことによって満たされることになる。それは，従業員がジョブローテーション[2]の一環として職務を交代し，また教育訓練によって，自分達の職務内容の変化に常に対応せざるを得なくなる場合でも同様である（Riddell & Sweetman, 2000）。

　第3が，グローバル競争の激化である。現代のわが国の企業，特に国際比率が高い企業では，グローバル環境の変化にスピーディーに適応する必要性が高くなっている。結果として，このことは企業がより柔軟性の高い従業員集団を求めるニーズを高めることにつながる。さらに，グローバルな観点からみると，労働集約的生産プロセスは低賃金を特徴とする発展途上国に移り，R&D，イノベーションといった知識集約的生産プロセスは欧米やわが国に集中してきた（Wood, 1994）。結果として，これら諸国の企業では，その競争戦略を知識やイノベーションを起こせる能力の獲得に集中するようになってきた。一般に，訓練された従業員はより良いイノベータであると考えられる。つまり，優れた能力開発プログラムを策定し実行することが，それによって達成される競争優位性の高さが製品やサービスの品質に直結すると認識されて，エクセレントカンパニーの優先事項と考えられるようになってきた（Corvers, 1997）。このように，グローバル競争の激化は従業員に柔軟性と能力開発への努力の両方を求めるようになり，結果的に，エンプロイアビリティの高い従業員が必要とされるようになったのである。

　第4が，属性的特徴の変化，特に少子高齢化である。多くの高度産業化を成し遂げた国々では，55歳以上の中高年勤労者の比率が急激に増加し，逆に40歳以下の勤労者の実数，比率とも低下してきた。これまで，わが国では中高年従業員を主な対象とした雇用調整が広く行われてきた。しかし，労働力の高齢

化がより進行すれば，早期退職など早期に労働市場から退出してもらうという慣行が一般的ではなくなるかもしれない。高度産業化経済のもとでは，若年勤労者がますます減少していくことは，企業に現在の従業員のリテンション（定着）を図っていく必要性を高めることになる。すなわち，少子高齢化はエンプロイアビリティ向上の必要性を高めると考えられる。

第3節　組織におけるパラドックスとエンプロイアビリティ

　前節まで，個人や社会など多様な観点からエンプロイアビリティの意義と必要性を論じてきた。しかし，このような意義のあるエンプロイアビリティを高めていくことは簡単ではない。エンプロイアビリティの向上には，ワーク・プロセス，キャリア発達や個人生活に関わり，統合するのが困難だが，現代の組織に存在するいくつかのパラドックスに立ち向かう必要がある（Handy, 1994）。
　第1のパラドックスは，柔軟性と自律のパラドックスである。これは，マネジメント・パラドックスとも呼ばれる（Bolweg & Maenhout, 1995）。企業間競争の激化により，多くの企業は，競争優位の見込める分野に自社のもつ資源を集中する戦略をとるようになってきた。それにともない，不採算部門からの撤退と成長分野への投資が人的資源に関しても活発に行われている。先行研究でも，従業員が組織内で将来的に多様な課業を遂行し，または違った職位に移動する可能性を「経営者がもつ（従業員の）移動需要」とし，それが従業員の組織内のキャリア発達に影響するとしている（Boom & Metselaar, 2001）。これは，わが国の組織では多能工化[3]を意味する。その場合，企業で求められるのが前述した柔軟性戦略に合致した人材である。すなわち，本人の意思に関わらず，チェスの駒のように衰退分野から成長分野に移動して仕事をこなしてくれる従業員である。
　他方，現代の組織では，組織のフラット化や労働生産性向上を背景に，日常業務を上司の指示によらず自主的に行える人材，つまり自律的で自己管理のできる従業員が求められている。これは，権限移譲（empowerment）の活発化によってますます促進されてきた。しかし，欧米の組織では，これらの人材は前

述した企業の要請とは必ずしも合致せず，パラドックスを生じてきた。すなわち，高度に自律的で自己管理のできる従業員は，高業績者であることが多く，組織にとって重要なリテンションの対象である。一方，彼らは自己の専門性を確立していることが多く，必ずしも組織の指示通り，配置転換に応じてくれるとは限らない。そのため，欧米の組織では従業員に求められるこのパラドックスの解決は容易ではない。すなわち，どの組織でも必要とされる柔軟かつ自律性の高い人材の内的エンプロイアビリティ[4]は高く，現在の組織での雇用が維持されやすいだろう。しかし，わが国の組織では，将来の経営者候補はいくつかの職種・部門のジョブ・ローテーションを経て選抜されるという昇進管理が一般化しており，このパラドックスに陥りにくい。

　第2のパラドックスは，専門化と脱専門化のパラドックスである。これは，主に従業員が直面するパラドックスである。前述したように，現代の組織ではイノベーションやそれに基づく新しいビジネスモデルの創出のため，専門知識や専門性が従業員に強く求められている。しかし同時に，イノベーションのスピードの速さからドッグイヤーといわれるほど技術の陳腐化の進行も速いことが多くの分野で認められている（e.g. Allen & Grip, 2007）。つまり，保有するスキルと現在の職務で求められるスキルのミスマッチが拡大し，これまで蓄積してきた知識や経験が活用できないという状況がみられている。また，第1の柔軟性と自律のパラドックスによれば，場合によっては，組織内での柔軟な配置が可能になるため，できるだけ早く現在の専門分野から脱するという脱専門化が必要とされることになる。これに関しては，わが国でも，ダウンサイジング化[5]の流れによって多くのハードウェア技術者がソフトウェア技術の習得を迫られたという事例が多くみられた。そして，これは，専門分野の境界も越えるという現代のような境界のないキャリアの時代の状況にも適合することになる。すなわち，専門化と脱専門化の間を状況に応じ柔軟に「移動」できることが，現代の境界のないキャリアとして求められるのである（Weick, 1996）。このパラドックスは，わが国でも欧米ほどではないがみられる。高い専門性と状況に応じた脱専門化というパラドックスをうまく乗り越えていくことが，組織内，組織間を問わず高いエンプロイアビリティへつながるのである。

第4節　本書の研究方法および構成

　本書は，先行の文献研究のレビューと，組織で働いている勤労者の方々に対する意識調査による実証分析の結果を組み合わせて論じている。また部分的に，筆者が実施した企業や勤労者に対するインタビュー調査の結果も取り入れている。そして，実証分析では基本的に，事前に検証すべき仮説を用意し，収集したデータがその仮説と一致するかどうかを検証するという方法を採用した。仮説および研究モデルは，先行研究における理論や理論的視点に基づいて設定した。本書では主に，人的資本理論，二重市場理論，モチベーション理論，シグナリング理論，自己決定理論，社会的交換理論，ストレス理論，JDRモデル等に依拠してモデルを設定している。そして，本書の実証分析の部分では，モデルをそれぞれ変数間の関係図の形で表示している。

　本書で設定した問題は大きく分けて以下の3つの点に集約される。
（1）エンプロイアビリティ自体の定義，現状，構造などを分析する。
（2）エンプロイアビリティの発生した原因や，それに影響を与えた要因を分析する。
（3）エンプロイアビリティによって生じた，またはそれに影響を受けた状況や結果を分析する。

　本書の実証分析は，多くの対象を同時点で調査するという横断的方法によっているため，時系列的な原因と結果の関係，すなわち因果関係を明らかにすることは不可能である。しかし，基本的に上記の観点に従い分析し，以下の第Ⅰ部と第Ⅱ部の2部構成とした。

　まず，（1）に基づく第Ⅰ部（第1章から第4章）では，エンプロイアビリティについて，これまでの歴史・現状，概念，および要因とその影響について，主に先行の実証文献や統計資料をもとにした文献研究によって考察した。

　第1章では，エンプロイアビリティの歴史的生成過程について，その発祥の地である欧米におけるその発展を中心に，6つの時期に分けて論じた。また，グローバルな観点から，ヨーロッパやアメリカにおけるエンプロイアビリティ

の特徴や，わが国におけるその普及と現状について概観した。

　第2章では，エンプロイアビリティを概念的に再検討するため，その定義，特徴，関係者とその対象，分類，次元や構成概念，関連概念，測定方法などを先行研究のレビューに基づいて検討した。

　第3章では，エンプロイアビリティの要因を，性別等の個人属性要因，学歴等の人的資本関連要因，労働時間等のモチベーション関連要因，就業形態等の労働市場関連の個人要因からなる個人的要因と，能力開発等の組織的要因，景気の繁閑等の労働市場に関する要因に分け，先行研究のレビューによって検討した。

　第4章では，エンプロイアビリティ（の向上）が及ぼす影響について，職務満足等の職務態度や収入等の職務行動・業績との関係について，先行研究のレビューによって検討した。

　ついで，（2）および（3）に基づく第Ⅱ部（第5章から第14章）では，エンプロイアビリティについて，その要因や影響，雇用不安との関係，組織の人的資源管理との関係等について，国際比較の観点も取り入れた実証分析によって検討した。

　第5章では，先行研究をもとに，これ以降の実証分析で使用する内的および外的エンプロイアビリティ尺度を開発し，その妥当性などを検証した。

　第6章では，日本とイギリスの勤労者を対象とした国際比較研究によって，第5章のエンプロイアビリティ尺度の交差妥当性やエンプロイアビリティ自体の差異を検討した。

　第7章では，先行研究で多く使用されてきたエンプロイアビリティ・スキルを測定する尺度と内的および外的エンプロイアビリティ尺度との関係を実証的に分析し，エンプロイアビリティ・スキルとエンプロイアビリティ知覚との関係等を検討した。

　第8章では，転職者を対象として，転職の誘いによる転職の有無というエンプロイアビリティの客観的基準を設定し，その妥当性を実証的に分析することを通して，客観的エンプロイアビリティ尺度の可能性を検討した。

　第9章では，第3章で設定したエンプロイアビリティの要因および第4章で

設定したエンプロイアビリティの影響を，仮説に基づいて実証分析により検討した。

第10章では，雇用不安が従業員の職務態度や行動に及ぼすネガティブな影響に対するエンプロイアビリティの緩和効果を実証分析により検討した。

第11章では，第10章で検討した（量的）雇用不安と並び，職務の質の悪化に関する質的雇用不安のネガティブな影響に対するエンプロイアビリティの緩和効果を，実証分析によって比較検討した。

第12章では，組織の能力開発による従業員のエンプロイアビリティの向上（エンプロイアビリティ保障）がわが国の組織でも成立するかどうかおよびその有効性について，実証分析によって検討した。

第13章では，能力開発以外の人的資源管理によるエンプロイアビリティ保障が，わが国組織で成立するかどうかおよびその有効性を，実証分析で比較検討した。

第14章では，専門職のキャリアの停滞が退職を促進する関係に及ぼすエンプロイアビリティと専門性へのコミットメントの緩和効果を，実証分析により検討した。

最後に終章では，第Ⅱ部の実証分析の結果をまとめた上で，組織の人的資源管理や国の政策への実践的提言を試みた。さらに，キャリア発達論やグローバルな観点から本書の意義についてまとめた後，今後の研究課題を掲げた。

<u>なお，実証分析の統計数字などが読みにくいと思われる場合は，「実証分析」という語句を含む節（第5章第4節など）を読み飛ばしてもらって構わない。その上で，終章第1節の実証分析結果のまとめを参照されたい。</u>

また，本書の実証分析の部分（第Ⅱ部）の研究概念図を，次頁に章別に図示した。参考にして頂きたい。

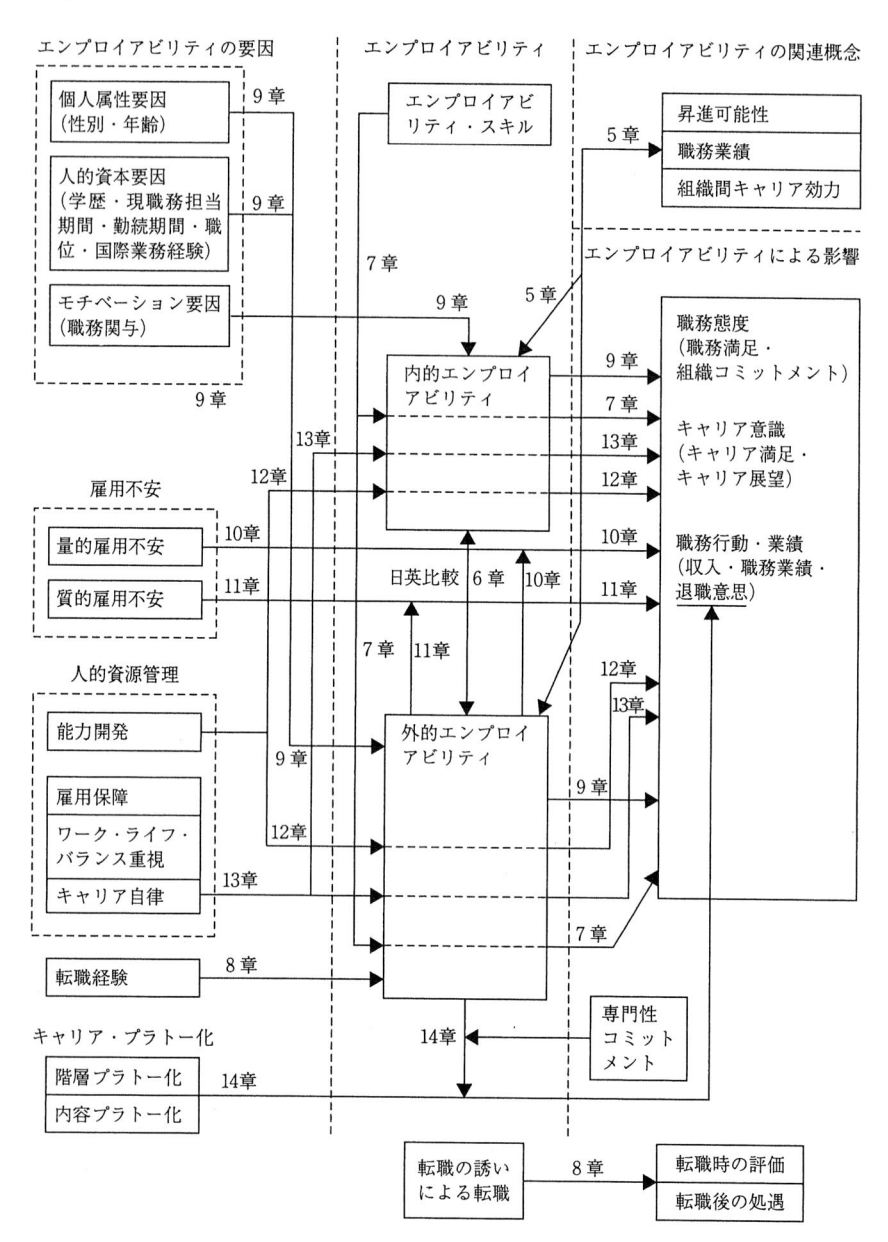

図序　実証分析全体の研究概念図

【注】
1) 企業が産業構造の変化や景気の変動などの外的環境の変化にともなって，雇用量を調整することである。
2) 従業員に多くの仕事を経験してもらうため，育成計画に基づいて，定期的に職務異動を行うこと。
3) 多能工とは，複数の異なる工程の作業を担当できるスキルをもった作業者のことを示し，組織の従業員を多能工として教育訓練するシステムを多能工化という。
4) 第2章第4節で詳述する。
5) コストの削減などのため，企業のコンピュータを大型コンピュータからPCやワークステーションなどの小型コンピュータに置き換えることである。

第Ⅰ部

エンプロイアビリティの歴史・現状とその概念的検討

第1章

エンプロイアビリティの過去と現在

第1節　エンプロイアビリティの歴史的生成過程

　エンプロイアビリティは決して新しい概念ではない（De Grip, Van Loo, & Sanders, 2004）。しかし，エンプロイアビリティが実証的な研究の対象になってきたのは1990年代後半以降であり，その意味ではまだまだ研究されていない分野でもある（Van der Heijde & Van der Heijden, 2006）。すなわち，エンプロイアビリティという概念がその時々の環境要因の影響を受け，歴史的にどのように発展していったという過程を検討する必要がある。そこで，エンプロイアビリティ発祥の地である欧米におけるその発展過程を，6つの時期に分けて概観してみよう（De Grip et al., 2004）。

1　黎明期（20世紀初頭）

　歴史的にみると，エンプロイアビリティという用語が最初に登場したのは20世紀初頭のイギリスであり，文献としてはBeveridge (1909) にまでさかのぼる。その後，エンプロイアビリティの研究はアメリカにおいて発展し，当初は健康で丈夫な労働者の有用性の観点から取り上げられた。この時期のエンプロイアビリティは，対極にある人々，すなわち高齢者など福祉的対処が必要な人々（雇用が不可能）と，仕事を探している人々（雇用が可能）を区別することに重点が置かれ，二分化エンプロイアビリティ（dichotomic employability）とも呼ばれた（Gazier, 1999）。この二分法は，エンプロイアビリティの非常に単純なとらえ方ではあるが，組織で働いている人々がイノベーションなどによっ

ていつ失業するかもしれないという労働市場における状況を反映しているという点では，現在でも同じである。

2　社会政策的観点の重視（1950年代）

エンプロイアビリティが論文のタイトルとして使われたのは，Feintuch (1955) が最初といわれている。そして1950年代以降，エンプロイアビリティという用語自体，少しずつ知られるようになってきた（e.g. Forrier & Sels, 2003）。その後，イギリスやアメリカだけでなくドイツなど他のヨーロッパ諸国でも使われるようになった。しかし，その当時のエンプロイアビリティに対する関心は，身体的，精神的，社会的に障がいを抱えた恵まれない人々の労働市場における位置づけの向上に限定されていた。この観点におけるエンプロイアビリティは，社会医学的エンプロイアビリティ（socio-medical employability）とも呼ばれている（Gazier, 1999）。恵まれない人々が政策立案者からの強い関心を惹いた主な理由は，戦後の技能労働者の不足であり，それが彼らの採用に対する企業の関心を高めたのである。

3　能力と態度の重視（1950年代から60年代）

1950年代から60年代にかけてのエンプロイアビリティの議論は，主にアメリカを中心として，完全雇用[1]を達成するための，純粋にマクロ経済的な目的の観点からとらえられた。その当時のエンプロイアビリティの対象は，主に恵まれない失業者，すなわち現在働いていない人であり，全般的な好況と需給がタイトな労働市場のもと，彼らをいかに労働市場に参入してもらうかということに密接に関連していた。つまり，この時期のエンプロイアビリティは，個人の能力などの特性と労働市場における仕事の需要との間の「距離」を明らかにし，測定することに焦点を当てたのである。この時期のエンプロイアビリティは，個人が正規（従業員としての）雇用からどの程度離れているかを問題としたため，マンパワー政策としてのエンプロイアビリティ（manpower policy employability）とも呼ばれている（Gazier, 1999）。この時期には，失業している人々が労働市場へ参入するための政府による施策がエンプロイアビリティを

高める最も重要な要因と考えられ，実際多くの施策がマクロ経済政策として実施された。すなわち，勤労者のエンプロイアビリティは主に彼らの労働市場における履歴によって決定されたことになる。個人の（潜在）能力について情報を集め，それを高めていくことが完全雇用へとつながり，このことが政府の雇用政策の最優先課題となった。この点は，これまでのわが国の雇用促進政策にも色濃く反映している。政策立案者は，失業したことで自信を失った人々の労働市場への再参入を手助けするために，勤労者の雇用に対する態度や彼らが自身に対してもつイメージなどの自己認識を改善させることによって，エンプロイアビリティを高めようとしたのである。1970年代初頭までは，人々の態度についての情報や労働市場での位置づけを高めるような情報が，エンプロイアビリティを測定する一般的方法として用いられた。この段階までのエンプロイアビリティは，どちらかといえば固定的で変動が少なく，政府等により一方的に評価されるという傾向が強かった。

4　移転可能な知識とスキルの重視（1970年代）

　70年代になると，多くの国々で雇用に関する関心が完全雇用の達成だけではなくなってきた。それにともない，エンプロイアビリティの概念も勤労者のもつ態度や基本的な職業上のスキルについてだけでなく，勤労者自身の可能性・将来性，労働市場における位置づけ，一般の雇用状況についての知識へと拡大してきた。70年代末頃は，欧米における全般的な景気後退の影響もあり，当該職業のスキルだけでは労働市場で自己の魅力を維持するには十分でないことがわかってきた。そのため，社会的，人間関係的なスキルを含む「移転可能な」スキルが，異なった労働環境下でも重要であると考えられるようになってきた（Hoyt, 1978）。つまり，職務を獲得するためだけでなく，それを維持し最終的には次の職務に移るためにも移転可能なスキルが必要となったのである。また70年代には，不況により雇用の維持が困難になってきたことにより，エンプロイアビリティは，人的資本に基づき，個人にとっての将来の労働市場における結果（例 賃金額）の観点からとらえられるようになってきた。具体的には，エンプロイアビリティは国などの政策によって達成され，雇用日数，労働時間や賃金

率など，個人がエンプロイアビリティ促進に関係したプログラムへ参加した結果によって測定されるものと考えられるようになった。このことから，この時期のエンプロイアビリティは労働市場におけるパフォーマンスとしてのエンプロイアビリティ（labour market performance employability）と呼ばれる（Gazier, 1999）。

5 多様化とキャリアへの影響の重視（1980年代）

80年代になると，エンプロイアビリティは，企業が直面する環境変化に対処するための従業員の柔軟性を意味するようになってきた。つまりエンプロイアビリティは，労働市場における手段としてではなく，組織内の従業員の配置を最適化させる人的資源管理上のツールととらえられた。エンプロイアビリティは，この時期になって初めて組織経営の観点から考えられるようになったのである。その背景には，製品，サービス，作業工程の大きな変化に対応するため，組織から求められる勤労者の資質がより高度化してきたことがあげられる。こうした雇用上の必要性の変化によって，経営者は需要の変動に労働時間を合わせるため，より多くの従業員を一時的で柔軟性の高いパートタイム契約で雇用し始めるようになってきた。いわゆる雇用の多様化の走りである。そうした方針が，労働市場を2つの階層に分割する結果をもたらした。期限の定めのない雇用契約に基づく従業員で構成される内部労働市場と，有期雇用に基づく従業員で構成される外部労働市場である。これが後述する二重労働市場論につながり，そのなかでエンプロイアビリティへの投資は，内部労働市場で働く従業員に限られるようになってきた（Handy, 1989）。このような80年代以降の労働市場の変化によって，すべての勤労者が自分のキャリアに不連続性を予想しなければならなくなり，エンプロイアビリティは勤労者のキャリアのいずれの段階にも重要な影響を与えるようになった。そうした環境下，エンプロイアビリティは，次第に個人の蓄積されたスキルの市場性と同一視されるようになった。同時に，エンプロイアビリティは態度（50, 60年代に重視）や知識・スキル（70年代に重視）を結びつけた高次の特性（meta-characteristic）ととらえられるようになり，労働市場における従業員の職務業績の重要な決定要因と考えられるようになってきた。

このように，70年代以降重視されるようになってきた移転可能なスキルの重要性が，さらに高まってきたのである。すなわち，勤労者のキャリア発達のためには，移転可能なスキルの開発と職務上の異なった役割間を移動するための柔軟性が必要だということが認識されるようになってきた。言い換えると，グローバルな競争力の源泉として，環境や技術の変化に適応するために「学習する人材」であることの必要性が，個人でも組織でも認められるようになってきたのである。ここで重視されるようになってきたスキル・能力は，技術的専門的スキルを活かす一般的総合的スキルであり，また抽象的思考力，組織をトータルに把握して運営する能力など，より高度なものである。同時に，職場で自分のスキルやネットワークを開発することが本人の責任とされ，そこで，彼らが移動することを望みまたはそれが必要とされる場合の労働移動（転職）が社会的に広がっていった。この時期のエンプロイアビリティを，個人主導のエンプロイアビリティ（initiative employability）と呼ぶこともある（McQuaid & Lindsay, 2005）。

6　さらなる多様化と拡散（1990年代）およびそれ以降

90年代になると，エンプロイアビリティの概念は，労働市場の状況，労働市場についての知識や企業の施策など，多くの要素を取り入れることでより拡大していった。80年代後半以降のエンプロイアビリティにおける個人主導の強調が維持されるとともに，個人のエンプロイアビリティが他人のエンプロイアビリティや労働市場を支配する機会や組織，ルールに関係することが認められるようになってきた。このことは，個人のエンプロイアビリティの決定における経営者と市場における需要の役割の重要性をも強調する。その結果，エンプロイアビリティは政府，経営者（企業），個人の共同責任と考えられるようになった。またその対象も，恵まれない人々や失業者だけでなく，勤労者および勤労者予備軍全体に拡大した。すなわち，すべての労働市場の関係者と組織がエンプロイアビリティの関係者とされるようになった。この背景には，個人が失業した場合，労働市場で乗り越えなければならない障害が数多くあり，障害を除去して納得のいく再就職を果たすためには，個人だけでなく多くの関係

者の関与が必要だということが認められてきたことが大きい。すなわち，エンプロイアビリティの向上においては個人と集団の責任と範囲の正しいバランスをとることが重要となってきた。このような観点から，現代のエンプロイアビリティは，相互作用としてのエンプロイアビリティ（interactive employability）と呼ばれている（Gazier, 1999）。

それにともない，90年代になると，エンプロイアビリティが意味するところ，測定の仕方や人々への影響について，以下のように見解の差異が拡大していった。

① 労働市場における可能性と職業的スキルとしてのエンプロイアビリティ（Gazier, 1990）
② 労働市場に関する知識と政府・企業の政策としてのエンプロイアビリティ（Outin, 1990）
③ キャリアに影響する可能性としてのエンプロイアビリティ（Bloch & Bates, 1995）
④ 組織内の変化に対応するためのエンプロイアビリティ（Hyatt, 1996）

また現代では，エンプロイアビリティは雇用保障に代わり得るものと考えられるようになってきた。すなわち，「経営者は自社における永続的な雇用を保障しない代償として，従業員に対して他社でも通用する高い技術や能力を身につけるだけの教育・訓練の機会を提供する」（厚生労働省, 2001）ようになり，エンプロイアビリティは組織における従業員の能力開発上の目標となってきたのである。つまり，エンプロイアビリティは労働市場への参入を促進するだけでなく，組織内または組織間の境界を越えたキャリア上の可能性を高めていくことに役立つと考えられている。同時に，現代ではエンプロイアビリティの焦点は主に個人に当てられ，内部労働市場または外部労働市場で仕事を維持し続ける個人の能力としての側面が強調されている。政府や経営者ではなく勤労者自身が，エンプロイアビリティのメイン・アクターとして前面に登場してきたといえる。これは，境界のないキャリアの時代において勤労者に自律的なキャリア開発が求められるようになってきたことが大きいと考えられる。

以上のように，エンプロイアビリティが意味するところは非常に多様であり，

概念自体あいまいな部分があるが，グローバル化が進行している経済状況下で，間違いなく人的資源の開発の議論における大きな柱となっている。それと同時に，見解の相違を超えた統合的なエンプロイアビリティのあり方を検討する時期に入ったといえるのではないだろうか。

第2節　エンプロイアビリティにおける地域的な特徴

　前節では，エンプロイアビリティの歴史的生成過程と現状について，全般的な特徴を述べてきた。しかし，エンプロイアビリティを巡る状況には地域的な違いもみられる。そこで，これまで長期にわたり人々のエンプロイアビリティとその向上について検討されてきたヨーロッパとアメリカについて，その地域的な特徴をみてみよう。

1　ヨーロッパ的文脈におけるエンプロイアビリティ

　90年代，ヨーロッパでは，日本やアメリカと比べ，ITを始めとする先端技術の開発やその製品化に乗り遅れたという危機感が高まっていた。そこで，ヨーロッパ全体として，人々の能力向上をめざした能力開発政策を共同で行うようになってきた。この背景には，狭い地域で多くの国々と国境を接しているという地理的な条件や，過去多くの地域紛争の経験を経てEU結成に至るまでの経済的・政治的統合の長い歴史がある。また，もともとヨーロッパ諸国では，（特に若年者の）高い失業率が長年大きな政策課題となってきた。そのため，これらの能力開発政策は，基礎的な教育水準や職業スキルについて共通の基準を定めることで，能力の平準化を図り，IT化などに対応した高度な専門能力をもった労働力を育成するという共通目的をもっていた。これらを通して，究極的には国境を超えた地域内の労働移動を可能にすることがめざされた。こうした歴史的な共通認識に基づき，EUによる地域統合施策が促進されるなかで，これらの施策を表現する用語として，エンプロイアビリティが広く使われるようになってきたのである。このようにヨーロッパ諸国では，企業の社会的責任という観点からエンプロイアビリティが論じられることが多い。つまり，90

年代以降の相互作用としてのエンプロイアビリティの特徴が色濃く反映している。そして、地域社会の中心的存在としての企業の努力が、人々の社会的結合（social cohesion）を保つ上で不可欠であり、雇用確保につながる能力開発の実施、従業員への支援や、地域の教育プログラムへの支援が特に重視されている。このような観点から、エンプロイアビリティ向上は欧州委員会のヨーロッパ雇用戦略（European Employment Strategy）の大きな柱となっている。例えば、1998年の提言のなかでは、「若年失業者、長期失業者対策としての職業訓練、就労体験の実施」、「税制や職業訓練システムを改め、エンプロイアビリティを高め、失業者に勤労意欲を与える」といった政策として具体的に示されている（European Commission, 1998）。このように、ヨーロッパでは社会的結合促進という観点から、雇用政策（失業政策）の一環としてエンプロイアビリティの位置づけが重要となっている。

2　アメリカにおけるエンプロイアビリティ生成過程の特殊性

アメリカでは、特に1980年代後半、経済の変調にともなってエンプロイアビリティという考え方が広がった。すなわち、日本製品との国際競争の敗北等を原因として業績が悪化した多くのアメリカ企業では、ダウンサイジングや大規模なリストラクチャリングを実施した。その過程で、良好な労使関係の再構築のため、従業員の雇用を保障できなくなった代わりにエンプロイアビリティを重視したのである。これが、序章第1節で述べたように労使間の新しい社会的契約と考えられるようになった。また、アメリカにはもともと、雇用者が従業員を比較的「自由に」解雇できることを意味する「任意雇用原則」と呼ばれる判例法がある。雇用を保障しなくなるということは、従業員のモチベーションにネガティブに作用するとともに、その採用や定着にも支障を与える。そのため、雇用を保障しない代わりに、現在の所属組織を離れても、他の組織で現在と同等以上の条件で雇用されるような能力を身につけてもらうための能力開発への支援を行うようになった（エンプロイアビリティ保障）。その当時のアメリカにおいては、いつ解雇したりされたりするか定かでない状況のもと、エンプロイアビリティは経営者にとっても従業員にとっても保険のようなものだったと

いえる。以上から理解されるように、アメリカにおけるエンプロイアビリティは、主に外部労働市場における雇用可能性すなわち転職できる能力を問題としていることがわかる。

第3節　わが国におけるエンプロイアビリティの普及と現状

　欧米に比べて、近年までエンプロイアビリティという概念が普及してこなかったわが国ではどのような状況になっているだろうか。これについて概観してみよう。

　わが国でエンプロイアビリティという概念、用語が普及してきたのは、1990年代である。そのマクロ的な背景要因は、バブル経済の崩壊に端を発する経済の構造調整・構造改革であろう。雇用分野におけるその端緒となった日本経営者団体連盟（1995）では、いわゆる雇用ポートフォリオモデルが提起された。これは従業員を3グループに分け、従来の日本的経営を象徴する雇用期間の定めのない長期蓄積能力活用型（従前からの終身雇用の正規従業員）以外に、企業の問題解決に専門的熟練・能力で応え、必ずしも長期雇用を前提としない高度専門能力活用型（社内弁護士等高度な専門職）および有期の雇用契約で職務に応じて柔軟に対応できる雇用柔軟型（派遣社員等）という働き方を提起した。すなわち、組織と従業員との間の希薄で短期的な関係が初めて文書化されたともいえる。雇用の多様化と流動化という雇用を巡る2つの大きな環境変化と言い換えても良い。そのような状況の中、日本経営者団体連盟（1999）は、「日本型エンプロイアビリティ」を提起した。これは、エンプロイアビリティをアメリカで中心的であった外部労働市場での雇用可能性を意味する転職できる能力だけではなく、所属企業で発揮され、継続的に雇用されることを可能にする能力をも含むという発想である。すなわち、後述する内的エンプロイアビリティである。確かにこれは、長期継続雇用というわが国の特色を反映しているという意味では「日本型」といえなくもない。それに加え、わが国では欧米と比較して外部労働市場（転職市場）の形成と活用はいまだ発展途上の段階にある。同

時に，職務分析[2]の普及が進んでいないことにみられるように，わが国では職種や職務という概念が統一的な理解をともなって根づいているとはいえない。つまり，（組織）横断的労働市場における労働力の市場価値やその客観的な判断基準が形成されていないという点からいっても，勤労者のエンプロイアビリティとして所属組織における雇用の維持に注目したことは妥当だったといえよう。

　従業員のエンプロイアビリティに対する企業の関わりはどのように考えられてきただろうか。ある意味で折衷型といえよう。同報告書には，能力開発やキャリア形成において従業員の主体性を求め，企業はそれを側面から支援するという，能力開発における新しい傾向である個人主導という考え方が取り入れられた。しかし，能力開発において企業を完全に脇役視したわけではなく，従前のOJTを中心とした企業での人材育成と，自己啓発を組み合わせる形になっており，それまでのわが国企業の実態を反映したものとなっている。つまり，低経済成長が長期化するなかでも，能力開発を重視する企業の姿勢がうかがえる。しかしその間，雇用調整が幅広く実施されるなど，長期継続雇用が必ずしも保障されなくなってきたという状況変化にともなう能力開発への企業の関わりについて，明確な方針は打ち出されてきていない。

　その後，厚生労働省（2001）ではエンプロイアビリティの意義や内容について詳細な検討を行っている。具体的には，組織現場への応用を主眼に，職業能力評価システム全体のなかで，エンプロイアビリティの評価基準および評価の活用について詳述している。さらに，第2章で後述するコンピテンシーとの関係や，わが国のビジネス・キャリア制度やイギリスのNVQ（National Vocational Qualification：全国職業資格）などの職業能力評価制度・職業評価制度を比較検討している。このように，欧米におけるエンプロイアビリティの普及と研究の進展にともない，わが国でも関係する研究が少ないながらも散見されるようになってきた。[3]

　それでは，実際わが国の組織において，勤労者のエンプロイアビリティはどのようにとらえられてきただろうか。まず，エンプロイアビリティという用語を使うか使わないかは別として，そのもととなる仕事をしていく上で必要になるスキルや能力がどのように評価されているかという点についてみていこう。

厚生労働省の能力開発基本調査などいくつかの調査結果によると，以下のようにまとめられるだろう。まず，何らかの形で従業員の仕事上の能力を評価している企業は，かなりの比率を占める。従業員規模別では，規模が大きい企業ほど，評価している比率が高い傾向がみられる。また，評価に際しては公的資格，民間資格，技能検定など幅広い資格が利用されている。そして，能力の評価結果は人事考課の基準，適正な人材配置や能力開発の目標などのため，実際に組織で活用されている。何らかの形で企業を超えて通用する能力という側面をもつエンプロイアビリティの特性を考えると，そうした組織・業種横断的な職業能力の評価基準はどのように考えられているだろうか。わが国でもIT業界などでは国主導で作られたものも含め，いくつか基準が存在している。そして，そうした基準がある業種・企業でも，ない業種・企業でも，業種横断的な職業能力の評価基準がつくられた場合，従業員の能力開発基準や自社の能力評価制度の創設，改善に利用したいとする企業の比率は全体として高いようだ。このように，エンプロイアビリティという用語を使うかどうかは別として，わが国でも従業員の能力を評価しそれを報酬などに結びつけるとともに，業種横断的な評価基準を必要としている企業が多いことがみてとれる。

　全体として，わが国においてはエンプロイアビリティという用語自体は普及し，聞いたことがあるという人々は多いと考えられる。しかし，その意義などについては一般に普及しているとはいえない。特に，「日本型エンプロイアビリティ」といわれながら，転職を可能にする能力（後述する外的エンプロイアビリティ）という意味だけでとらえられている場合が多いようだ。所属企業内で評価され，雇用され続けるという意味（内的エンプロイアビリティ）で理解されていないことが多いと思われる。

【注】
1）国などで非自発的な失業がない状態をいう。
2）組織内の個々の職務ごとに，その遂行のために必要な知識，能力，経験，責任や難易度などの情報を分析し，その内容を明らかにすること。従業員の採用，配置，能力開発などのために使用される。
3）諏訪（2002），佐々木（2003）などが代表的である。

第2章

エンプロイアビリティの概念的検討

第1節　エンプロイアビリティの定義

　エンプロイアビリティは，雇用する（employ）と能力（ability）を組み合わせた概念で，「雇用される能力」，「雇用可能性」などと訳されている。同時にエンプロイアビリティは，現在，組織の人的資源管理，政府の政策，学校教育などで仕事とキャリアの多くの側面を包括し説明する用語として広く使われている。また，業種，組織，個人という異なったレベルで検討されてきた。このように，エンプロイアビリティは個人の能力や意欲だけで定義されるような純粋に個人的な概念ではない。さらに，エンプロイアビリティを研究している学問分野も，労働経済学，人的資源管理論，人的資源開発論，心理学，教育学，キャリア発達論など大変多様であり，学際性が高い研究テーマといえる。しかし，それらの違いを統合しようとする研究はほとんどみられていない（Thijssen & Van der Heijden, 2003）。さらに，前章でみてきたように，エンプロイアビリティの意味自体も，労働市場の状況やその時々の政府の政策によってシステマティックに変化してきた。すなわち，エンプロイアビリティには一貫した統一的な定義が存在していないのが現状である。それを踏まえた上で，先行研究におけるエンプロイアビリティの代表的定義を7つに分けて論じ，最後に定義の階層化について触れる。

1　一般的定義

　ほとんどの状況に当てはまる定義だが，組織との関係が明らかにされていな

いなど，個別の状況に必ずしも適応可能ではない。代表的な定義には以下のものがある。

① 「異なった種類の雇用を獲得し，または維持する相対的な機会」(Brown, & Hesketh, 2004, p.25)
　── 多様な種類の雇用を獲得しようとする多様な人々の相対的な機会に言及している。
② 「能力を最大限に活用することによって，継続的に仕事を遂行し，獲得し，創造すること」(Van der Heijde & Van der Heijden, 2006, p.453)
　── 特に，能力活用を基盤とした定義といえる。

2 教育現場で妥当性が高い定義

　本書は，前述したように現在働いている勤労者のエンプロイアビリティを主に問題とする。しかし，先行のエンプロイアビリティに関する研究には，教育現場を想定したものも多い。また，学校教育と組織での労働とは完全に切り離されるものではないだろう。そこで，労働現場との比較の観点から，教育現場を想定した定義について触れていこう。この場合，どの定義も学校を卒業した学生が教育から職業へ移行することを念頭に置いている。代表的な定義には以下のものがある。

① 「(卒業生が) 職を得る可能性および選んだ職業で成功する可能性を高めるような学力 (スキル，理解および個人属性) のセットであり，本人，職場，コミュニティおよび経済に利益をもたらすもの」(Yorke, 2004, p.8)
　── 就職後の成功にも言及していることが特徴であるとともに，本人以外への影響を考慮している包括的な定義である。
② 「(学生が) 満足し成功し得るような職業を選択し確保することを可能にさせる一連のスキル，知識，知性と個人属性」(Pool & Sewell, 2007, p.280)
　── 職業の選択という側面を強調するとともに，能力以外の特性や満足という点から雇用の質も視野に入れている。
③ 「(学生が) 適性・能力にふさわしい持続可能な雇用を獲得するための知覚された能力」(Rothwell, Herbert, & Rothwell, 2008, p.2)

── 雇用の獲得という側面が明確であるとともに，（多くの学生が望む）正規従業員としての雇用，つまり（獲得する）雇用の質を本人の知覚の側面から考慮している。

3　労働市場における企業や政府の政策としての定義

　特に，外部労働市場の状況を勘案している点が特徴である。このタイプの定義は多様であり，代表的な定義には以下のものがある。

① 「持続的な雇用を通して，潜在能力を発揮するために，労働市場内を自己充足的に移動できる能力」（Hillage & Pollard, 1998, p.2）
　　── 多面的な定義だといえる。
② 「労働市場価値を含んだ就業能力，即ち，労働市場における能力評価，能力開発目標の基準となる実践的な就業能力」（厚生労働省，2001）
　　── 能力の評価や能力開発目標の基準としての側面を重視し，組織現場での実践を重視した定義である。
③ 「個人が内部労働市場および（または）外部労働市場で職務を得るチャンス」（Forrier & Sels, 2003, p.106）
　　── 労働市場を内部と外部に分けており，次項における組織の経営または人的資源管理の観点を考慮している定義でもある。

4　組織の人的資源管理上の戦略や施策を重視した定義

　組織の人的資源管理上の戦略や施策としてのエンプロイアビリティの定義である。この場合のエンプロイアビリティは，エンプロイアビリティ・マネジメントと呼ばれることもあり，使用者と従業員との相互関係を前提にしている点が特徴である。代表的な定義には以下のものがある。

① 「求められている能力と態度を開発し発揮すること，つまり提供可能なスキル，資格・手腕，特性を高めることによって，雇用主にとっての魅力を維持し続けること」（Ashley, 1998, p.17）
　　── 組織で求められている能力という観点からの定義である。
② 「使用者から評価されて雇用につながる，労働者の能力」（諏訪，2002, p.83）

5　個人の知覚を重視した定義

このタイプの定義は，個人の知覚によってエンプロイアビリティを定義するというものである。これに基づくエンプロイアビリティは，人々が信じている自身の雇用機会（perceived employability）ということになる。代表的な定義には以下のものがある。

① 「労働市場における知覚された移動のしやすさ」（Trevor, 2001）
② 「勤労者が（自己の）キャリア上の機会に気づき，実現することを可能にするような，仕事に限定された行動的な適応可能性の一形態」（Fugate, Kinicki, & Ashforth, 2004, p.16）
　—— この定義によると，エンプロイアビリティ自体をその態度要因（喜んで新しいスキルを習得する傾向等）と混同するというリスクが生じる。
③「個人が新しい職務を獲得する可能性の知覚」（Berntson, Sverke, & Marklund, 2006, p.225）
　—— 最も単純な定義といえる。

6　仕事や市場の変化を取り入れた定義

エンプロイアビリティは静態的な概念ではなく，時系列的に変化する。以下は，エンプロイアビリティのダイナミックな側面を取り入れた定義である。

① 「経営者や消費者の変化する欲求に合わせ，加えて向上心や潜在能力を仕事で実現することに役立つような資質や能力」（Confederation of British Industry, 1998, p.9）
　—— 労働市場だけでなく，消費者のニーズに注目している点が特徴である。
② 「課業や労働環境における変化を予測し，これらの変化に前もって対応することによって，労働市場において魅力的であり続けるための能力と意欲」（Sanders & De Grip, 2004, p.76）

7　個人ではなく，集団に注目した定義

上記までの定義とは異なり，失業からの脱出を含み，また個人より集団を重視した定義である。

「ある時期にある集団が職を得るまたは失業から抜け出す可能性」（Lefresne, 1999, pp.465-466）

8　定義の階層化

Thijssen（1998）は，多様な職務で成功し，労働市場における将来の地位を決定するという観点から，現存するエンプロイアビリティの定義を中核的定義，広義，包括的定義に分類している。中核的定義では，エンプロイアビリティを仕事を行う上での適性ととらえ，労働市場において多様な職種に従事するための能力の側面を重視する。定義の具体例としては，「勤労者が割り当てられる課業の数または職務において手助けが必要な程度」（Groot & Maassen Van den Brink, 2000, p.574）が挙げられる。

広義の定義は，（中核的定義の）エンプロイアビリティに加え，それを向上させる意欲を含んでいる。具体例としては，「仕事に対する態度，雇用や賃金についての期待，労働市場と職務における行動を含む労働者の特性の集合体であり，雇用機会の決定要因と考えられるもの」（Peck & Theodore, 2000）が挙げられる。

包括的定義は，広義の定義であげた個人特性だけでなく，エンプロイアビリティの効果的な活用を促進したり逆に妨げたりする要因（文脈的要因）を考慮する。具体的には，組織の能力開発施策，労働市場の状況や就業形態の違いである。これに基づく包括的定義は，「仕事や労働環境の変化を予想し対応することによって（需要要因），労働市場で魅力的であり続けるための能力と意欲（供給要因）であり，彼らが利用可能な組織の人的資源開発施策によって促進されるものである（制度）」（Thijssen, 1998）。この定義は非常に包括的であり，個人要因（供給要因）に加え，これまでのエンプロイアビリティ研究の多様な視点を取り入れている。例えば，労働経済学的観点からは，労働力の需要と供給に言及していることが注目される。また，経営学的観点からは，エンプロイアビリティの向上を，個々の勤労者と彼らを雇用している組織の共同責任としている点が組織のエンプロイアビリティ保障として注目される。これは，エンプロイアビリティの経済社会的観点，個人的観点および組織的観点という3つの

観点を集約しているといえよう（Van Dam, Van der Heijden, & Schyns, 2006）。これは，第1章で触れた最も新しいエンプロイアビリティの歴史的展開過程である相互作用としてのエンプロイアビリティの考え方を反映している。しかし，同時にこの定義は，エンプロイアビリティに対する影響要因も含んでおり，エンプロイアビリティ自体の厳密な定義とするにはやや拡散し過ぎている嫌いもある。

さて，このようにエンプロイアビリティの定義は，多くの関連要因を取り入れたことでやや不明瞭になってきているといえる。ただし，今後より洗練された定義を開発していく場合も，教育現場や労働現場など使われる状況を反映し，労働市場における位置づけや組織の経営の観点を考慮する必要性は高いだろう。

第2節　エンプロイアビリティの特徴

以上，レビューしてきたように，エンプロイアビリティについて非常に多くの定義がなされてきた。これらを通して，エンプロイアビリティの特徴は以下の3つにまとめられるだろう。

1　概念の多様性

エンプロイアビリティという概念が意味しているものは，能力，スキル，態度，行動や性格・パーソナリティ（人格）などかなり多様である。そのため，エンプロイアビリティをどのようにとらえるかによって，測定する指標の内容も大きく異なるだろう。

2　個人的側面と環境的側面の二面性

エンプロイアビリティには，個人の能力や意欲に依拠する職務上の機会という側面と，組織の人的資源管理施策や労働市場の状況によって大きく影響される職務上の機会という側面がある。Forrier & Sels (2003) は，この特徴を説明するベルギーのパイロットの例を挙げている。あるパイロットは，大学を卒業

し豊富な専門知識と多様なスキルを有していた。さらに，彼（女）はパイロットという仕事を得，それを継続することに強い意欲をもっていた。個人の能力と意欲だけをみれば，彼（女）は雇用可能性が高いということになる。しかし，アメリカの同時多発テロの影響以降，赤字体質が続いていたベルギー国営のフラッグキャリアであるサベナ・ベルギー航空が倒産したことによって，ベルギーにおけるパイロットの需要は急激に落ち込んでしまった。その結果，優秀なパイロットもベルギーでは限られたエンプロイアビリティしか持たない結果となったのである。このように，エンプロイアビリティにおいては，個人的側面と環境的側面の両面を考える必要がある。

3　ダイナミック性

　エンプロイアビリティは，前節6項の定義にみられるように，個人がどのような状況においても固定的にもっているものではなく，個人および労働市場の状況に依拠した時間と場所によって変動するという特徴がある（Forrier & Sels, 2003）。すなわち，個人要因と労働市場の変化によって，現在，この場所で仕事に就くことが困難な人も時間が過ぎ，また異なった場所では雇用可能になることは十分考えられるのである。

4　職務の量的・質的側面による違い

　さらに，エンプロイアビリティは以下の観点から考える必要がある。

　第1が，職務や組織間のすべての移動（職務や組織の変更）をエンプロイアビリティと考えるいわば量的側面に注目した立場である。この観点によれば，職を見つけ維持している人はすべて雇用可能性があると考えられ，その際職務の質は考慮されない。降格したり，キャリア・プラトー[1]状態に陥った人でさえも，職を維持したという観点からはエンプロイアビリティが低かったとはいえない。この観点は，教育訓練の移動への影響を検討した研究や失業状態から雇用への移行自体をエンプロイアビリティの指標と考える研究で採用されている。

　第2が，職務の質的側面に注目した立場である。すなわち，就業可能な人は

ただ職を見つけるだけでなく，その職務が本人の満足に値し，働き甲斐のあることが求められる。労働経済学等ではエンプロイアビリティを量的側面でのみとらえることが多いのに対し，心理学では本人の知覚を重視し，質的側面でとらえることも多い。雇用の流動化が進行し，転職が一般的になってきた現代では，質的側面に注目する必要があるだろう。

第3節　エンプロイアビリティの関係者とその対象

以上の特徴が指摘されるエンプロイアビリティには，どのような人々や主体が関わり，どのような人々がその対象とされているのだろうか。

1　エンプロイアビリティの関係者

第1章の歴史的生成過程や本章第1節の定義でみてきたように，エンプロイアビリティの向上には多様な関係者が関わっている。以下に代表的なものをまとめてみよう。

（1）政　府（および行政機関）

エンプロイアビリティを国家全体の雇用政策，福祉政策の観点からみた場合，重要な関係者が政府（および行政機関）である。その観点からみた場合のエンプロイアビリティ向上の目的は，当該国全体で非自発的失業が存在しない状態を示す完全雇用ということになる。実際，政府はエンプロイアビリティを向上させる多くの施策を実施しており，すべての国民が失業状態から脱するためにさまざまな訓練コースや訓練のための助成金制度を設定している。具体的には，セーフティネットの構築，年代別対象別の支援事業，教育訓練機関への資金の援助，個人の生涯学習に対する支援，雇用関連の情報開示の促進，（男女等）機会均等政策の徹底である。[2]

（2）経営者

エンプロイアビリティを従業員の雇用の観点からみた場合，重要な関係者は

組織ということになる。経営者にとってエンプロイアビリティは，労働の需要と供給のマッチングの状態を示す指標となる。つまり，組織的観点からいえば，従業員のエンプロイアビリティが高いということは，組織が必要な時に必要な人材を採用できることであり，また採用した人材を事業の変化にともない最適に配置することを示すだろう。従業員のエンプロイアビリティを高めるために経営者ができることには，雇用機会の継続的創出，従業員の教育訓練・能力開発の実施，従業員の生涯学習の支援や余剰従業員に対する転職支援が含まれる。これらは序章で触れたエンプロイアビリティ保障と関係する。

（3）個　人

　エンプロイアビリティを職務の観点からみた場合の重要な関係者は個人である。前述したように，近年の研究で最も重視される観点である。個人にとって，エンプロイアビリティは職務上やキャリア上の機会を示す指標ということになる。すなわち，エンプロイアビリティ向上の目的は個人のキャリア発達ということになる。そしてそのために，自分でキャリアを設計し，管理すること，継続的な生涯学習に取り組むことや自分だけでなく他者の学習およびキャリア開発を支援することが含まれるだろう。

（4）教育機関

　エンプロイアビリティを人々の能力の観点からみた場合，その向上に直接かかわる重要な関係者が，学校その他の教育機関である。教育機関には，直接的には卒業に必要な修得基準を高めること，社会の需要に柔軟に対応するためのカリキュラムの継続的見直しやキャリア教育の実施などが求められる。そのなかでも，特に大学には，公開講座や社会人向け大学院など，広く一般に開かれた教育機関としてのエンプロイアビリティ向上に向けての役割が期待されているといえよう。

（5）その他の関係者

　労働組合や専門職組織が該当する。例えば，多くの専門職組織では専門職に

求められる専門性を高めるための資格などに基づく能力開発を実施している。しかし，先行研究ではこれらのエンプロイアビリティへの影響はほとんど検討されていない。

　もちろん，以上に挙げた関係者は相互に関連している。例えば，完全雇用は労働可能な人々が仕事に就くことによってのみ達成される。すなわち，エンプロイアビリティは個人の観点から検討されることが多くなってきたが，その他の関係者の観点も忘れてはならない。

2　エンプロイアビリティの対象

　本書で主に対象とするのは，現在組織で雇用されている人々である。現在雇用されている人々にとってのエンプロイアビリティでは，現在の雇用を維持し，前述してきたような組織上の変化のプロセスを生き抜く可能性を問題とする。しかし，この点だけを考えたのでは，現在雇用されている人々における雇用を巡る柔軟性という状況を把握することはできない。そこでここでは，エンプロイアビリティの対象をより広げて考察してみよう。エンプロイアビリティの対象を現在の労働市場における位置づけから考えると，現在雇用されている人々と現在雇用されていない人々とに分かれる。

　先行研究では，現在雇用されていない状態，または雇用状況に問題を抱えた人々のエンプロイアビリティの問題も数多く取り上げられてきた。例えば，教育から仕事への移行期にある学校の卒業生（e.g. Hills, Robertson, Walker, Adey, & Nixon, 2003），長期間失業状態にある勤労者（e.g. Finn, 2000），障がいを抱えている人々（e.g. Bricout, & Bentley, 2000），少数民族に属する人々（e.g. Leslie & Drinkwater, 1999）である。これらの人々に関する研究では，労働市場へ参入しなければならない個人の機会を検討していることが多い。その場合，現在雇用されている人々とは異なるキャリア・トランジションの観点から考える必要がある。キャリア・トランジション（career transition：キャリア上の移行・転機）とは，「役割自体か，すでに担っている役割における方向性のどちらかを変更している期間」（Louis, 1980, p.330）等と定義され，役割に注目したキャリアの状態変化を示す時間的な概念である。例えば，学生にとってのエンプロイアビ

リティは，（転職などを意味する）組織から組織への移行（組織間トランジション）ではなく，学校から社会への移行（参入トランジション）という大きく異なる役割間の移行が円滑にできるかどうかに関わる。なぜなら，彼らは現在（少なくとも正規従業員という形態では）組織に雇用されていないからである。

　また，先行研究ではこれらの人々の労働市場における位置づけを強化するための政策的な提言をしていることが多い。そして，それらエンプロイアビリティの特定の領域については，特にヨーロッパ諸国で政策レベルでの検討がかなりの程度なされている（EU-OSHA, 2001）。これらの位置づけは，現在や将来の労働市場における機会や将来の移動の可能性に影響すると考えられるからだ。例えば，長期間失業状態にある人々は，政府等による援助がなければ，失業期間中にかなりの知識やスキルを失い，その結果雇用の機会をより少なくさせることにつながりかねない。さらに，現在雇用されていない人々に関するエンプロイアビリティの研究は，主に個人が将来新しい職務を得るか得ないかという客観的なエンプロイアビリティに焦点を当ててきた（Kluytmans & Ott, 1999）。この観点におけるエンプロイアビリティは，職務間を移動する局面では興味深い。しかし，第7節で後述するように，現在雇用されている人々の労働市場における見通しを理解するには，個人のエンプロイアビリティの知覚という主観的側面についての考察も必要である。

第4節　エンプロイアビリティの分類

　先行研究では，エンプロイアビリティは多面的な概念であることが指摘されてきた。そこで，本節では多面的なエンプロイアビリティの分類について先行研究を検討する。

1　内的エンプロイアビリティと外的エンプロイアビリティ
（1）勤労者のエンプロイアビリティにおける分類
　組織を超えた横断的な市場価値を含んだ職業能力を示すエンプロイアビリティには，2つの側面があることが指摘されている（e.g. Arocena, Núñez, &

Villanueva, 2007)。勤労者にとっては，現在勤務している組織内で継続的に雇用され得る能力と，他の組織に転職するための能力の2つである。前者が内的エンプロイアビリティ（internal employability），後者が外的エンプロイアビリティ（external employability）と呼ばれる。これは，後述する二重労働市場論，つまり労働市場は内部労働市場と外部労働市場という2つの異なったセグメントに分かれるという理論に基づいている。エンプロイアビリティの定義でも，「現在働いている企業等において発揮され，継続的に雇用されることを可能にする，当該企業内部での価値を有する能力」（日本経営者団体連盟, 1999, p.8）は内的エンプロイアビリティを示し，「現在働いている企業等から他の企業への労働移動を可能にする，外部に通用する市場価値のある能力」（日本経営者団体連盟, 1999, p.8）は外的エンプロイアビリティを示している。しかし，第1節で挙げた多くの定義は，「個人が内部労働市場および（または）外部労働市場で職務を得るチャンス」（Forrier & Sels, 2003）にみられるように，内的エンプロイアビリティと外的エンプロイアビリティの双方の意味を，明示的か暗示的かは別として包んでいる。

　前章で触れたように，歴史的には外的エンプロイアビリティの方が先に注目され，概念化されてきた。これには，ヨーロッパで長らくエンプロイアビリティの議論において，現在失業している人々の雇用政策としての側面が強調されてきたことが大きい。つまり，一般には単に「エンプロイアビリティ」という場合は，外的エンプロイアビリティを意味することが多い。外的エンプロイアビリティがもともとの狭義のエンプロイアビリティであり，内的エンプロイアビリティを含む場合が，広義のエンプロイアビリティと考えてよいだろう。人的資本の観点からみると，外的エンプロイアビリティを高めるには労働市場で価値の高い汎用的な人的資本を蓄積することが必要であり，内的エンプロイアビリティを高めるには，企業特殊的な人的資本を蓄積することが求められる。

　他方，両者間にはポジティブな相関関係がみられることが指摘されている（佐々木, 2003）。具体的には，他の組織でもやっていけるだけの能力を保持している従業員は，現在の組織でも継続的に雇用されやすいという関係である。言い換えると，従業員一人ひとりの仕事は企業特殊的な側面が大きいが，それ

をやり遂げて実績を重ねること,つまり,現在の仕事の価値を高めることが社会的に通用する能力を高めることにつながることが想定される(藤村, 2000)。これは,1つの組織内でのキャリアの発達が組織間をまたがったキャリアの発達に結びつくという関係に類似している。

日本経営者団体連盟(1999)のNED（ネッド）モデルが能力の観点から分析したエンプロイアビリティの構造も,内的エンプロイアビリティと外的エンプロイアビリティとの関係を示している(図2－1)。これによると,エンプロイアビリティは,A(労働移動を可能にする能力)とB(当該企業内で発揮され,継続的に雇用されることを可能にする能力)の和と考えられる。Aが外的エンプロイアビリティであり,Bが内的エンプロイアビリティである。加えて,Cは当該企業の内と外の両方で発揮される能力,(A－C)は当該企業内では発揮することができない能力,(B－C)は当該企業内だけで発揮することができる能力となる。組織の能力開発の費用対効果の観点からみると,雇用の流動化,グローバル化や技術の高度化がそれほど進行していない頃には,Bの能力またでき得れば(B－C)の能力を従業員に身につけてもらうことで事足りたかもしれない。しかし,雇用の流動化などが進行した現代では,外的エンプロイアビリティを高めるようなAや(A－C)の能力を高めるための研修や自己啓発の支援を行う必要性が高い。それを怠ると,組織に必要な高業績人材の旺盛なキャリア開発意欲に応えられず,人材獲得競争のなかで彼らのリテンションは図れないだ

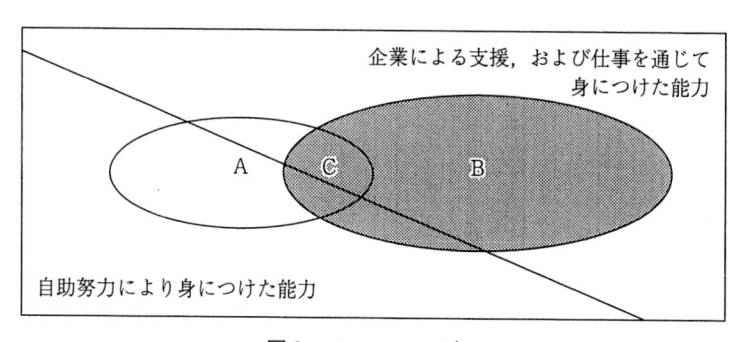

図2－1　NEDモデル

(出所)日本経営者団体連盟(1999)より引用。

ろう。これは，序章第1節で触れたエンプロイアビリティ保障の問題でもある。今日の組織を巡る状況，例えば企業（グループ）の事業展開に対応して幅広い異動やジョブローテーションが実施されたり，新事業や異業種に進出する場合を考えてみよう。その場合，内的エンプロイアビリティが高い人材も，1つの組織での長期的な就業の継続だけではなく，柔軟な適応力や総合力が求められるということも考えておかねばならない。

また，内的エンプロイアビリティは職務同一エンプロイアビリティ（job-match employability）と組織内エンプロイアビリティ（firm-internal employability）とに分類される（Sanders & De Grip, 2004）。職務同一エンプロイアビリティは，現在と同じ職務に従事しながら現在の組織に勤め続けることを，組織内エンプロイアビリティは，現在と異なった職務に変更して現在の組織で勤め続けることを示す。これまでわが国の多くの組織では，多様な職務をジョブローテーションによって経験し，それが昇進につながるというキャリア・パターンが通例であり，組織内エンプロイアビリティが重視されてきた。それに対し，職務同一エンプロイアビリティは，企業に在籍する研究者・技術者のデュアルラダーの問題に関係する。デュアルラダー（二重のはしご）とは，組織内である程度の年齢，勤続年数に達した研究者・技術者が研究開発・製品開発の専門職としてのキャリアをそのまま続けるか，組織管理者としてのキャリアに転換するかという2つのラダーの選択を迫られるという問題である。しかし，それを除き職務同一エンプロイアビリティはあまり重視されてこなかったといえる。しかし近年，専門職だけでなくその他多くの従業員において自己の専門性を見出しかつ向上させたいとする傾向が強まってきている。そのため，自らが重要と考え，将来のキャリアの柱にしたいと考える職務を中心に組織内プロフェッショナルとしてキャリアを発達させていきたい場合，職務同一エンプロイアビリティの視点がより重要となるだろう。

（2）教育場面における分類

学校教育においては，内的エンプロイアビリティと外的エンプロイアビリティの分類は（1）勤労者の場合とは異なっていることが多い。なぜなら，学

生・生徒はそのほとんどが（少なくとも正規従業員として）組織に雇用されていないからである。そこで，内的と外的の分類は大学生自身の考えや彼らの（外部）労働市場に対する知覚によるところが大きい。また，（学生が所属している）大学や（学習している）専門分野をも問題としている。具体的には，学生の内的エンプロイアビリティは学生自身の職業や職務に関連した知識・スキルや仕事を探すスキルの高さ（Hillage & Pollard, 1998），学習能力の高さ（Lane, Puri, Cleverly, Wylie, & Rajan, 2000）を示している（Rothwell et al., 2008; Rothwell, Jewell, & Hardie, 2009）。このように，教育場面での内的エンプロイアビリティは学生自身の能力的側面を示しているので，個人的エンプロイアビリティ（individual employability）と呼ばれることもある（Rothwell et al., 2009）。それに対し，外的エンプロイアビリティは（所属している）大学の労働市場におけるブランドとしての強さ，自身の専門分野（の履修者）が労働市場で求められている程度や学問分野における大学の評判を示す。このように，教育場面での外的エンプロイアビリティは，所属大学や自身の専門分野の（外部）労働市場での位置づけを示している。近年，これらの位置づけについては，大学別や専門分野別ランキングの形でグローバルに客観的指標が作成されている。これらは，わが国の大企業就職における大学間格差の存在にみられるように，学生の雇用可能性を左右する要因でありながら，これまであまり取り上げられてこなかった。教育場面でのエンプロイアビリティの重要な側面として，今後検討が必要である。

2　量的エンプロイアビリティと質的エンプロイアビリティ

第2節で，職務の質的側面を考慮したエンプロイアビリティを取り上げた。これは，現在の職務よりいくらかでも良い職務機会に関するエンプロイアビリティをその質的側面に注目するという意味で，質的エンプロイアビリティ（qualitative employability）と呼ばれる（De Cuyper & De Witte, 2010）。これは，実際の（組織階層における上昇や昇進などの）キャリアアップではなく，勤労者の知覚における上昇移動を意味する。そのため，労働環境の向上なども含まれる可能性もある。これに対して，量的エンプロイアビリティ（quantitative employability）は，職務機会の質的側面には触れず，現在と異なる職務・組織への移動の可能性だけを問題とする。さらに，内的エンプロイアビリティ・外的エンプロイアビリティの分類と組み合わせ，以下の4つのエンプロイアビリティの分類がなされている。つまり，①現在の組織で異なった職務に就く可能性を示す内的＆量的エンプロイアビリティ，②現在の組織でより良い職務に就く可能性を示す内的＆質的エンプロイアビリティ，③他の組織で異なった職務に就く可能性を示す外的＆量的エンプロイアビリティ，④他の組織でより良い職務に就く可能性を示す外的＆質的エンプロイアビリティである。そして，内的＆量的エンプロイアビリティの向上が，内的＆質的エンプロイアビリティに結びつき，外的＆量的エンプロイアビリティの向上が，外的＆質的エンプロイアビリティに結びつくという興味深い結果が導き出されている。すなわち，内的エンプロイアビリティでも外的エンプロイアビリティでも，まず雇用可能性自体の向上が質の高まりに結びつく可能性が示された。わが国の（外的＆量的エンプロイアビリティ向上につながる）労働移動支援助成金[3]などによる転職市場の充実施策が，工夫によっては満足度の高い転職につながる可能性が示唆されたとも考えられる。

　ただし，わが国の組織では一般に職務同一エンプロイアビリティが高く，一部の専門職を除き多くの従業員がジョブローテーションの対象として職務自体の移動は可能となっている。そのため現状では，質的・量的という基準よりも「より良い」という質的エンプロイアビリティの基準の内容の方が問題となろう。

3　絶対的エンプロイアビリティと相対的エンプロイアビリティ

　絶対的エンプロイアビリティとは，労働市場において特定の職務を獲得するために必要とされる技能，知識やコミットメントの（絶対的）水準を示す（Brown & Hesketh, 2004）。比較的長期に安定したエンプロイアビリティを示す。特に，ヨーロッパ諸国の政府や地方公共団体の政策では，この次元で個々の職務ごとに必要な水準が検討されてきたといってよいだろう。わが国でも，医師に代表される高度な専門知識を要する専門職は，国家試験合格，そしてそ

の後の教育研修を経ることが絶対的エンプロイアビリティの基準となってきた。しかし，近年イノベーションの進展などにともない，個人のスキルの陳腐化速度が速まってきた。そのため，実際特定の勤労者が他の組織で雇用可能かどうかは，（絶対的）水準だけでなく，労働市場において同様の職務を求める他者との比較という視点が関わらざるを得なくなってきた。相対的エンプロイアビリティとは，労働市場における需要と供給に基づき，その職務を求める人々のなかでの相対的な位置を示す。わが国の専門職においても，資格を取得した弁護士や公認会計士の就職難が一部で顕在化しており，こうした状況は，相対的エンプロイアビリティの観点から検討せざるを得ないだろう。

　以上から，エンプロイアビリティはかなり多面的な概念であることが理解される。特に，内的エンプロイアビリティと外的エンプロイアビリティの視点は，雇用の流動化が進む一方，必ずしも転職市場が整備されたとはいえないわが国では重要だと考えられる。なぜなら，一人ひとりの勤労者において両者の関係が強まることは，組織内だけでなく組織外での雇用可能性を高めることにつながる。つまり，現在の所属組織で仕事に励み組織内キャリアを発達させていくことが，組織間でのキャリア発達に結びつく可能性が高まるだろう。そのためには，組織の能力開発システムを企業特殊的スキル育成だけでなく，移転可能な一般的スキル育成をも視野に入れたものに変えていく必要があろう。それによって，若年勤労者にみられる高い自己開発意欲や他社でも役立つ市場性の高いスキルの修得意欲の高さに応えられるだろう（山本，2000）。それが高業績人材のリテンションにもつながると考えられる。

第5節　エンプロイアビリティの次元や構成概念

　エンプロイアビリティは単一次元の概念だろうか。それとも多くの次元や要素から成っているものだろうか。先行研究では，多くの要素から構成されていると考える立場が主流である（Forrier & Sels, 2003）。そこで，本節では先行研究におけるエンプロイアビリティの次元や構成概念を検討する。

1 能力的側面と非能力的側面

　欧米のエンプロイアビリティの次元についての研究を例にとると，例えばOutin（1990）では以下の4つを挙げている。①個人特性（人間関係およびモチベーションに関係する），②職業特殊的スキル，③労働市場の状況，④政府と経営者の訓練施策である。Gaspersz & Ott（1996）では，①移動意欲の高さと②労働市場に精通していることの2つを挙げている。わが国の研究でも，エンプロイアビリティには，狭い意味でのスキルだけでなく知識，適性，モチベーション，思考・行動特性，人間性まで含まれ，能力を中心とした幅広い領域をその対象としている（e.g. 厚生労働省, 2001）。その他，エンプロイアビリティの要素として，学習能力，キャリアマネジメント，専門知識，困難な環境を生き延びる適応的な能力（レジリエンス），個人の自己効力感[4]，情報とサポートを与えるコンタクトのネットワーク，職務探索的なスキルや労働市場の知識などが挙げられる。

　このように，エンプロイアビリティにはスキル，適性などの能力的側面だけでなく，性格，モチベーションなどの幅広い非能力的側面が含まれていることがわかる。専門知識などのいわゆる技量も含まれている。また，個人のエンプロイアビリティには売り手市場か買い手市場かなど，その時々の労働市場の状況が関わっていることも想定される。これは，エンプロイアビリティを考えていく際には，前節で触れた相対的エンプロイアビリティの側面を考慮せざるを得ないことを示している。さらに，第2節で触れた政府や所属組織の施策も取り上げられており，エンプロイアビリティは純粋に個人的概念ではないことが改めて理解される。

2 エンプロイアビリティにおける移動の次元

　Hillage & Pollard（1998）は，勤労者のキャリア全体における移動に言及している。すなわち，学生から社会人への入り口である最初の就職，雇用の維持，（配置転換や担当職務の移動を含めた）同一組織内での役割間の移動，（必要な場合の）新しい雇用の獲得，さらに満足のいく仕事の確保まで，エンプロイアビリティにおける移動の範囲を広く考えている。これは，内的エンプロイアビリティを

意味する「雇用の維持」，外的エンプロイアビリティを意味する「新しい雇用の獲得」だけでなく，欧米で内的エンプロイアビリティの条件と考えられることも多い「配置転換や職務の変更」，移動後のキャリア発達につながる「満足のいく仕事の確保」など，非常に幅が広い。これは，第3節で述べたキャリア・トランジションの観点から組織内，組織間のキャリア発達全体を包含したエンプロイアビリティのとらえ方といえよう。

ここまで，エンプロイアビリティおよびその対象とする移動の次元としてどのようなものが考えられてきたかを述べてきた。さらに，理論に基づく統一的な観点から次元を考えた研究を紹介していきたい。

3 能力ベースのエンプロイアビリティの次元

先行研究では，主に資源ベース理論[5]に基づき，能力ベースのエンプロイアビリティの次元が検討されている。この理論によれば，従業員の能力は従業員および組織の双方に価値の高い資産として育成され，エンプロイアビリティは仕事の継続とキャリア発達の機会をもたらすことになる。組織の持続的競争優位の前提条件として，有能な従業員の獲得・維持と彼らに対して実施される適切な人的資源管理施策の結合が求められるのである。個人別のエンプロイアビリティは，本人の職務業績だけでなく，組織全体の業績にもポジティブに寄与すると考えられている。代表的な研究である Van der Heijde & Van der Heijden（2006）を中心にレビューした結果，以下のような次元が挙げられている (cf. Boudreau et al., 2001)。

第1が，専門知識（occupational expertise）である。これは，勤労者にポジティブなキャリア上の成果をもたらすとともに，組織の活性化に役立つ人的資本要因でもある。専門性や専門知識が重視される知識社会の到来とともに，特に景気後退期には，専門知識に欠けるかそれが時代遅れになった従業員ほど余剰と考えられるようになってきた。逆に，専門知識をもった人々は組織内のキャリア上の機会を利用し，より利益を得る傾向にあることも実証されている (De Fillippi & Arthur, 1996)。特定領域における知識やスキルの高さは別とし

て，少なくとも組織内で専門知識や専門性を保持していると評価されることが，エンプロイアビリティ向上のためには不可欠だろう。しかし，序章第3節で触れた専門化と脱専門化のパラドックスには十分注意する必要がある。

第2が，予測と最適化（anticipation and optimization）である。これは，職務内容レベルで外部環境の変化に創造的に適応していくための次元で，自己主導の先取り的な行動を意味する。現代，IT産業のような知識集約型産業では，単に定型的業務を行うのではなく，時代を先取りするようなビジネスモデルや仕事を自分で創造していくことが求められている。すなわち，自分のキャリアデザインを最適化させるためには，現在および将来の労働市場に関する予測に基づき，自己の志向性を市場の動向やニーズにできるだけ合致させていくことが求められる（Weick, 1996）。そうした自発的な適応または先取り性が，エンプロイアビリティを支えていると考えられる。

第3が，柔軟性（personal flexibility）である。これは，職務内容以外での変化に適応する次元で，どちらかといえば受動的な行動を意味する。M&Aやリストラクチャリングなど所属組織における多くの変化は，柔軟性や困難な環境を生き延びる適応的な能力（レジリエンス）を従業員に求める。柔軟性は，マニュアル的行動の反対であり，適応の前提条件または要素と考えられる。柔軟性の高い従業員は変化に対する抵抗感をあまりもたないため，さまざまな経験からより大きな利益とキャリアの発達を見出すだろう。組織における数量的柔軟性の観点からみると，業績が悪化した時期に正規従業員に替えて非正規従業員を雇用することは，人件費負担の低下という意味での保障をもたらす。組織のコア人材にとっても，正規従業員比率の低下は，昇進競争の緩和と雇用保障，すなわち内的エンプロイアビリティをもたらす可能性がある。逆に，（内的エンプロイアビリティが高くない）非正規従業員には外的エンプロイアビリティを高めていくことが課題となる。近年のわが国における限定正社員制度[6]の議論は，非正規従業員の内的エンプロイアビリティを少しでも高めていくという観点から注目される。

第4が，共同意識（corporate sense）である。これは，情報，責任，知識，経験，目標等を従業員間，グループ間，部署間で共有していくことを示す。近

年，従業員の経営参加が進み，管理者と部下の間の情報共有の進展とともに，従業員が企業目標により関与し，チームの一員としてより主体的に参加し，職場の意思決定過程への連帯責任を負うことが求められるようになってきた（Chapman & Martin, 1995）。他方，プロジェクトチームなど組織において従業員が所属するグループの数はますます増加している。その傾向は，わが国の組織で特に顕著だろう。共同意識は，後述する社会関係資本（ネットワーク）とも関係し，組織行動論で注目される組織市民行動[7]にもつながる。現代的な組織運営や職務遂行のあり方に密接に関係した共同意識が高いことは，組織からの評価の高さを通して，特に内的エンプロイアビリティ向上に資するだろう。

　第5が，バランスである。これは，「経営者の利害関心と相反する従業員の仕事，キャリア，利害関心との妥協を図ること」（Van der Heijde & Van der Heijden, 2006, pp.455-456）と定義される。労働生活においては，簡単にバランスをとることができず両立しない要求に悩まされることが多い。また，組織も序章第3節で触れたパラドックスに直面せざるを得ない。その他にも，個人生活におけるワーク・ライフ・バランスや，職務上の努力と受ける報酬とのバランスが考えられる。また，仕事上・キャリア上の目標の達成と部下のサポートとのバランスは，自身も一人のプレイヤーとして業務目標の達成が科せられる管理職（管理職のプレイヤー化）に特有のものだろう。これらのバランスをうまくとっていくことは，柔軟性と自律のパラドックスなどに代表されるように，組織から評価を高め，エンプロイアビリティ向上につながるだろう。

4　心理社会的概念としてのエンプロイアビリティの次元

　前項と異なり，心理社会的概念としてのエンプロイアビリティの次元に注目した代表的研究がFugate et al. (2004) である。この研究では，個人のエンプロイアビリティを，現代の経済状況で発生している仕事関連の無数の変化に勤労者が効果的に適応する手助けとなるような，多くの心理的概念を包括したものと考えた。心理社会的概念であるエンプロイアビリティの核心は，外部環境に適応可能な認知，行動や感情を育て，個人と仕事との調和を促進するような個人的特性を含む仕事に対する自発的な（または先取りの）適応性とした。この

適応性は，キャリアの明確性（career identity），（個人的）適応性（personal adaptability）および社会関係・人的資本（social and human capital）の3次元から成る。

　第1のキャリアの明確性は，仕事領域で「私は誰で，何をしたいのか」が明確になることを示す。その結果，仕事における自己の可能性（possible selves; Markus, 1983）を描くことができ，これがキャリア上の希望やキャリア目標の設定につながる。このように，キャリアの明確性はエンプロイアビリティの羅針盤としてその方向性を指し示すことで，その後の自発的および適応的な努力を導き活性化させるだろう。

　第2の適応性は，文字通り，状況変化に合致するように感情や行動を変化させることである（Chan, 2000）。適応性が高いことは，状況が変化しても生産性を維持でき，それによって経営者に対する自己の魅力を維持し得るため，内的エンプロイアビリティの高さに結びつくだろう。これによって，個人のキャリア成功にも組織における職務業績向上にもつながる可能性が高い。そして，楽観主義，学習意欲の高さ，開放性，内的統制[8]などが適応性を支える重要な要素と考えられる。

　第3は，社会関係資本・人的資本である。社会関係資本は，「相互利益のための共同と協力を促進するような規範，ネットワーク，社会的信頼などの社会組織の特徴」（Putnam, 2000）などと定義され，社会のネットワークにおける人間関係を指す。社会関係資本はエンプロイアビリティの社会的・対人関係的要素であり，ネットワークを通してその保持者に情報と影響力を与える。情報と影響力は個人がキャリア上の機会に近づくために必須のものであり，エンプロイアビリティに関係する。社会関係資本は特に転職行動に役立つだろう。豊富な社会関係資本をもった勤労者は，公式のネットワーク（ハローワークや組織による転職支援制度など）に加え，非公式なネットワークを活用できる。先行研究によると，欧米の経営者は非公式のネットワークを通して転職先を見つけることが多く，そうした社会関係資本は，本人の人的資本とは別に転職後の収入にポジティブな影響を与えている（Boxman, De Graaf, & Flap, 1991）。このようにネットワークは，個人が組織間，業種間およびキャリア全体における機会を活か

す能力，すなわちエンプロイアビリティを向上させるだろう。

　労働市場においてチャンスを実現する能力は，前述した勤労者がもつ人的資本によるところが大きい。人的資本は，自身のキャリア発達に影響する年齢，学歴，職務経験と教育訓練，職務業績，勤続期間，知識，技能など多くの要素と関係している。そのなかでも，教育と経験が本人のキャリア発達に最も強い影響を及ぼすことが明らかになっている（e.g. Kirchmeyer, 1998）。多くの先行研究で教育レベル（最終学歴）が高いほど，昇給や昇進などについて高いキャリア発達がみられていた（e.g. Lyness & Thompson, 2000）。また，さまざまな職務経験を積んだ勤労者は，多様なレベルの技量と暗黙知[9]を蓄積したことによって，（将来の）雇い主にとってより魅力的になるだろう。今日の労働環境では，特に経験は組織・業種・職業特殊的スキルではなく，移転可能なスキルまたは一般的スキルとして示される必要がある。これらが外的エンプロイアビリティ向上につながるだろう。このように，人的資本は個人および組織の適応性を向上させるとともに，人的資本への投資は継続的な学習を意味するという点で，エンプロイアビリティを高めるだろう。

第6節　エンプロイアビリティの関連概念

　これまで，エンプロイアビリティの概念自体について述べてきたが，先行研究ではエンプロイアビリティに関連した諸概念についても検討されている。エンプロイアビリティを異なった観点から検討するため，関連概念について以下に略述していきたい。その際，個人と組織の2つの側面からみていこう。

1　個人レベルのエンプロイアビリティの関連概念
（1）代わりの雇用機会

　代わりの雇用機会（perceived existence of alternatives）は，勤労者の転職行動に関する実証研究で古くから検討されてきた概念である。これを最も早くから提唱したMarch & Simon（1958）は，知覚された組織外での代替的選択肢の数が増えれば，知覚された移動の容易さが高まるというモデルを設定してい

る。また，個人的および環境的要因の影響を受ける「代わりの機会の知覚された利用可能性」は，これまでのキャリアに対する満足感などを通して，職務やキャリアを変更するかどうかの考えに影響を与えるとしている（Rhodes & Doering, 1983）。その他にも，これは多くの先行の転職行動を説明するモデルで採用されている（e.g. Steers & Mowday, 1981）。実証研究でも，これが高いことは転職意思および転職行動を高めている（e.g. Adams & Beehr, 1998）。代わりの雇用機会はエンプロイアビリティの一部である外的エンプロイアビリティを意味する概念といえる（図2－2）。

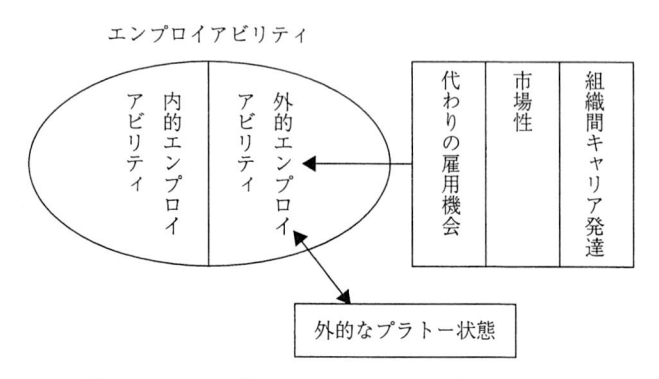

図2－2　エンプロイアビリティと関連概念との関係

（2）市場性

市場性（marketability）は，「他の組織に移ることによって現在と同様の地位を得る機会の自己評価」（Veiga, 1981, p.569）と定義される。市場性は，労働市場における位置づけという観点を重視しており，満足のいく条件での組織間キャリア移動の可能性を示すという点で，外的エンプロイアビリティまたは外的＆質的エンプロイアビリティと類似した概念である（図2－2）。実際，市場性の高い勤労者ほど転職意思が高くなっている（Veiga, 1983）。

また，この概念は内的エンプロイアビリティとの関連もあると考えられる。現代は，グローバル化などによる企業間競争の激化によって，高度な専門性や知識をもった人材が必要とされるようになってきた。そのため，組織は自分の

市場性が高いとみている従業員の価値を理解し，彼らのリテンションを図るために高い評価と昇進等による高い報酬を考えるだろうからである。さらに，知覚された市場性を，自分が現在の組織で価値が高いという信念を示す「知覚された内的市場性」（perceived internal marketability）と他の組織で価値が高いという信念を示す「知覚された外的市場性」（perceived external marketability）とに分けて，それらの要因の違いを分析している研究もみられる（Eby, Butts, & Lockwood, 2003）。すなわち，内的市場性＝内的エンプロイアビリティ，外的市場性＝外的エンプロイアビリティと考えられるため，エンプロイアビリティの内的および外的次元を考慮する近年の研究の傾向と類似しているといえる。

（3）外的なプラトー状態

外的なプラトー状態とは，「現在の職位以上の昇進の可能性が非常に低いキャリア上の地位」（Ference, Stoner, & Warren, 1977, p.602）と定義され，組織内での将来の昇進可能性の低下を示すキャリア・プラトー化（階層プラトー化）をもとにした概念である。Chao（1990）は，プラトー状態を，現在雇用されている組織内で昇進可能性が低い状態を示す内的なプラトー状態（internal plateauing）と，組織外でキャリア移動の可能性が低い外的なプラトー状態（external plateauing）とに分類した。すなわち，外的なプラトー状態は外的エンプロイアビリティの反対の状態を示す概念と考えられる（図2－2）。先行研究では，昇進や配置転換などのキャリア上の移動がみられないかまたは停滞することは，退職意思を促進していた（山本，2006a）。そのため，内的なプラトー状態と外的なプラトー状態が重なることは，組織内キャリア発達だけでなく，組織間キャリア発達の可能性も低下することにつながり，勤労者にストレス反応等，ネガティブな作用を及ぼす可能性が高いだろう。

（4）組織間キャリア発達

組織を移動することによって，自己のキャリア目標に関係した経験や技能を継続的に獲得していくプロセスを示す（山本，2008）。これは，1つの組織内でのキャリア発達を示す組織内キャリア発達，組織に雇用されない自営業等組織

の外でのキャリア発達を示す組織外キャリア発達と並び，組織を対象としたキャリア発達の形態の1つである。外的エンプロイアビリティと組織間キャリア発達は，ともに組織での雇用を前提としており，自営業や組織外でのキャリアを対象としないという点および実際の転職・出向経験を必ずしも要せず，それら移動へ向けた準備状態を含むという点が共通している類似概念である（図2-2）。ただし，エンプロイアビリティは現在の組織での継続雇用（内的エンプロイアビリティ）を対象に含めているが，組織間キャリア発達では，移動を前提として論じられる点が異なる。また，エンプロイアビリティは他の組織に雇用される時点までを主に問題とするのに対して，組織間キャリア発達は移動後の発達に焦点が当てられるため，後者の方がタイムスパンが長い。以上から，組織間キャリア発達とエンプロイアビリティは近接した概念であり，組織間キャリア移動の可能性は高いエンプロイアビリティによって促進される。しかし，移動前後を通して組織間キャリア発達がみられるかどうかは，エンプロイアビリティの高さによって必ずしも保障されるわけではない。

（5）エンプロイアビリティ・アセット，エンプロイアビリティ・スキル

　第1章第1節で述べたように，エンプロイアビリティは，もともと能力的側面を中心に検討されてきた。エンプロイアビリティ・アセットとは，エンプロイアビリティを高める場合に必要とされる個人の知識，スキルや態度を示す。そのなかの特にスキルに注目した場合が，エンプロイアビリティ・スキルであり，「学校から労働へ移行を成功させるために必要な，認知的および情緒的スキルであり，採用，求職，配置，職務継続に際して不可欠なもの」（Wircenski, 1982, p.18）等と定義されている。

　エンプロイアビリティ・スキルの理論的根拠と考えられるのが，特性因子理論（またはマッチング理論：Parsons, 1909）である。これは，個人のもつスキルや能力（＝特性）と，それぞれの仕事が必要とするスキルや能力（＝因子）とを一致させることが，良い職業選択や職業への適応につながるとする。特性因子理論の3つの命題は，①自己分析つまり適性，能力，興味，希望など自分自身の正確な理解，②仕事分析つまりその仕事に求められる資質，成功の条件，報

酬機会，将来性などについての知識，③①と②の関連性についての合理的推論である。この3つのステップによって，賢明な職業選択が行われると考えられる。すなわち，このことが高いエンプロイアビリティにつながるのである。それでは，能力的側面を中心にしたエンプロイアビリティ・アセット（エンプロイアビリティ・スキル）はどのような構造になっているのだろうか。例えば厚生労働省（2001）では，労働者個人の能力を，職務遂行に必要となる特定の知識・技能（A），協調性，積極性など，職務遂行の際，個人がもっている思考や行動の特性（B），動機，性格，価値観など潜在的な個人的属性に関するもの（C）の3つに分け，次ページのような能力構造を考えた（図2-3）。Aは顕在的能力であり，Bは態度として現れる点で顕在的だがCとの関係が強い。Cは，潜在的個人特性であり，具体的・客観的に評価することは困難とした。以上の構造において，個人のエンプロイアビリティ・スキルとしては，AとBを対象とすることが適当だろう。

具体的なエンプロイアビリティ・スキルまたは特性・因子としては，どのようなものがあるだろうか。先行研究では多くの分類がなされている。例えば，スキルを基本的に身につけていなければならない一般的スキルと，特定の職務を実行するために必要な専門的なスキルとに水準によって分けた以下の分類が代表的である（McQuaid & Lindsay, 2005）。

本質的特性（誠実さ，信頼性，働くことに対するポジティブな態度，責任感など），個人的能力（率先垂範，勤勉さ，自発性，自律的行動，自信など），基本的移転可能スキル（文書による読み書き能力，基本的計算能力，言葉によるプレゼンテーション能力など），主要な移転可能スキル（推理力，問題解決力，環境への適応性，基本的な情報処理スキルなど），高水準の移転可能スキル（チーム労働，事業化可能性の把握，先見性，起業スキルなど），資格（公的職業資格，個別の職務資格），職務知識の基礎（職務経験，共通に評価される移転可能スキル（運転免許），個別職業に必要なスキルなど），労働市場での位置づけ（現在の失業／雇用期間，職務経歴のバランスなど）。

そして，技術的専門的なスキルすなわちスペシャリスト的スキルだけでは，現代の組織現場での職務を遂行していくには不十分であり，それを活かし補足するためにも，一般的な基礎的スキル，言い換えるとゼネラリスト的なスキル

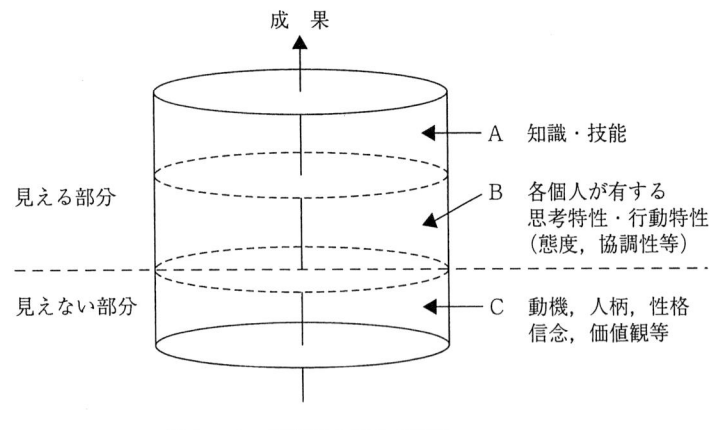

```
              成　果
               ↑
        ┌──────────────┐
       ╱                ╲ ←── A  知識・技能
      │  - - - - - - - - │
見える部分│                  │ ←── B  各個人が有する
      │                  │        思考特性・行動特性
- - - -│- - - - - - - - -│- - -   （態度，協調性等）
見えない部分│                │ ←── C  動機，人柄，性格
       ╲                ╱         信念，価値観等
        └──────────────┘
               ↑
```

図2－3　勤労者の能力の構造

（出所）厚生労働省（2001）より引用。

が開発されなければならないと考えられてきた（Evers, Rush, & Berdrow, 1998）。

　次に，わが国におけるエンプロイアビリティ・スキルの研究についてみていこう。まず，エンプロイアビリティ概念の導入当初から一定の役割を果たしてきた政府における見解に触れておこう。厚生労働省（2004）は，大学卒業者の採用に当たり半数以上の企業が重視し，かつ比較的短期間の訓練により向上可能な能力（若年者就職基礎能力）として，コミュニケーション能力（プレゼンテーション能力を含む），職業人意識（責任感，職業意識・勤労観，向上心・探求心を含む），資格取得，基礎学力，ビジネスマナーを挙げている。態度や技量が含まれているのが特徴である。また，経済産業省（2006）は「職場や地域社会の中で多くの人々と接触しながら仕事をしていくために必要な基礎的な力」と定義した社会人基礎力を提唱している。これは，イギリスやオーストラリアの汎用的技能（generic skill）の観点に立ち，「どのような職業にでも移転できる能力」（p.3）であることが強調されている。社会人基礎力は，社会人への移行が焦点となる大学生のエンプロイアビリティ・スキルの枠組みとして重要である。これには，一歩前に踏み出し，失敗しても粘り強く取り組む力である「前に踏み出す力（アクション）」，疑問を持ち，考え抜く力である「考え抜く力（シンキング）」，

多様な人とともに，目標に向けて協力する力である「チームで働く力（チームワーク）」の3つがある。前に踏み出す力として主体性や実行力が，考え抜く力として課題発見力，計画力，創造力が，チームで働く力として発信力，傾聴力，柔軟性，情況把握力，規律性，ストレスコントロール力が挙げられている。これらは，前述した欧米の先行研究（McQuaid & Lindsay, 2005）と共通点が多いことがわかる。

さらに，若年者就職基礎能力や社会人基礎力で挙げられた能力を，実際の職務遂行現場に置き換えた能力についてみてみよう（リクルート，2004）。ビジネス開発力[10]，キャッシュフロー開発力[11]，企業評価・組織化能力[12]が重視され，より詳細な分類では，人材評価・育成力[13]，マーケット・チャネル開発力[14]，サービス革新力[15]，P/L管理能力[16]が重視されていた。この結果は，人材ビジネス企業に対し顧客企業から依頼の多い人材が業務遂行のため保有すべき能力として調査した結果とかなり類似しており，外的エンプロイアビリティの高さと結びついた能力を示しているといえる。実際の転職場面では，これらのより具体的な知識・ノウハウ，能力が評価の対象とされていることから，横断的な市場価値を含んだ職業能力を意味するエンプロイアビリティ・スキルとしても，これらを視野に入れていく必要があろう。その他，エンプロイアビリティの基本となる能力として，専門能力，自己表現力，情報力，適応力を挙げ，そのうち専門能力が最も重要であるとするなど，エンプロイアビリティとして必要なスキルに優劣があるとする先行研究もみられる（佐々木，2003）。

しかし，イノベーションとそれにともなうスキル陳腐化のスピードが速い現代，長い職業生涯を考えると，1つの職業や職務におけるスキルをもっているだけでは不十分だろう。すなわち，これらスキルの他の職業や職務へ移転可能性が重要となろう（第1章第1節参照）。それを変化に対応する能力といっても良いかもしれない。Sheckley（1993）も，「移転可能なスキルを訓練することは，増大し続ける職務の数（多様性）に対応し，人生のさまざまな場面においてもそれが有効であることを保証する。エンプロイアビリティ・スキルはまさに人生のスキルである。柔軟性と移動性を獲得するために，労働者は広い範囲の移転可能なスキルを持たなければならない」（p.114）として，その重要性を

指摘している。加えて，現代の労働市場で満足のいく移動をすることや潜在能力を発揮するためには，これらスキルをもっているだけでは不十分で，それらを活用し，売り込む能力が必要とされるだろう。そのためには，わが国でも情報の流通を含めた転職市場のより一層の整備が求められる。

（6）コンピテンシー

コンピテンシーも，エンプロイアビリティと同様に，企業経営や学校教育など多様な場面で使われている概念である。企業経営においては，「組織の置かれた環境と職務上の要請を埋め合わせる行動に結びつく個人特性としての潜在能力または強く要請された結果をもたらすもの」（Boyatiz, 1982）などと定義され，高い業績に結びつく従業員の行動特性を示す。そして，主に人材コンサルティングの現場で，業種，職種の異なる多様な組織現場に対応したコンピテンシーの測定項目（コンピテンシーディクショナリー）が開発されてきた。しかし，その具体的内容について統一的なものは明らかにされていない。高い業績に直接結びつくという点で，コンピテンシーとエンプロイアビリティは類似しており，実際測定項目に重複もみられる。しかし，エンプロイアビリティは何より現在の所属組織または他の組織での雇用可能性を意味するという点で，コンピテンシーとその焦点がまったく同じわけではない。また，近年多様なコンピテンシーの上位に位置し，他のコンピテンシーの基盤となり，それらを統合したメタ・コンピテンシーという概念が注目されている。Hall（2002）は，これを「個人に他のスキルを獲得させるより高次の能力」（p.32）と定義し，アイデンティティと適応可能性（Adaptability）を，その例として挙げている。予測困難な環境，柔軟性戦略を取らざるを得ない組織のなかで，勤労者も自らの価値観や興味に気づき，過去・現在・未来を通して一貫した自分を意識することが重要であろう。さらに，変化に適応する能力とそのためのモチベーションの高さも優先して求められるだろう。

2　組織レベルのエンプロイアビリティの関連概念

組織レベルのエンプロイアビリティの関連概念として，高橋（1999）の造語

であるエンプロイメンタビリティが挙げられよう。これは,『「エンプロイアビリティ」と対になる概念で,エンプロイアビリティの高い自律した社員に,辞めずにこの会社に勤めていたいと社員に思わせる「雇用主の魅力度」』を示す(高橋,2006,p.166)。言い換えると,エンプロイアビリティが「従業員(勤労者)が企業に雇用される能力」であるのに対し,エンプロイメンタビリティは,「企業が従業員(勤労者)を雇用する(し続ける)能力」である。しかし,エンプロイメンタビリティが高いということは,できるだけ雇用調整をせずにすべての従業員を抱え込むという意味でとらえられているわけではない。エンプロイメンタビリティが高い組織とは,「高業績を挙げる(または挙げることが予想される)従業員が,長期間組織にとどまってその能力を発揮することができるようにするための,人的資源管理施策全体」(山本,2009,p.14)と定義される従業員のリテンション・マネジメントがうまくいっている組織,具体的には彼らの定着率の高い企業を意味する。企業がエンプロイメンタビリティを向上させるためには,前述のエンプロイアビリティ保障,つまり従業員のエンプロイアビリティを高めるような施策を積極的にとっていく必要があろう。もちろんこの場合,企業側からみて主眼となるのは内的エンプロイアビリティの向上である。しかし,内的エンプロイアビリティと外的エンプロイアビリティとの関連から考えると,エンプロイアビリティが向上した従業員は,転職する可能性が高まることも想定される。彼らは,企業が長く勤続して欲しい従業員であることが多く,リテンションの重要な対象となる。つまり,エンプロイメンタビリティを向上させていくことは諸刃の剣なのである。しかし,雇用の流動化が進行し,グローバルな企業間の高業績人材獲得競争が激化している現代,エンプロイメンタビリティ向上のための努力は必要であろう。

　エンプロイメンタビリティ向上のための具体的な施策には,どのようなものがあるだろうか。先行研究では,キャリア自律支援(高橋,2006),専門能力開発機会の提供,多様な勤務形態・報酬形態を可能にする制度,独立支援制度の整備(佐々木,2003)等が挙げられている。すなわち,エンプロイアビリティの高い従業員に対するエンプロイメンタビリティ向上施策としては,より自由な勤務形態,キャリア開発機会の保障等,キャリアの自律性を重視した施策が

有効である可能性が示されている。

　以上，全体として外的エンプロイアビリティとの関連概念または類似概念は多く研究されてきたが，内的エンプロイアビリティとの関連概念についてはほとんど検討されていない。現在と同等以上の条件の転職先があっても，さまざまな理由ですぐには転職が困難な勤労者は多いだろう。組織における評価の高さによる雇用維持を意味する内的エンプロイアビリティ研究の必要性は，高いといえる。

第7節　エンプロイアビリティの知覚

　エンプロイアビリティは，もともと本人以外の組織，上司，労働市場などが評価するとされてきた。前述した組織の観点からみたエンプロイアビリティ・マネジメントと呼ばれる場合が，それに該当する（第1節）。内的エンプロイアビリティの場合，人事考課における評価などがそれに当たるだろう。これは，人々の雇用主体または雇用しようとする主体が組織であることを考えると，より客観的なエンプロイアビリティといえるだろう。外的エンプロイアビリティの場合も同様であり，公的資格などがそれにあたるだろう。
　これに対して，近年エンプロイアビリティを従業員の組織行動の観点からとらえる傾向が強まり，それにともなって，エンプロイアビリティを本人の知覚によってとらえる研究が盛んになってきた（e.g. Berntson et al., 2006）。エンプロイアビリティの知覚（(self-) perceived employability）とは，人々が自覚している自身の雇用機会を示し，エンプロイアビリティ期待（employability expectation; Sanders & De Grip, 2004）とも呼ばれる。エンプロイアビリティ知覚における知覚（perception）とは，耳目などの感覚受容器を通して入ってきた周囲の世界や自身の内部から生じる刺激や情報を受容し，それらを直接的に知ることまたはその過程をいう。ちなみに，知覚の類似概念である認知（cognition）は知覚の後の段階であり，知覚された状況を過去の記憶や他の感覚情報と組み合わせ，または比較して，社会的，文化的に意味づけることをいう。すなわち，

認知は一般にいう解釈を意味し，本人の対象に対する価値判断（好き嫌い，重要・重要でないなど）の影響を受ける。それに対し，知覚は対象に対する状況記述的な判断であり，評価を含まない。これらの点から，エンプロイアビリティ知覚は，主観的ということはいえるが，価値判断の混入が少なければエンプロイアビリティを測定する手段として使えることになる。さらに，エンプロイアビリティの知覚が重視されるようになってきた背景には，以下の事情があると考えられる。

　第1が，自律的評価の重視である。社会科学の基本的仮説であるトーマスの法則によると，人がある状況をリアル（現実的）だと定義するとき，その状況は現実であると仮定する（Thomas & Thomas, 1928）。つまり，仮に人々が人事考課や資格のような客観的指標によって使用者等からエンプロイアビリティが高いと評価されても，彼らの感情がその現実の解釈に納得しない限り，必ずしもそのように認識しないだろう。すなわち，本人が自己に対する評価を一切せずに他者評価に任せるということは，自律的にキャリア発達を図らねばならないというキャリア自律の必要性が高い現代では，現実的でなくなってきた。

　第2が，エンプロイアビリティの「客観性」の揺らぎである。元来，エンプロイアビリティは労働市場における需要と供給の影響を強く受け，また職務によっても異なる。そして，近年イノベーションの進展などによって，個人のスキルの陳腐化速度が速まってきた。それにともない，資格や職業上の地位などの客観的指標で実際の再雇用の機会を予測することが困難になってきた（Trevor, 2001）。わが国でも，多くの資格をもっていることが必ずしも特定勤労者の雇用の継続や再雇用を保障するものではなくなっている。これは専門職としての資格でも例外ではない。さらに，フリーターと呼ばれる人々が多様な職場での職務経験をもち多種の資格を保持していたとしても，必ずしも正規従業員として登用されないという状況がみられる。もともと，特定の勤労者のエンプロイアビリティを客観的に測定しようとすると，まずその絶対的エンプロイアビリティの測定が求められる。しかし，それをすべての職業，職種ごとに追究していくことは非常に困難である。特に，イギリスのNVQ（全国職業資格）のような職種横断的な職業資格制度が存在しないわが国では，それは事実上不

可能だろう。さらに，相対的エンプロイアビリティを考慮することも求められるようになってきた（Brown & Hesketh, 2004：第4節）。このように，景気動向等によって短期的に変化する可能性のあるエンプロイアビリティを，客観的かつ安定的に測定していくことは非常に困難になってきたのである。

それでは，客観的な手段で測定したエンプロイアビリティとエンプロイアビリティ知覚との間にはどのような関係があるだろうか。この関係を検討した先行研究では，内的エンプロイアビリティの知覚も外的エンプロイアビリティの知覚も，内的エンプロイアビリティを向上させたが，外的エンプロイアビリティには影響していなかった（Sanders & De Grip, 2004）。この関係が，文化，業種，職種などを超えて一般化できるかどうかは明らかではない。今後のさらなる実証分析が求められるだろう。

第8節　エンプロイアビリティの測定

エンプロイアビリティは，何らかの形で測定できるのだろうか。エンプロイアビリティ・アセットの項で触れた特性因子理論では，個人のもつ能力その他の特性は測定可能であることを前提としている。他方，エンプロイアビリティは固定的なものではなく時間や場所によって大きく変動するため，直接測定することは困難だという研究者もいる（Forrier & Sels, 2003）。現代のような境界のないキャリアの時代においては，自分のもつ能力とエンプロイアビリティを分析することがキャリア発達をめざす勤労者の重要なスタートポイントだということを指摘した。しかし，エンプロイアビリティを測定する信頼できる手段（ツール）がないと，それも不可能となる。また，組織の観点からも従業員のエンプロイアビリティの把握がなければ，費用対効果を考慮したエンプロイアビリティ保障は行われにくいだろう。先行研究では，どのような手段・基準でエンプロイアビリティを測定してきただろうか。以下に代表的なものを挙げた。

1　個人別のエンプロイアビリティの測定

　前述したように，エンプロイアビリティは個人，組織や業種別に検討されてきた。近年の研究は個人によって異なるエンプロイアビリティという側面が重視されてきたが，その他の側面も無視できない。そこで，最初に個人別のエンプロイアビリティを測定した研究を概観し，その後，組織別，業種別の研究を検討していく。

（1）転職経験

　エンプロイアビリティの非常に簡便な測定法である。実際に転職したという経験は，他の組織で雇用を継続したという意味で外的エンプロイアビリティの一面をとらえているといえるからだ。また，質問票などで個人別に測定する場合，転職経験は態度などと比較し，客観的な測定が可能である。例えば，先行研究では，直近3年間における転職経験の有無で外的エンプロイアビリティの高さを測定している（Sanders & De Grip, 2004）。しかし，転職経験はあくまで過去の経験を表す尺度であり，将来の可能性を示すものではない。また，転職経験だけで質的エンプロイアビリティとしての側面，すなわち前の組織より満足できるような仕事を得られたかどうかや，前の組織と同等以上の地位・処遇での転職かどうかを測定することは不可能である。さらに，転職経験の有無によるエンプロイアビリティ・スキルの差はみられなかったという研究もみられる（労働政策研究・研修機構, 2003）。以上の点から，転職経験だけでエンプロイアビリティを測定する妥当性は必ずしも高くなく，他の基準との併用が求められるだろう。例えば，転職したことに対する満足度も測定することによって，転職満足が高い転職経験者を（外的）質的エンプロイアビリティが高いとすることなどが考えられる。

（2）スカウト候補者としての推薦基準

　人材スカウト会社のデータベースに基づき管理職を対象とした研究では，エンプロイアビリティを，（顧客企業に対する）スカウト候補者としての推薦基準で測定した（Boudreau et al., 2001）。これは，顧客企業からの評価の高さを反映

しているとともに，過去のスカウト成功の記録も反映されていることから，外的エンプロイアビリティの客観的基準を示している。具体的には，①柔軟性と適応可能性，②現在の職務での熟達の程度，③外見，威信および個人としての影響力の3項目から構成されている。これらは，前節のエンプロイアビリティ・アセットともかなりの程度重なっていることがわかる。しかし，この尺度はデータを得るのが困難な点と，適用範囲が限定される点が欠点として挙げられよう。

(3) 他職種・部門の仕事を担当する程度・範囲

Groot & Maassen Van den Brink (2000) は，エンプロイアビリティを，組織の柔軟性の観点，具体的には，組織内の他の職種や部門への配置転換の観点から測定した。従業員に，組織内の他の職種や部門に属している仕事を行う頻度について尋ね，その頻度が高いほどエンプロイアビリティが高いとした。これは，組織での評価の高さと関係するため，内的エンプロイアビリティの尺度と考えられる。また，これは組織参入時から担当する仕事が固定される傾向が強い欧米の組織ならではの尺度だろう。わが国では，一部の専門職を除き，配置転換やジョブローテーションにより他の職種や部門に属している仕事を行う慣行が確立しているため，これを多くの組織で尺度として一般的に使用することは困難である。しかし，これを逆の面からみると，製造業を中心としたわが国の多くの組織で人的資源管理上の方針として目指されている多能工化は，エンプロイアビリティを高める施策，すなわちエンプロイアビリティ保障になる可能性が示唆される。

(4) 自律的な問題解決の程度

同じく，Groot & Maassen Van den Brink (2000) は，エンプロイアビリティを生産性，とりわけ仕事上の問題の解決過程の観点から測定した。具体的には，仕事上で（小さな）問題が発生した場合，従業員がその解決を自分で行える程度を尋ね，それが高いほど同僚や上司の手助けを借りるよりコストがかからないため，エンプロイアビリティが高いとした。これは，自律的職務遂行

の程度の高さを示すとともに，生産性の高さを示唆している。これも，キャリア自律の必要性が広く認識されてきた現代，組織からの評価の高さと強く関係するため，内的エンプロイアビリティの尺度と考えられよう。わが国の組織でも，ブルーカラーのスキルの核心は問題と変化への対応であり，ホワイトカラーでもその日常の仕事に占めるウェイトは大きいと考えられている（小池，2005）。しかし，自律的職務遂行だけが生産性向上，さらには組織からの評価に結びつくわけではない。

（5）知覚による測定
　前節で触れたように，近年エンプロイアビリティを勤労者の知覚によって測定する研究が増加してきた。それでは，エンプロイアビリティの知覚はどのように測定されてきただろうか。大きく分けて，単一項目尺度と複数項目尺度とに分かれる。
　1）単一項目による尺度
　調査の簡便性などの観点から，1項目で測定している先行研究がいくつかみられる。
　① Van der Heijden（1999）の尺度
　5年以内に現在と同等以上の職位に移動する機会についての個人の知覚
　② De Cuyper, De Witte, Kinnunen, & Nätti（2010）の尺度
　「あなたは，あなたが新しい職務を見つける可能性をどの程度だと思いますか」
　単一項目の尺度は，エンプロイアビリティの分類（第4節）を考慮していない。例えば，内的エンプロイアビリティを測定しているか，外的エンプロイアビリティを測定しているか，あるいはその両者を測定しているかについて，明確に区分しているものは少ないという欠点がある（Forrier & Sels, 2003）。
　2）複数項目による尺度
　前述したように，エンプロイアビリティは身体的適応性，認知的な適合性などキャリアに関するいくつかの側面に適応することが必要とされ，単一の概念ではないことが明らかにされてきた。近年の実証分析でも，この傾向を反映し

て複数項目や複数次元による尺度が多く使われるようになってきている。複数項目による尺度には，エンプロイアビリティの分類や次元を考慮したものと考慮していないものがある。

① De Witte (1992) の尺度

「私は他の職務を探したとしても見つけられると楽観的に考えている」などの4項目尺度である。他のいくつかの研究でも使われている尺度であるが，必ずしも内的／外的エンプロイアビリティなどの分類や次元を考慮したものではない。

② 能力ベースの多次元エンプロイアビリティ尺度 (Van der Heijde & Van der Heijden, 2006)

専門知識を測定する「あなたは全体として自身のもつスキルの質をどの程度評価していますか」などの15項目，予測と最適化を測定する「私は私の労働市場における価値を維持する責任がある」などの8項目，柔軟性を測定する「あなたは職場での変化にどの程度容易に対応できるといえますか」などの8項目，共同意識を測定する「私は私の経験と知識を他の人々と分かち合っている」などの7項目，バランスを測定する「仕事をした後，私は大体リラックスできる」などの9項目の計47項目の尺度である（第5節参照）。これは，多面的なエンプロイアビリティの次元を網羅している点では評価される。さらに，この尺度は各次元において本人による評価と監督者による評価をともに測定しており，その結果，すべての次元で両者間に有意なポジティブな相関がみられている。ただし，項目数が多いことと，エンプロイアビリティ自体というより，その前提条件や結果を測定している項目も含んでいる点などに改善の余地があるだろう。

③ 内的／外的エンプロイアビリティの分類を考慮した尺度 (Rothwell & Arnold, 2007)

内的エンプロイアビリティを測定する「この組織で人員削減があったとしても，私は組織に残れると確信している」などの4項目と，外的エンプロイアビリティを測定する「たいていの組織で今と似たような仕事を得るのは簡単だ」

などの7項目計11項目の尺度である。信頼性，妥当性についてかなり厳密な検討がなされており，優れた尺度である。本書の実証分析では，この尺度を主に参考にした。

④ 内的／外的エンプロイアビリティと量的／質的エンプロイアビリティの分類を考慮した尺度（De Cuyper & De Witte, 2010）

内的量的エンプロイアビリティを測定する「私は現在の組織で他の職務を探しても見つけられると楽観的に考えている」などの4項目，内的質的エンプロイアビリティを測定する「私は現在の組織でより良い職務を探しても見つけられると楽観的に考えている」などの4項目，外的量的エンプロイアビリティを測定する「私は別の組織で他の職務を探しても見つけられると楽観的に考えている」などの4項目，外的質的エンプロイアビリティを測定する「私は別の組織でより良い職務を探しても見つけられると楽観的に考えている」などの4項目計16項目の尺度である。

2　組織別のエンプロイアビリティの測定

組織別にエンプロイアビリティを測定した指標にはどのようなものがあるだろうか。Arocena et al.（2007）では，エンプロイアビリティを向上させるような職場での業務遂行を，各工場のエンプロイアビリティの指標とした。具体的には，設備のメンテナンス実施，新規採用従業員のトレーニングへの参加，職務設計への参加，ジョブローテーションの実施などの6項目から構成される。これらが実施されているほど，従業員に職務移動を可能とするような広く，一般的，移転可能で，重要なスキルを提供することになり，労働市場における雇用可能性を増大させるとした。ジョブローテーションの実施が一般的ではない欧米企業での内的エンプロイアビリティの尺度といえよう。しかし，彼らの指標は従業員の組織や職務へのコミットメントを高めるような人的資源管理施策と内容的に近接しており，それらが直接的に従業員自身のエンプロイアビリティの高さを示す指標かどうかについては必ずしも肯定できるものではない。

3 業種別のエンプロイアビリティの測定[17]

　業種別にエンプロイアビリティを測定した指標にはどのようなものがあるだろうか。De Grip et al. (2004) は，オランダの業種別のエンプロイアビリティ測定尺度を開発している。彼らは，技術的，経済的および組織的観点から，業種別にエンプロイアビリティの必要条件を推定した。そして，Thijssen (1998) の包括的定義をもとに，業種別のエンプロイアビリティを以下の4段階に分けて測定している（表2－1）。

　第1段階で，業種別に現在の従業員全体のエンプロイアビリティを決定した。これは，従業員が自身の労働市場での魅力を高める活動に従事したいという願望を示す意欲（willingness）と労働市場で自分の地位を向上させる力を示す能力（capacity）の2つで測定される。

　第2段階で，業種別のエンプロイアビリティの必要性に及ぼす社会的変化の

表2－1　業種別のエンプロイアビリティの測定

次元	下位次元	下位次元の測定尺度
現在のエンプロイアビリティ	職務間の移動意欲（勤務地の移動含む）	現在および直近の過去の職務探索行動
	訓練への参加意欲	教育訓練への参加時間
	職務上の柔軟性意欲[18]	（記載なし）
	職務間の移動能力	現在の職務の担当期間／それを社会人になってからの期間で除した値
	訓練への参加能力	新入時およびこれまでの教育訓練期間
	職務上の柔軟性能力	これまで自分の職務ではない職務を担当した従業員の比率
エンプロイアビリティの必要性	イノベーション	コンピュータ技術を日常的に仕事で使う従業員の比率
	組織の変化	組織再編を経験した従業員の比率／親会社やフランチャイジーなど広い企業形態（企業グループ）内での配置転換を実施した企業で働く従業員の比率
	グローバル競争の激化	当該業種の商品に占める輸出比率
	属性的特徴の変化（高齢化の進行）	中高年勤労者数（55歳以上）を若年勤労者数（16歳から29歳）で除した値
エンプロイアビリティ向上のための条件	教育訓練	企業が提供する教育訓練施設の数や規模
	全般的な労働市場の状況	5年先の雇用者数の増減予測

（出所）De Grip et al. (2004)

影響を決定した。これには，イノベーション，組織の変化，グローバル競争の激化，属性的特徴の変化（高齢化の進行）が挙げられている。

　第3段階で，従業員が彼らのエンプロイアビリティを高めることを可能にする条件を決定した。これは，業種ごとの教育訓練と全般的な労働市場の状況で測定している。

　最後に，第4段階で，第1段階から第3段階までを統合している。

　もちろん，彼らの尺度を文化的背景の異なるわが国にそのまま適用することはできない。例えば，配置転換がより一般的なわが国企業の従業員には，職務上の柔軟性の基準はそのまま当てはまらないだろう。また，現地生産の増加など経営の多国籍化が進展したため，輸出比率だけでグローバル競争（にさらされている）程度を測定することはやや時代遅れとなってきている。このようにいくつか欠点はみられる。

　しかし，わが国では業種別の離職率公表の義務づけや有能な人材を巡るグローバルな人材競争の激化など，1企業では対応できないような雇用を巡る環境変化が進行している。状況変化に対応したきめ細かな修正を加えながら，グローバルな観点から業種別にエンプロイアビリティの測定を行う必要性は高まっているといえるだろう。わが国でも，業種別程度の括りでまず職種ごとに評価基準を策定することが重要で，個別企業などのより狭い領域特有の評価は，それを補充または修正して実施できるようなシステムとして考えていくことが提案されている（厚生労働省，2001）。エンプロイアビリティの評価基準の導入がほとんどなされていないわが国では，現実的な提案といえよう。今後，わが国においてもこうした提案が期待されるとともに，まずは少数の業種での指標の検討とその試行的な作成が望まれる。

【注】
1) キャリア・プラトー化は，キャリア発達の停滞を示し，現在の職位以上の昇進の可能性が非常に低い状態（階層プラトー化）と，職務の挑戦性の停滞（内容プラトー化）が含まれる（第14章で詳述）。また，前者については第5章で分析している。

2） わが国の代表的な例は教育訓練給付制度である。これは，一定の条件を満たす雇用保険の一般被保険者（在職者）又は一般被保険者であった勤労者（離職者）が，厚生労働大臣の指定する教育訓練を受講し修了した場合，本人が教育訓練施設に支払った教育訓練経費の一定割合に相当する額をハローワークから支給する制度である。
3） 事業規模の縮小等によって離職を余儀なくされる勤労者に対し，民間の職業紹介事業者に再就職支援を委託し再就職を実現させた中小企業事業主に，助成金を支給する制度である。
4） ある行動がある結果に至るという結果への期待とは別に，その結果に必要な行動を自分が実行できるという自信を示す効力期待のことである。人間の多様な選択行動に重要な影響を及ぼすとされる（Bandura, 1977）。
5） 企業の業績や競争優位の源泉として，内部の企業特殊的資源に注目する理論である（Barney, 1991）。
6） 正規従業員と非正規従業員の中間的立場とされている。職務や勤務地などに制限があるが，雇用期間に定めがなく，賃金は非正規従業員より高く，社会保険にも加入するため，比較的安定した就業形態と考えられている。転勤，残業や異動の対象にならず，その分，賃金は正規従業員より低く抑えられる。
7）「従業員が行う行動のうち，公式の職務上の必要条件とされない行動，それによって組織の効果的機能を促進するもの」（Organ, 1988, p.4）などと定義されている。
8） 行動や評価の原因を能力や努力など本人の側の内的な要因によると考える（内的統制の所在）か，運や課題の困難さなどの外的な要因と考える（外的統制の所在）かについての心理学的概念がlocus of control（統制の所在）である。先行研究によると，内的統制の傾向が高い人ほど，一般に自分が周囲のでき事に影響を与えられると考える傾向がある（Spector, 1988）。
9） 主観的で言語化することが困難な知識のことで，いわゆる経験や勘に基づく。
10） 商品を開発し，市場への浸透を実行しビジネスをつくりあげていく知識・ノウハウである。
11） キャッシュの入りと出の管理を通してキャッシュフローを改善し，健全なキャッシュ状況を維持・向上させる知識・ノウハウである。
12） 企業の状況やビジネスプロセスを分析・把握し，強味を強化し，弱みを補う方向で組織をつくり，企業全体の競争力を強化していく知識・ノウハウである。
13） 人材のレベルや特徴を把握し，ビジネスに合うように合理的に育成していく能力である。
14） 取引先などの開拓を通し，新市場を開拓していく能力である。

15) 既存のサービスを改革し，顧客満足度を飛躍的に高めていく能力である。
16) 売上・費用等の構造を分析し，適切な予算管理のもとに収益の向上を図る能力である。
17) 職業別にエンプロイアビリティの差異を検討した先行研究もみられる（Glebbeck, 1993）。
18) （自分の職務記述書以外の職務の遂行意欲を示す）質的な職務上の柔軟性と，（シフトの変更，残業などの労働時間に関する）量的な職務上の柔軟性で構成される。

第3章 エンプロイアビリティの要因

　これまで述べてきたように，グローバル化やイノベーションの進展に対応した柔軟性戦略を多くの企業がとっているなか，勤労者が自身のエンプロイアビリティを高めていくことは非常に重要である。それでは，エンプロイアビリティにはどのような要因が影響しているのだろうか。エンプロイアビリティの高さに影響する多くの要因は，「広く労働市場における移動の機会に影響する個人の特性と能力」である移動資本（movement capital）であると考えられる（Trevor, 2001, p.621）。本章では，先行研究のレビューに基づき，市場性や代替雇用機会などの類似概念も含めたエンプロイアビリティに対する影響要因を検討していく。それらのなかには，勤労者自身がコントロールできる要因も，そうではない要因も含まれている。

第1節　エンプロイアビリティの要因に関する理論的フレームワーク

　先行研究では，以下の理論的なフレームワークに基づいてエンプロイアビリティの影響を検討している。

1　人的資本理論

　人的資本理論（Becker, 1993）では，勤労者はまず自身の人的資本への投資に関連して合理的な選択を行うと仮定している。つまり，勤労者は自身の教育，訓練や経験の蓄積に対して多くの時間，努力や金銭的な投資をするかどうかに

ついての利点や欠点を評価する。勤労者が，自身の人的資本に対して時間，努力や金銭的投資をするほど，労働市場は，それに対して昇進や昇給という形で報いる，つまりキャリア発達に結びつくわけである。エンプロイアビリティをキャリア発達の枠組みでとらえると，人的資本への投資がエンプロイアビリティの高さにつながる。すなわち，人的資本理論によるとエンプロイアビリティを高めることは，個人が労働市場に対して自分のもつ魅力を高めるということである。この理論における「投資」にあたる学歴，勤続期間，現職務担当期間，能力開発経験など（Judge et al., 1995）は，個人のエンプロイアビリティに関わる重要な要因でもある。結果的に，自らの人的資本への投資は新しい雇用を獲得する可能性に関係する重要な要因と考えられる。つまり，人的資本はそれが経営者によって評価され，かつ組織内の異なった状況でも発揮され得ると認められる限りにおいて，エンプロイアビリティを高めるだろう。

2 モチベーション理論

McClelland（1985）など多くの研究者が，高いモチベーションが目標達成に向けた行動を喚起し方向づけることを実証してきた。モチベーションの期待理論によると，人々は努力することが高い業績につながり，望ましい結果の達成に役立つと期待されるとき，努力することに動機づけられる（Vroom, 1964）。さらに，期待理論では勤労者は高い業績が内在的または外在的報酬[1]に結びつくと信じると，職務遂行により努力を傾けるとしている。つまり，長い労働時間や職務への関与の高さで示される努力が，昇給や昇進で示される望ましい結果，すなわちキャリア発達に寄与すると想定される。言い換えると，勤労者のモチベーションに関連した要因やそれを高める要因は，キャリア成功の予測に影響力をもつということである（Whitely, Dougherty, & Dreher, 1991）。エンプロイアビリティをキャリア発達の観点から考えると，高いモチベーションが職務業績の向上をもたらせば，それは組織内での評価の高さに結びつき，特に内的エンプロイアビリティの高さにつながるだろう。さらに，その職務が労働市場での通用性が高い場合，業績の向上が外的エンプロイアビリティの高さにつながることが予想される。このように，モチベーションの向上はエンプロイ

アビリティを高めると考えられる。期待理論における「努力」としては，長い労働時間や職務への関与の高さの他に，残業時間，将来の収入への期待，野心，上昇移動希望，キャリア・プランニングなどが考えられている（e.g. Judge et al., 1995）。

3 二重労働市場論

人的資本理論が個人的な視点に立脚したエンプロイアビリティ向上のための要因を論じているのに対し，二重労働市場論（Doeringer & Piore, 1971）は個人のエンプロイアビリティに影響する労働市場における機会と制約に関わっている。二重労働市場論では，労働市場は内部労働市場と外部労働市場という2つのセグメントに分かれる。内部労働市場は，「労働の価格付けと配分が管理規則や手続きによって統制される製造工場などのような管理上の単位」（p.1）と定義され，現代の企業組織では，1つの組織内に独自の労働市場が存在するということを意味する。外部労働市場は，価格づけ，配分，そして教育訓練の決定が経済変数によって直接制御される企業組織外の一般の労働市場を意味する。内部労働市場は，企業ごとに特定の経営上のルールによって管理され，外部労働市場と比較して，高い賃金，良好な作業環境，雇用の安定，豊富な昇進機会，労働上の規則の管理における公平性と手続きの適正性などで特徴づけられる。それに対し，外部労働市場は，雇用保障の程度の低さ，良好とはいえない作業環境，低賃金などが特徴である。

内部労働市場と外部労働市場は，中核労働者（core worker）と周辺労働者（peripheral worker）という観点からもとらえられる。周辺労働者は，雇用期間が一時的であるため，安定的な労働環境を得にくい。それに対し，中核労働者は定めのない雇用契約に基づき，経営者にとってはより魅力的で，採用しリテンションを図る際も「幹部候補生」という前提で優先されることが多い。そのため，周辺労働者は外部労働市場から脱出することは困難となる。これは，中核労働者が正規従業員で，周辺労働者が非正規従業員という点で，雇用の多様化が進行しているわが国組織の状況にも当てはまる。両者間の賃金格差は大きい。また，非正規従業員は景気や業績変動に対するクッションと考えられ，

「派遣切り」のような形で多くの人々が雇用関係を打ち切られたことは記憶に新しい。そして，非正規から正規への登用は，必ずしも進んでいるとはいえない。

　すなわち，二重労働市場論によると正規従業員か非正規従業員かという就業形態の違いは，エンプロイアビリティに大きな影響を与えることが想定される。しかし，それ以外に労働環境や労働の質も，エンプロイアビリティに関連する。例えば，内部労働市場にある勤労者の仕事は，より複雑かつ挑戦的であり専門知識を要することが多いのに対し，外部労働市場にある勤労者の仕事は，より単純繰り返し作業が多いことが指摘される (Berntson et al., 2006)。

　もう1つの労働市場における重要な条件は，従業員が居住し働いている地域である。例えば，大都市地域はより人口の少ない地域と比較して，より多様で豊富な労働市場をもっていると考えられる。

4　シグナリング理論

　シグナリングとは，市場において情報が非対称つまり格差がある場合，私的な情報をもっている人が情報をもっていない人に情報を開示するような行動をとるという経済学上の概念である。シグナリング理論によると，エンプロイアビリティとして主に問題とされる個人の能力は，直接測定することは困難であるため，「シグナル（信号）」によって評価するしかない (Spence, 1973)。これらのシグナルは，個人の能力についての情報を与えてくれる個人特性や活動のことである。例としては，勤続期間，現職務担当期間などの（キャリア上の）履歴 (career history)，学歴，受けてきた教育訓練などの訓練履歴 (training history)，年齢，性別などの属性である。これらは，シグナルとして評価されることからエンプロイアビリティに影響する要因であることが理解される。

　本章では，以上の理論的フレームワークに基づいて，2大要因である従業員の個人的要因と，組織や労働市場の状況 (Berntson et al., 2006) を中心に，エンプロイアビリティに影響する代表的要因を紹介する。

第2節　エンプロイアビリティの個人的要因

1　個人属性要因

　勤労者の年齢や性別などの個人属性は，エンプロイアビリティに影響しているのだろうか。このことは，組織がエンプロイアビリティ保障の観点から従業員のエンプロイアビリティを高めようとする場合にも，大きく関わってくる問題である。

（1）性　別

　性別はエンプロイアビリティに影響するだろうか。シグナリング理論の観点からみると，これまでは，多くの国々で不正確なシグナルに基づくステレオタイプの能力観が広がっていたといえる。すなわち，男性向きの仕事，女性向きの仕事という区別に基づく性別役割分業である。わが国を例にとれば，こうした傾向は男女雇用機会均等法の施行などによってある程度は改善してきた。しかし，キャリア発達の現状をみてみるとやや上昇としているとはいえ，特に部長や役員層など上位管理職層における女性の比率は低い。また，近年徐々に差が縮小しつつあるとはいえ，賃金の男女格差も相変わらず存在している。これらは，一概に女性の評価の相対的低さに直結するとはいえないが，組織内でのキャリア発達の程度に性差があるのは明らかである。さらに，結婚，出産により退職する女性の比率は相変わらず高く，その後正規従業員として再就職しようとしてもかなり困難な状況がみられる。つまり，女性の方が満足のいく条件での転職が困難だと考えられる。これらの点から，男性の方がエンプロイアビリティが高い傾向にあると考えられる。

　先行研究でも，男性の方が（外的）エンプロイアビリティの知覚が高いという研究結果の方が多い（Berntson & Marklund, 2007; Berntson, Näswall, & Sverke, 2008, 2010; De Cuyper, Bernhard-Oettel, Berntson, De Witte, & Alarco, 2008; Flecker, Meil, & Pollert, 1998; Neilsen, 1999）。女性の方が高いという研究は，一部を除いてほとんどみられない（Rothwell & Arnold, 2007）。また，性別との関係を異なった経済状況で比較した結果，景気後退期には男性の方が（外的）エンプロイア

ビリティの知覚が高いが，好況期には性差はみられないという研究もある (Berntson et al., 2006)。性別とエンプロイアビリティとの関係に景気が影響する可能性も指摘される。このように，全体として先行研究では，男性の方が（外的）エンプロイアビリティが高い傾向がみられる。ところで，性別と組織コミットメントなどの職務態度との関係の議論において，性別による差異はないとするジョブモデルと性別によって差異があるとするジェンダーモデルが提案されている (Gutek & Cohen, 1987)。エンプロイアビリティへの影響要因としての性差についての先行研究の結果からは，ジェンダーモデルの方が優位であるといえる。

わが国の状況はどうだろうか。エンプロイアビリティ・スキルの性差を分析した研究では，男性は女性よりリーダーシップ，変化に対する感受性および協調的な人間関係というエンプロイアビリティ・スキルが高く，問題解決・分析，意欲・積極性，表現力，情報収集，変化への対応では差はみられなかった（労働政策研究・研修機構，2003）。しかし，この個別スキルレベルの性差がエンプロイアビリティ全体についていえるかどうかは明らかではない。わが国では，失業率や学校卒業生の就職（内定）率の性差は検討されているが，エンプロイアビリティの性差を分析した研究はほとんど行われていない。そこで，シグナリング理論とジェンダーモデルの観点から以下の仮説を設定し，第9章で分析する。

> 仮説3－1　男性は女性よりエンプロイアビリティが高い。

（2）年　齢

年齢とエンプロイアビリティとの間には，どのような関係がみられるだろうか。40歳以上など中高年従業員の能力の質に対する上司の評価は概して高い (Boerlijst, 1994)。しかし，中高年従業員は現在の職務と直接関係の深い範囲を超えた他の領域で必要とされるスキルや専門知識に欠けているため，異動が困難であると評価された。また，自分の能力開発のための努力や投資意欲は年齢が上昇するにつれ一般に減退していくため，職務の変化についていくことが困難になるという傾向も指摘されている。わが国でも，リストラクチャリングによる業務部門の改廃によって，職種を変更せざるを得なくなった中高年従業員

を主な対象に，新しい職種に必要となる専門的能力を身につけるための職種転換教育[2]）が広く行われてきたが，必ずしもうまくいかなかった（山本，2000）。このように，加齢によって，新しい職務への転換や転換のための教育訓練に適応する可能性を示すエンプロイアビリティは低下することが考えられる。

　先行研究では，この点はどのように分析されてきただろうか。業種別に検討した研究では，全体として従業員が高齢化した業種ほど，彼らのもつ人的資本が時代遅れになっている可能性があるためエンプロイアビリティを向上させる必要性が高いとしている（Neuman & Weiss, 1995）。個人別に分析した研究でも，年齢が低いほどエンプロイアビリティを高く知覚するという結果がほぼ一貫して示されている（Berntson & Marklund, 2007; Berntson et al., 2006, 2008, 2010; Neilsen, 1999; Rothwell & Arnold, 2007; Van der Heijden, 2002; Wittekind, Raeder, & Grote, 2010）。年齢層別（15-34歳，35-49歳，50歳以上）に上司の評価によってエンプロイアビリティを測定した研究でも，エンプロイアビリティは年齢層が高いほど低く，特に50歳以上が他に比べ顕著に低かった（Van der Heijde & Van der Heijden, 2005）。エンプロイアビリティを内的／外的基準で分類した研究でも，若年者ほど内的エンプロイアビリティも外的エンプロイアビリティも高く知覚するという結果がみられている（e.g. Rothwell & Arnold, 2007）。景気の繁閑の違いで比較した研究では，景気後退期でも好況期でも同様に若年者ほどエンプロイアビリティが高かった（Berntson et al., 2006）。エンプロイアビリティに年齢差がみられないという結果は少ない（e.g. De Vos, De Hauw, & Van der Heijden, 2011）。

　以上から，年齢はエンプロイアビリティ，特に外的エンプロイアビリティにネガティブに働いていると考えられる。実際の雇用の現状もそれを裏づけている。例えば，バブル経済崩壊後の雇用調整の主な対象となってきたのは管理職を中心とした中高年者であり，わが国の労働市場では，年齢が高いことは一般に転職に不利な条件になっている。年齢差別禁止法のあるアメリカでも，年齢が高いことは一般に転職に不利な条件となっているのが現状である。以上から，仮説3-2を設定し第9章で分析する。

> 仮説3-2　年齢の高さはエンプロイアビリティとネガティブに相関する。

2　人的資本に関連する個人的要因

先行研究では，人的資本理論に基づくエンプロイアビリティに関係する個人的要因として，以下のものが検討されてきた。

（1）学　歴

勤労者の教育的経験の蓄積結果である学歴は，人的資本に対する代表的な投資である。人的資本理論の観点からは，学歴が高いことはエンプロイアビリティが高いことと関係すると考えられる。また，シグナリング理論から考えても学歴は個人の能力の代表的なシグナルである。わが国の組織では，学歴主義が残存しているといわれ，学歴別の職位への到達水準には差があるという研究結果もみられている（労働政策研究・研修機構, 1995）。エンプロイアビリティが高いことをキャリアの発達と考えると，学歴の高さはエンプロイアビリティの高さと結びつくと考えられる。

先行研究でも，高学歴（大学卒）者ほど（外的）エンプロイアビリティを高く知覚するという結果が多く示されている（e.g. Berntson et al., 2008, 2010; Wittekind et al., 2010）。この関係は，景気後退期でも好況期でも同様にみられた（Berntson et al., 2006）。他方，学歴の高さがエンプロイアビリティに影響していないという研究は一部を除き，みられなかった（Boudreau et al., 2001）。また，卒業大学の質（ランク）が高いことが（外的）エンプロイアビリティに寄与したという興味深い結果もみられた（Boudreau et al., 2001）。

経済が発展するにつれ，高学歴者の比率が高くなるのは世界共通にみられる現象である。その点を勘案すると，今後は卒業大学の質を考慮する必要があるだろう。現にわが国でも，大企業への就職における卒業大学による格差が指摘されている。また，わが国の勤労者を対象とした研究でも，大卒者は高卒者より問題解決・分析，表現力，リーダーシップ，情報収集というエンプロイアビリティ・スキルが高いなど，高学歴者ほどエンプロイアビリティが高い傾向がみられている（労働政策研究・研修機構, 2003）。以上のように，先行研究では全体的に高学歴であることはエンプロイアビリティ，特に外的エンプロイアビリティに寄与しているという結果が明らかにされている。これは，人的資本理論

の想定通りの結果である。本書でも，人的資本理論の観点から以下の仮説3－3を設定し第9章で分析する。

> 仮説3－3　高学歴の従業員はそれ以外の従業員よりエンプロイアビリティが高い。

（2）現職務担当期間

　一般に，ある職務を長期間担当することは，それに習熟しその遂行能力の向上につながるため，人的資本に対する投資と考えられる。先行研究でも，現職務担当期間が長いほど，昇進や昇給などで高いキャリア発達がみられている（e.g. Judge & Bretz, 1994）。

　しかし，他方では同じ職務を非常に長く担当する人は，専門化の程度が高くなり過ぎることで逆に将来の幅広いキャリア上の機会を失うことも考えられる（Dewhirst, 1991）。わが国の組織でも，職務に習熟し，遂行能力がある程度高まるためには一定の期間が必要であろう。しかし，すべての職務で長く担当すればするほど高く評価されたり，ましてや労働市場での評価の高さにつながるとは限らないだろう。また，非常に長く同一職務を担当することでいわゆるマンネリ化に陥り，遂行能力や業績がそれ以上伸びないということは十分想定できる。これは，後述する内容プラトー化の問題でもある（第14章）。そして，職務において必要な専門知識を獲得するには一定の時間を必要とするが，職務や職種ごとに最適な担当期間があるということも考えられる（Dewhirst, 1991）。つまり，エンプロイアビリティとの関係でいえば高い専門性が求められるか，需要が高いかなど，職務の内容を考慮する必要があろう。先行研究でも，現職務の担当期間が長いことは（外的）エンプロイアビリティ（Boudreau et al., 2001）にも，知覚された（外的）エンプロイアビリティ（Berntson et al., 2006）にも影響していなかった。そして，後者の結果は景気後退期でも好況期でも同様であった。

　以上から，仮説3－4を設定し第9章で分析する。

> 仮説3－4　現職務担当期間の長さとエンプロイアビリティとの相関はみられない。

（3）勤続期間

　現在の組織での勤続期間が長いことは，教育訓練や職務経験が蓄積されるため，人的資本に対する投資となるだろう。つまり，人的資本理論の観点からは，勤続期間が長いことはエンプロイアビリティが高いことと関連すると考えられる。それでは，勤続期間とエンプロイアビリティとの関係はどのように分析されてきただろうか。結果として，先行研究では統一的な結果が見出されていない。勤続期間の短さはエンプロイアビリティの知覚に相関するという研究（De Cuyper et al., 2008）がみられる一方，勤続期間の長さは（外的）エンプロイアビリティに影響しない（Boudreau et al., 2001），エンプロイアビリティの知覚に相関しないという研究もみられる（De Vos et al., 2011）。

　また，エンプロイアビリティを内的／外的および主観／客観の基準で分類した研究では，勤続期間が長いほど外的エンプロイアビリティ，外的エンプロイアビリティの知覚とも低く，勤続期間が長いほど内的エンプロイアビリティは高いが，内的エンプロイアビリティの知覚には差がなかった（Sanders & De Grip, 2004）。一般に，勤続期間が長い場合年齢が高いことから，外的エンプロイアビリティが低いことが推測される。それに対して，勤続期間の長さが人的資本の充実につながり，組織からの評価としての内的エンプロイアビリティの高さにつながると考えられるが，この点は必ずしも実証されていない。これらの点が明らかにされることによって，わが国の多くの組織にみられる長期雇用の慣習や雇用の保障が従業員のエンプロイアビリティに影響するかどうかという点の解明につながる。そこで，以下の仮説3－5を設定し第9章で分析する。

> 仮説3－5　勤続期間の長さは内的エンプロイアビリティとポジティブに，外的エンプロイアビリティとネガティブに相関する。

（4）職位の高さ

　組織における（管理）職位が上昇し，より高い管理・監督的地位に就くことは，一般により高度なコンセプチュアルスキル（概念化能力）やヒューマンスキル（対人関係能力）が必要とされ，またそれらが磨かれるため，人的資本に対する投資とみられる（Katz, 1955）。そこで，人的資本理論の観点からは，職位が高いことはエンプロイアビリティが高いことと関連すると考えられる。また，シグナリング理論の観点からいえば，より早いキャリア上の移動がその人の能力のシグナルとなると推定している研究もみられる（Rosenbaum, 1989）。そのため，昇進競争に勝ち抜いた，職位が高い従業員は自身の内的エンプロイアビリティが高いと評価するだろう。

　この点は，どのように分析されてきただろうか。先行研究では，職位が高いほど，内的エンプロイアビリティおよび外的エンプロイアビリティの知覚が高かった（Rothwell & Arnold, 2007）。また，過去の昇進回数はエンプロイアビリティの知覚と相関しているという結果もみられる（De Vos et al., 2011）。他方，管理監督的地位にあることは外的エンプロイアビリティの知覚に影響していない（Wittekind et al., 2010），取締役であることは外的エンプロイアビリティに影響していないという研究（Boudreau et al., 2001）もみられる。職位の高さの基準が研究によって異なっていることもあり，統一的結果が見出されたとはいえないのが現状である。

　わが国の組織でも，職位が高いことがエンプロイアビリティにどのように影響するかは，従業員のモチベーションにも影響する重要な問題であろう。一般に，わが国では欧米ほど職業の位置づけが明確でなく，また従業員の専門性が評価されていないといわれてきた。そこで，人々を評価する指標として，（所属組織の規模や知名度と並び）昇進がより重要とされてきたため，昇進の従業員に対する影響は欧米より大きいとも考えられる（山本, 2006）。他方，雇用調整が広く行われた時期には管理職がその主な対象となり，雇用が保障されなかった例も多くみられた。また，近年名ばかり管理職[3]，「昇進うつ」や管理職のプレイヤー化による実質的な職責の増大の問題など，昇進を巡る多くの問題が指摘されてきた。わが国の勤労者を対象とした研究では，部長が非管理職・係長より問題解決・分析，情報収集を除くエンプロイアビリティ・スキルの自己

評価が高いなど，年齢と同様職位が高い者は低い者よりもエンプロイアビリティが高い傾向がみられた（労働政策研究・研修機構，2003）。内的エンプロイアビリティの観点，つまり高い職位に昇進した者ほど組織からの評価が高いことを考えれば，妥当な結果だろう。しかし，管理職の転職市場が必ずしも整備されているとはいえないわが国の状況では，これが外的エンプロイアビリティについてもいえるかどうかは定かではない。企業グループ内の親会社子会社間の関係の変質から，ほとんどの管理職が出向・転籍という形で子会社に移動できるという時代が終わったことも事実である。また，彼らは，自分たちが組織にとってコストがかかる存在であると考え，勤続の機会があまりないと感じてい可能性もある。そこで，人的資本理論やシグナリング理論の観点から，以下の仮説3－6を設定し第9章で分析する。

> 仮説3－6　管理・監督職は，管理・監督職でない従業員より内的エンプロイアビリティが高いが，外的エンプロイアビリティの差はみられない。

（5）国際業務の経験

（2）で触れたように，エンプロイアビリティの職務に関する要因を検討する場合，前章第2節の量的側面だけでなく質的側面を考えることが求められる。すなわち，職務担当期間の長さなどの形式的側面だけではなく，職務の内容的側面を考慮する必要がある。それでは，内容的側面としてどのようなものが考えられるだろうか。エンプロイアビリティが必要とされる社会的要因の変化（序章第2節）において，イノベーションの進展，組織の変化と並び，グローバル競争の激化が指摘されている。つまり，現在どのような業種，組織，仕事をする場合でも，グローバル化の影響を無視するわけにはいかない。これを従業員のキャリアの観点からみると，海外勤務経験や何らかの形で外国の組織や消費者と接する国際業務の経験が，多くの従業員にとって重要になることを意味している。人的資本理論の観点からみると，グローバル化のなかで個人が労働市場において自分のもつ魅力を高めるためには，国際業務の経験が必要になるこ

とを示している。実際，特にグローバルな企業間競争にさらされている業種ほど，相対的に高いエンプロイアビリティが必要とされている（De Grip et al., 2004）。先行研究でも，それが客観的なキャリア発達（昇進）に影響しているという研究もみられる（Judge et al., 1995）。しかし，国際業務の経験とエンプロイアビリティとの関係はほとんど検討されていない。わずかに行われた研究でも，海外勤務の経験の有無の外的エンプロイアビリティへの影響を見出していなかった（Boudreau et al., 2001）。わが国でも，グローバル化によって従業員の海外勤務が広がりをみせているが，エンプロイアビリティとの関係は検討されていない。以上の人的資本理論などの観点から，以下の仮説3－7を設定し第9章で分析する。

> 仮説3－7　国際業務の経験がある従業員は，ない従業員よりエンプロイアビリティが高い。

(6)（水平的）キャリアの幅

わが国の組織，特に大企業は頻繁な配置転換・職種転換によって幅広い職務をこなすゼネラリストを養成する志向性が高いといわれている。他方，現代は専門性が重視され，専門職制度，職種別採用などによって，特定の専門的な職務に従事するスペシャリストの処遇が重視されるようになってきたことも否定できない。先行研究からも，わが国組織の大学卒ホワイトカラー従業員は1つの専門領域内で多様な仕事を経験する「はば広い専門性」（小池，1991, p.14）を特徴としてもっていることが見出だされている。また，バブル崩壊後の雇用調整が広く行われてきたなかで再就職が比較的容易であった勤労者は，外部汎用性のある専門能力をもったスペシャリストであった。つまり，スペシャリストほど（外的）エンプロイアビリティが高い可能性が指摘される。先行研究でも，（専門分野が明確で）職務経験が一貫している人材ほど一般に市場価値が高いと考えられてきた（原井，2002）。キャリアの幅が狭いことは，専門性が高いことと必ずしも結びつくわけではないが，両者の関係性は強いだろう。しかし，先行研究ではキャリアの幅とエンプロイアビリティとの関係は全く研究されてこなかった。今後の重要な研究課題だろう。

（7）職務の特性

　従業員の職務に関する要因として先行研究で分析されたのは，国際業務経験だけだろうか。その他にも，経験した職務の内容によってエンプロイアビリティが異なることは十分予想される。一方，組織横断的に職務を調査する場合，種類は非常に多く，かつ同様の職務でも組織によって異なることが考えられる。そこで，職務との関係だけでなく，従業員に自身の職務（の特性）をどのように知覚しているかを尋ね，それとエンプロイアビリティとの関係を分析することによって，組織ごとの細かな内容の差異を越えた検討が可能になる。先行研究でも，職務上の心理的負荷が高いほどエンプロイアビリティの知覚が高い（景気後退期／好況期とも：Berntson et al., 2006）という結果がみられた。また，十分生産性が高くなるまでにまったく時間を要さない，すなわち職務の複雑性が最も低いレベルの職務に従事している場合，それが非常に高い場合より内的エンプロイアビリティが低いという結果も見出されている（Groot & Maassen Van den Brink, 2000）。しかし，先行研究では包括的な理論的フレームワーク，例えば職務特性理論（Hackman & Oldham, 1975）などに基づいた分析は行われていないのが現状である。今後の重要な研究課題である。

3　モチベーションに関連する個人的要因

　先行研究では，モチベーション理論に基づくエンプロイアビリティへ影響する個人的要因として，以下のものが検討されてきた。

（1）労働時間

　先行研究では，労働時間が長いことはモチベーションの高さを示す典型的な客観的要因ととらえられてきた。そのため，労働時間や残業時間の長さがモチベーションの指標とされてきた。労働時間の長さとエンプロイアビリティとはどのような関係がみられるだろうか。先行研究では否定的な結果が見出されている。例えば，労働時間の長さと（外的）エンプロイアビリティとの相関は有意ではない（De Cuyper et al., 2008），同じく（外的）エンプロイアビリティに影響していない（Boudreau et al., 2001），残業経験は内的エンプロイアビリティ，内

的エンプロイアビリティの知覚，外的エンプロイアビリティ，外的エンプロイアビリティの知覚のすべてに影響していないなどの結果がみられている（Sanders & De Grip, 2004）。近年，わが国の組織でも成果主義的人的資源管理システムの導入によって，労働時間よりも従業員のあげた成果それ自体が評価される傾向がみられる。そのため，実際の分析結果を待つ必要はあるが，わが国の組織でも労働時間の長さはエンプロイアビリティにそれほど影響していないと考えられる。

（2）職務関与

先行研究では，職務関与が高いことはモチベーションの高さを示す態度的要因ととらえられてきた。職務関与は，職務志向のワーク・コミットメントに該当し，「個人が自己の職務に心理的に同一化する程度」（Lodahl & Kejner, 1965, p.25）などと定義されている職務態度概念である。モチベーション理論（特に期待理論）の観点からすれば，高いモチベーションが職務業績の向上をもたらせば，それは組織内での評価の高さに結びつき，内的エンプロイアビリティの高さにつながるだろう。また，その職務が労働市場での通用性が高い場合，業績の向上が外的エンプロイアビリティの高さにつながることが予想される。しかし，この関係は先行研究ではほとんど検討されておらず，わずかに行われた研究では，職務関与の高さは（外的）エンプロイアビリティに影響していなかった（Boudreau et al., 2001）。つまり，態度的側面からみたモチベーション要因のエンプロイアビリティとの関係はほとんど明らかにされていないのが現状である。そこで，本書ではモチベーション理論の観点から，以下の仮説3－8を設定し第9章で分析する。

> 仮説3－8　職務関与は，エンプロイアビリティとポジティブに相関する。

（3）キャリア発達の意欲（career impatience）

キャリア上の選択を行う際に，キャリア上の希望に関係したパーソナリティ要因が影響すると考えられる。例えば，先行研究では転職を繰り返す管理職は，キャリア成功に貪欲で，あらゆるチャンスを逃さず，より早くより高く成功す

ることにつながるならいつでも転職の準備ができていると分析している（Jennings, 1967）。そうした野心的で機会主義的行動は，組織内，組織間で上昇移動する管理職の特徴的なモチベーションとして説明されている。これまで，キャリア発達意欲とエンプロイアビリティとの関係はどのように検討されてきただろうか。先行研究では，エンプロイアビリティの類似概念との関係が分析されている。例えば，野心的な人々は所属組織においてより有能で市場性が高いことを示す傾向が示された（Guthrie, Coate, & Schwoerer, 1998）。また，キャリア発達の意欲は市場性の高さを促進していた（Eddleston, Baldridge, & Veiga, 2004）。以上から，キャリア発達の意欲の強さはエンプロイアビリティを促進すると考えられる。

(4) 転勤の受容

転勤は，従業員のキャリア発達において重要な役割を果たしている。わが国の組織では，ゼネラリストとしていくつかの部署や職種を経験していくことが，将来の経営者候補のキャリアとして求められてきた。特に大企業では，経営拠点が全国さらにはグローバルに広がっており，転居をともなう転勤が多くの従業員に求められている（厚生労働省雇用管理調査等）。この点は，近年グローバル化の進展によって，中堅・中小企業でもみられる。そこで，転居をともなう転勤を受け入れることは，その従業員の組織における価値を高める，すなわち，内的エンプロイアビリティを高めることになるだろう。それと同時に，優秀な従業員が海外で勤務する場合にみられるように，多くの海外の企業人と仕事をしていくなかで，スカウトなどによって現在の組織を超えたキャリアの選択肢が提供されることもある。つまり，転居をともなう転勤の受容意欲が高い従業員は，他の職種や他の地域におけるキャリア上の機会を得る可能性が転勤をしない従業員より高い，すなわち外的エンプロイアビリティが高いことが考えられる。また，彼らはグローバル化など経営環境におけるさまざまな変化に対応する柔軟性を組織経営にもたらすことになる。以上から，転勤の受容意欲の高さは個人のエンプロイアビリティに影響するだろう。先行研究でも，勤務地の移動を含む職務間の移動意欲を，業種別のエンプロイアビリティ測定の重要な

下位次元としている (De Grip et al., 2004)。また，転勤の受容意欲が高いことはエンプロイアビリティの類似概念である市場性の高さに結びついていた (e.g. Eddleston et al., 2004)。以上から，転勤の受容意欲の強さはエンプロイアビリティを促進すると考えられる。

4　労働市場に関連する個人的要因

先行研究では，労働市場に関連する要因とエンプロイアビリティとの関係の分析は活発に行われてきたとはいえない (Forrier & Sels, 2003)。しかし，二重労働市場論に基づくエンプロイアビリティに影響する個人要因として，以下のものが検討されてきた。

（1）就業形態

個人が属している労働市場における位置づけは，将来のキャリア上の機会に影響する (Forrier & Sels, 2003)。わが国でも，近年雇用の多様化が進展し，勤労者に占める非正規従業員の比率が高くなってきた。そうした状況のもと，「派遣切り」など非正規従業員の人々の雇用の安定を脅かすような状況が発生したのはそれほど古いことではない。こうした状況のもとでは，就業形態の違いがエンプロイアビリティに影響し，二重市場理論からみると，非正規従業員は正規従業員よりエンプロイアビリティが低いことが想定される。しかし，先行研究ではこの想定について否定的な結果が見出されている。例えば，有期雇用か無期雇用かという就業形態の違いはエンプロイアビリティの知覚に影響せず，またこれは景気後退期，好況期とも同様だった (Berntson et al., 2006)。また，無期雇用であることは（外的）エンプロイアビリティの知覚とは相関がみられなかった (De Cuyper et al., 2008)。さらに，パートタイム労働者であることは内的エンプロイアビリティ，内的エンプロイアビリティの知覚，外的エンプロイアビリティ，外的エンプロイアビリティの知覚のすべてに影響していなかった (Sanders & De Grip, 2004)。逆に，有期雇用者の方が内的エンプロイアビリティ，外的エンプロイアビリティとも高いという研究もみられる (De Cuyper & De Witte, 2010)。しかし，わが国の組織従業員で調査した研究はみられ

ない。わが国でも限定正社員[4]など新しい形態の従業員が増加しており，就業形態とエンプロイアビリティとの関係の検討は今後の研究課題である。

（2）居住・就労地域

　従業員が居住し，または働いている地域を示す。大都市地域は，人口の少ない地域と比較して，より多様で豊富な労働市場をもっていると考えられる。わが国だけでなく，多くの国々でより人口の少ない地域ほど失業率が高くなっている（Berntson et al., 2006）。その点も影響し，非正規従業員の時給を同じ職種で比較すると，一般に大都市の方が人口のより少ない地域より高くなっている。以上の原因により，地域による労働市場の差異があると考えられる。それでは，居住・就労地域はエンプロイアビリティ，特に外的エンプロイアビリティに影響しているだろうか。しかし，先行研究では統一的な見解が見出されていない。すなわち，大都市に居住していることはエンプロイアビリティの知覚を高めるという研究（景気後退期／好況期とも：Berntson et al., 2006）と，影響しないという研究（Berntson et al., 2008）とに分かれている。また，わが国の勤労者を対象とした調査は実施されておらず，影響の解明は今後の課題といえる。

第3節　エンプロイアビリティに関する組織や労働市場の要因

　産業および組織に関するマクロ的な要因は，個人の業績，転職や賃金に影響を与えている。この観点からすると，組織に関する要因がエンプロイアビリティに影響していることが十分想定される。そして，組織や労働市場などの環境要因は，エンプロイアビリティに関する先行研究でその重要性が指摘されてきたにも関わらず，実証分析ではあまり取り上げられてこなかった。検討された数少ない研究について，以下に紹介する。

1　組織に関する要因
（1）業　種
　前章第8節で触れたように，業種によって求められるエンプロイアビリティ

は異なることが想定される。例えば，頻繁にイノベーションが発生するIT業界などでは，従業員に対し高いエンプロイアビリティが求められるだろう。また，グローバル競争にさらされることが多い業種でも同様である。その背景には，業種ごとに新商品の開発頻度は異なり，また業種内の企業が商品を販売する市場の特性も異なることが影響している。オランダの13の業種別の勤労者のエンプロイアビリティを測定し比較した先行研究では，金融業が最も高く，それに次いで建設・不動産およびホテル・レストラン業であった（De Grip et al., 2004）。そして，雇用縮小や厳しいグローバル競争および高齢化の影響が著しい農業・漁業従事者のエンプロイアビリティのスコアが，能力開発への参加を中心に最も低かった。わが国でも，類似した外的環境の変化が指摘される業種もみられ，興味深いが，これ以外には業種の影響を検討した先行研究はほとんどみられない。わずかに，業種の違い（小売業か製造業か）と（外的）エンプロイアビリティの知覚との関係を分析した研究では，相関はみられなかった（De Cuyper et al., 2008）。勤労者が所属する業種は，エンプロイアビリティの必要性の違いなどを中心にエンプロイアビリティに大きく影響すると考えられる。まずは，グローバルに使用可能な業種別のエンプロイアビリティ測定尺度を確立することが急務だろう（前章第8節）。その後，国際比較研究を含めた大規模な分析が求められる。

（2）能力開発

人的資本理論の観点から考えると，勤労者の能力開発は，職務の遂行能力を向上させることを通して，人的資本の蓄積につながる投資であると考えられる。失業者に対する政府など公共機関による多様な能力開発プログラムも，類似した側面をもっている。将来のキャリア発達を見据えた計画的なOJT，本人の興味とニーズをある程度尊重したOff-JT，自己啓発の支援，職務経験などを通して，より高い収入と昇進機会がもたらされる可能性は高いと考えられる。シグナリング理論から考えても，研修の受講自体が個人の能力のシグナルであると考えられる（Rosenbaum, 1989）。先行研究でも，組織の積極的教育訓練は主観的キャリア発達（昇進可能性・キャリア満足の高さ）に寄与していた（山本, 2009）。

それでは，能力開発とエンプロイアビリティとの関係はどのように検討されてきただろうか。先行研究では，以下のような多様な要因による分析が行われてきた。

① 組織のサポート

　これは，次に挙げる個別の能力開発（施策）ではなく，組織が全般的に従業員のキャリア開発・スキル開発をサポートしているという従業員の知覚を示す。これは，組織風土[5]としても考えられる。先行研究では，組織サポートが（外的）エンプロイアビリティの知覚に影響していたという研究がいくつかみられる（e.g. De Vos et al., 2011）。

② 組織の能力開発施策

　所属組織における教育訓練やキャリア開発への参加である。また，これは前述したように，従業員のエンプロイアビリティを促進するエンプロイアビリティ保障のための中心的な人的資源管理施策である。本書では，第11章で仮説を設定し分析する。

（3）メンタリング

　組織の能力開発と並んで，エンプロイアビリティを促進する（人的資本理論に基づく）人的資源管理施策と考えられるのが，メンタリングである。メンタリングとは，一般に知識や経験の豊かな人々（メンター）が未熟な人々（プロテジェ）に対して組織内のキャリア発達を促進するための支援活動を，一定期間継続して行うことをいう。また，近年両者間の関係（メンタリング関係）が効果を上げるためには，その経験が満足すべきものであったというプロテジェの知覚が重要と考えられるようになってきた。そして，メンタリング関係にある従業員（プロテジェ）はそうでない従業員より潜在的に昇進可能性が高い（Wayne, Liden, Kraimer, & Graf, 1999），自身をより成功したと知覚する（Turban & Dougherty, 1994）などの研究結果がみられている。すなわち，メンタリング関係についてのプロテジェの満足感などが内的，外的エンプロイアビリティを促進する可能性が指摘される。先行研究でも，プロテジェが自身のキャリア発達がメンターによって援助されたと知覚することが，市場性の高さを促進してい

た（Eddleston et al., 2004）。エンプロイアビリティに対しても，同様の関係がみられると考えられる。メンタリングは，わが国の組織でもかなり普及している制度である。特に，従業員ごとに個別的な対応が求められるエンプロイアビリティに対して有効な施策であると考えられる。メンタリングは，前述したエンプロイアビリティ保障の観点からも今後より普及が望まれる。

（4）その他の人的資源管理施策

人的資源管理施策と従業員のエンプロイアビリティとの関係とは，まさに序章でふれたエンプロイアビリティ保障を意味する。（2）で触れた組織の能力開発も人的資源管理の一部である。しかし，能力開発以外の領域の人的資源管理施策もエンプロイアビリティに影響することが考えられる。なぜなら，近年戦略的人的資源管理の考え方が広がりをみせているからである。戦略的人的資源管理とは，多くの人的資源管理施策間の協調や一貫性を重視し，施策群をシステムととらえる考え方である。これによると，他の人的資源管理次元も取り入れた人的資源管理施策全体とエンプロイアビリティとの関係の分析が必要とされる。本書では，第13章で仮説を設定し分析する。

（5）組織の（従業員）規模

わが国の組織では，一般に規模が大きいほど平均勤続期間が長い傾向がみられる。それに対し，離職率にはそうした傾向はみられず，規模によってまだら模様の結果がみられる（厚生労働省賃金構造基本統計調査等）。一方，雇用調整が広く実施されてきたわが国では，中高年管理職などを中心に大企業から中堅・中小企業への勤労者の移動がみられた。これは出向・転籍も同様である。このように，勤労者の移動や定着において企業規模による違いが想定される。さらに，一般的に大企業と中堅・中小企業とでは仕事のやり方が異なり，大企業では狭い業務分野を深く，中堅・中小企業ではより広い業務分野を幅広く経験する傾向がある。これは，エンプロイアビリティの基本となる能力の形成過程に大きな影響を与える可能性があろう。しかし，先行研究では企業規模とエンプロイアビリティとの関係はまったく検討されていない。今後の研究課題である。

2 労働市場に関する要因

・労働市場の変動（景気の繁閑）

　労働市場は，好況，不況などのマクロ的な経済状況に大きく影響される。一般に，好況期には求人数が増加し労働移動が活発化するのに対し，不況期には，求人数が減少し労働移動が低調になる。すなわち，外部労働市場における経済状況は失業の水準に影響する。そして，このことは個人の就職・転職における行動や意識にも影響するだろう。また，求職者にとっても，労働市場が売手市場のときは，買手市場と比較し，キャリア発達や代わりの雇用の機会に恵まれていると考えられる。

　それでは，マクロ的な経済状況はエンプロイアビリティに影響するだろうか。この点も先行研究ではほとんど検討されていない。わずかに行われた研究では，景気後退期より好況期の方がエンプロイアビリティの知覚は高いという結果がみられた（Berntson et al., 2006）。労働市場の変動を調べるには，少なくとも2時点以上で縦断調査を行う必要があるとともに，場合によっては長期間の調査が求められる。すなわち，研究の必要性は高いが，実際上困難な点も多いことが指摘される。

【注】
1）内在的報酬とは，仕事から得られる達成感や喜びなどの精神的な報酬を指し，外在的報酬とは，主に組織によって与えられる報酬であり，給与などの金銭的報酬や昇進などの非金銭的報酬を含む。
2）IT系の企業では，コンピュータのダウンサイジング化によって大型コンピュータのハードウェア技術者が過剰になった。そのため，その多くが中高年であるハードウェア技術者にソフトウェア技術を覚えてもらうための職種転換教育が実施された。しかし，それらは必ずしも成功したとはいえない。
3）管理職としての十分な権限も報酬も得ていないにも関わらず，管理職として時間管理の適用を除外され，時間外手当を支給されない従業員のことである。
4）職務や勤務地などに制限があるが，雇用期間に定めがないという点で，正社員であり，社会保険にも加入することから，比較的安定した雇用形態である。
5）「組織における仕事の環境に対する成員の知覚」（Muchinsky, 1976, p.372）などと定義され，一般に従業員の知覚（の平均）によって測定することが多い。

第4章

エンプロイアビリティの影響

　エンプロイアビリティが高まることはどのような影響をもたらすだろうか。エンプロイアビリティは，実際の雇用を確実にするものではないが，雇用を得る可能性を高めると考えられている。そのため，エンプロイアビリティは勤労者の転職に影響を与える可能性がある。また，組織内組織間を問わず勤労者の職務間の移動を促進することも考えられる。しかし，それ以外にもエンプロイアビリティは多くの影響をもたらすだろう。本章では，エンプロイアビリティだけでなく，市場性や代替雇用機会などの類似概念も含め，先行の実証分析のレビューに基づき，検討していく。その際考慮しなければならないのは，組織との関係である。なぜなら，個人は個人的要因を周囲の環境と一致させることによって雇用が可能となるからであり，環境のなかで最も重要なのは組織だからである（Chan, 2000）。

第1節　エンプロイアビリティの影響に関する理論的フレームワーク

　先行研究では，以下の理論的なフレームワークに基づいてエンプロイアビリティの影響を検討している。

1　自己決定理論

　自己決定理論は，欲求の充足を自ら自由に選択できる程度を示す自己決定（性）概念によって，モチベーションを統一的にとらえる理論である（Deci &

Ryan, 1985)。この理論では，自己決定性の一次元の連続線上にモチベーションを考える。すなわち，活動にまったく動機づけられていない非動機づけ（amotivation）の状態から，活動が何らかの目的を達成する手段である外発的動機づけの状態を経て，内発的動機づけ（intrinsic motivation）の状態の順と考える。つまり，最も自己決定的な段階が，活動それ自体が目的となり，興味や楽しさなどの感情から自発的に行動するという内発的動機づけが高い状態である。雇用可能であることは，自分のキャリアをコントロールできているという感覚をともなう傾向があり，個人により大きな行動の自由を与える。すなわち，エンプロイアビリティの向上は自己決定性が高まることを意味する。このことから，エンプロイアビリティが向上するにつれ，内発的動機づけが高まることが想定される。自己決定理論によると，ものごとを自分でコントロールできているという経験は良好な健康状態と関連している（Ryan, Huta, & Deci, 2006）。同様に，エンプロイアビリティの高さは自分のキャリアをコントロールできているという感覚をともなう傾向があり，この感覚は幸福感につながることが指摘されてきた（Fugate et al., 2004）。

2　人的資本理論

　従業員のエンプロイアビリティは，教育訓練や職務経験を通して蓄積される人的資本によるところが大きいと考えられてきた（Gamboa, Gracia, Ripoll, & Peiro, 2009）。言い換えると，企業間で価値の高い人材を求める競争の激化によって，一般に高水準で独特のスキルをもった従業員，すなわち高度な人的資本をもつ人々のエンプロイアビリティは高い。彼らは，自身のニーズに合った職務環境にするよう組織や上司に交渉するパワー（idiosynchratic deals）を相対的に持ちやすいと考えられ（Rousseau, 2001），それは職務態度にポジティブな影響を与えるだろう（Gamboa et al., 2009）。これを知覚の側面からみても，エンプロイアビリティの知覚が高い人々は，所属組織だけでなく他の組織でも価値を高めるような高い評判と高水準のスキルや経験を築いてきたと感じるだろう。そして，彼らは高い地位を意味するような職務を獲得する傾向が高く，それが彼らの職務態度にもポジティブな影響を与えるだろう（Rothwell & Arnold,

2007)。

3　社会的交換理論

　社会的交換理論（Blau, 1964）によれば，人は相手との相互作用における報酬とコストを比較し，交流による報酬がコストを上回れば，その人に対し魅力を感じるとしている。すなわち，この理論は組織に関する態度に関連している。組織の時代といわれ，多くの勤労者が組織に所属している現代，彼らのエンプロイアビリティ向上には所属組織における教育訓練や職務経験が欠かせないだろう。教育訓練を積極的に行うような組織，つまり従業員のエンプロイアビリティの向上に投資している組織は，従業員からみて面倒見が良いと知覚されるだろう。そこで，従業員と組織との関係において社会的交換理論が成り立つことが想定される。そして，このことが組織に対する態度を中心とした従業員の職務態度にポジティブに働くだろう。

第2節　エンプロイアビリティと職務態度やキャリア意識との関係

　現代人の多くが組織に所属し，組織で職務の遂行にあたっている。エンプロイアビリティは，組織における雇用可能性の高さを示す概念である以上，職務に関する態度に何らかの影響を与えることが想定される。実際，多くの先行研究で職務態度との関係が検討されている。以下に紹介していきたい。

1　日常の職務態度

（1）職務満足

　職務満足は，「個人の仕事の評価や仕事の経験からもたらされる喜ばしいまたは肯定的な感情」（Locke, 1976）などと定義され，組織行動論における多くの実証分析で検討されてきた代表的な職務態度である。職務満足は，仕事そのもの，人間関係，労働条件など広く職務に関係する側面に対する満足感を示す。また職務満足は，勤労者のモチベーションに密接に関連するとともに，個人の

職務業績に影響する要因としても考えられてきた。

　前述した人的資本理論の観点からすると，エンプロイアビリティの高い人々は経営者の期待にかなうような人的資本をもっているため，より良い仕事上のチャンスが与えられ，そのことが彼らの職務満足を高めることが想定される。一般的にみても，エンプロイアビリティが高い人々にみられるような高水準の人的資本をもっている人々は，社会的認知度が高く，労働条件が良いだけでなく，それらが向上する可能性が高いような職業的地位に達するため，彼らの職務満足感は高いだろう。

　先行研究ではどのように分析されてきただろうか。これまでは，外的エンプロイアビリティとの関係だけが分析されているが，職務満足にポジティブに作用していた研究（De Cuyper et al., 2010; Gamboa et al., 2009）と，無関係だった研究（De Cuyper et al., 2011; Sora, Caballer, & Peiro, 2010）とに分かれている。また，正規従業員では無関係だが，契約社員および非正規の政府機関職員では逆にネガティブに影響していたという，就業形態による影響の違いを見出している研究もみられる（De Cuyper et al., 2009）。このように，先行研究では人的資本理論による推定を裏づける統一的結果は見出されていない。これはどのように考えたら良いだろうか。この点については，次元別のエンプロイアビリティとの関係を分析したVan der Heijde & Van der Heijden（2006）が参考になる。結果として，バランス（次元）だけが職務満足にポジティブに作用していた。バランスは，経営者の利害関心と相反しても妥協を図ることを示し，組織からの評価の高さにつながるエンプロイアビリティの内的次元を意味している（第2章第5節）。このように，エンプロイアビリティと職務満足との関係においては，内的次元と外的次元の違いが影響しているのではないだろうか。つまり，組織内での評価の高まりによる内的エンプロイアビリティの向上は，組織内でのキャリア発達を意味するため，組織内の仕事，人間関係などへの満足感を高めるだろう。しかし，他の組織への転職可能性を意味する外的エンプロイアビリティ，特に現在よりも良い条件での転職可能性を示す質的外的エンプロイアビリティが向上した場合，現在の所属組織における職務満足にポジティブな影響を与えないのではないだろうか。結果的に，人的資本理論は内的エンプロイアビ

リティに当てはまりやすいと考えられる。しかし，先行研究では外的エンプロイアビリティしか測定していない。そこで，本書では以下の仮説を設定し，第9章で検証する。

> 仮説4－1　内的エンプロイアビリティは職務満足にポジティブに寄与するが，外的エンプロイアビリティは職務満足に寄与しない。

（2）組織コミットメント

　組織コミットメントは，「個人が組織の一員でありたいとする強い願望や，組織のために高水準の努力を進んで行う気持，また組織の価値や目標を信じ，受け入れる気持ちをもつ程度」（Mowday, Steers, & Porter, 1979, p.226）と定義され，従業員のモチベーション，退職や業績に影響すると考えられる職務態度である。近年の研究では，組織への情緒的愛着を示し，組織に居たいから居続けるという愛着的コミットメント，組織を離れることによるコストを示し，いる必要があるから居続けるという継続的コミットメント，組織に残る義務・責任を示し，居るべきだと感じるから居続けるという規範的コミットメントの3つの下位次元に分けて分析されることが多い（Meyer & Allen, 1991）。

　前述したように，勤労者のエンプロイアビリティの向上には所属組織における教育訓練や職務経験が欠かせない。つまり，組織従業員のエンプロイアビリティには前述したエンプロイアビリティ保障が関係すると考えられる。そして，従業員のエンプロイアビリティの向上に投資している組織は面倒見が良いと知覚されるため，従業員と組織との関係において社会的交換理論や互恵主義（win-winの関係）が成り立つだろう。そこで，社会的交換理論の観点からエンプロイアビリティは組織コミットメントにポジティブな影響を与えるだろう。この理論を組織と従業員との関係に応用したと考えられる組織均衡論でも，組織が従業員の動機を満足するために提供する誘因・投資と，組織目的達成に寄与する参加者の貢献とのバランスが組織に存続と成長をもたらすとしている（March & Simon, 1958）。実際，従業員が彼らのエンプロイアビリティに組織が投資していると認識した場合，高い組織コミットメントを示している（Arocena et al., 2007)。

　先行研究では，両者の関係はどのように分析されてきただろうか。先行研究のほとんどが外的エンプロイアビリティと愛着的コミットメントとの関係について分析しているが，統一的な結果はみられていない。すなわち，エンプロイアビリティが組織コミットメントにポジティブに影響していた研究（Berntson et al., 2010; Camps & Majocchi, 2010）がみられる一方，ネガティブに影響していた研究（De Cuyper, Notelaers, & De Witte, 2009）や影響がみられなかった研究（Sora et al., 2010）もある。また，就業形態別に異なった結果が見出された研究もある。すなわち，正規従業員では外的エンプロイアビリティは組織コミットメントに影響していなかったのに対し，有期の契約社員および政府機関の非正規職員では，ネガティブに影響していた（De Cuyper et al., 2009）。長期雇用が前提とされていない非正規従業員では，転職可能性の向上が所属組織への愛着の低下に結びつくのに対し，正規従業員では，そうではない可能性が指摘される。このように，両者の関係に就業形態が影響する可能性が指摘されるが，この点は他の先行研究ではほとんど分析されていない。

　さらに，外的エンプロイアビリティを同業他社でのエンプロイアビリティと異業種他社でのエンプロイアビリティとに分けて分析した研究では，同業他社でのエンプロイアビリティのみ，継続的コミットメントにネガティブに影響し，その他の影響はみられなかった（西脇，2007）。このように，外的エンプロイアビリティは損得勘定や計算に基づいたコミットメントとの関係が強いことも十分考えられる。

　さて，このような結果の不統一には，職務満足の場合同様，エンプロイアビリティの内的次元と外的次元の違いが影響していると考えられる。例えば，内的／外的次元および量的／質的次元でエンプロイアビリティを分けて，組織コミットメントとの関係を分析した研究では，外的質的エンプロイアビリティがネガティブに作用したのに対し，内的量的エンプロイアビリティ，内的質的エンプロイアビリティ，外的量的エンプロイアビリティはいずれもポジティブに作用していた（De Cuyper & De Witte, 2011）。確かに，職務満足と同様に現在より良い条件での転職可能性が高い場合は，現在の所属組織への愛着が低下す

可能性が高いだろう。エンプロイアビリティ保障という考え方が普及していないと考えられるわが国の多くの組織でも同様だと考えられる。そこで，本章では社会的交換理論や組織均衡論の観点からみて，組織コミットメントに寄与するのは内的エンプロイアビリティであると考えた。そして，以下の仮説を設定し，職務満足同様第9章で検証する。

> 仮説4－2　内的エンプロイアビリティは組織コミットメントにポジティブに寄与するが，外的エンプロイアビリティはネガティブに寄与するかまたは無関係である。

2　長期的なキャリア意識

　エンプロイアビリティは，長期的なキャリア意識に影響することが想定される。先行研究では，エンプロイアビリティを長期のキャリア発達過程における成功の観点，言い換えると，個人の長期的な仕事経験における望ましい仕事関連の成果や業績ととらえる観点から検討されてきた（Arthur, Khapova, & Wilderom, 2005）。序章で述べたように，境界のないキャリアの時代といわれる現代，エンプロイアビリティはキャリア成功の重要な指標と考えられるようになってきた。先行研究でキャリア成功は，昇給や昇進に代表される客観的キャリア成功と，個人がこれまで達成してきた成果や業績などと将来の見通しの評価に基づいた自身の成功の知覚である主観的キャリア成功（Dries, Pepermans, & Carlier, 2008）の2つによって検討されてきた。本書では，主観的キャリア成功として，過去－現在－将来の時間軸における違いを考慮し，過去から現在にかけてのキャリア満足と，現在から将来にかけてのキャリア展望を取り上げた。

（1）キャリア満足

　キャリア満足は，主観的なキャリア成功を示す態度概念であり，「キャリアや仕事上の出来事に対する刺激された反応」（Gattiker & Larwood, 1988, p.571）などと定義されている。キャリア満足は，これまでの自己のキャリアの回顧に

基づくと考えられ，過去から現在にかけてのキャリア意識にあたる。先行研究でも，エンプロイアビリティの知覚はキャリア満足を高めていた（De Vos et al., 2011）。高いエンプロイアビリティは，キャリア成功のためのベンチマークと考えられるため（Carbery & Garavan, 2005），エンプロイアビリティはキャリア満足を促進すると仮定される。そこで，以下の仮説4－3を設定した。

> 仮説4－3　内的および外的エンプロイアビリティはキャリア満足にポジティブに寄与する。

（2）キャリア展望

　将来の自分のキャリアや仕事で専門性や能力を発揮し，成長できるか，期待しているキャリアを実現できるかなどについての見通しを示す。キャリア展望は，主観的キャリア成功として，現在から将来にかけてのキャリア意識にあたる。さて，個々の勤労者のキャリアは，事前に計画された通りに順調に発達していくことはあまりない。さらに，キャリアは偶然の出来事に影響され，長い間には逆境にさらされ，中断してしまう，目標がなかなか達成できないなどの事態に陥ることも多い。そのため，それらの事態にどのように対処するかが，重要になってくる。キャリアにおける保険を意味するエンプロイアビリティが高まることで，将来のキャリア上の選択肢が増える。実際，多くの勤労者のキャリア発達において組織の果たす役割は大きく，キャリア展望には将来における自分と所属組織との関係性およびその強さの程度も関係がある（高橋，1996）。以上から，エンプロイアビリティはキャリア展望を促進すると仮定される。そこで，以下の仮説4－4を設定した。

> 仮説4－4　内的および外的エンプロイアビリティはキャリア展望にポジティブに寄与する。

第3節　エンプロイアビリティと職務行動や業績との関係

　前節では，エンプロイアビリティと職務態度やキャリア意識との関係を検討した。しかし，組織の人的資源管理上より重要なのは，エンプロイアビリティが従業員の職務行動や職務業績にどのような影響を与えるかという点であろう。以下に，この点についての先行研究を検討する。

（1）収　入

　人的資本理論において，個人の人的資本への投資の結果が市場で評価される指標が賃金率である。賃金が高いことは，（内部または外部）労働市場での評価が高いことを示している。また，昇給は昇進と並び，客観的キャリア発達の指標として多くの先行研究で採用されてきた。エンプロイアビリティと給与や収入との関係はどのように検討されてきただろうか。いくつかの先行研究では，本人のエンプロイアビリティの知覚も，上司の評価によるエンプロイアビリティも月収の高さに寄与していた（Van der Heijde & Van der Heijden, 2006; Van der Heijden, De Lange, Demerouti, & Van der Heijde, 2009b）。しかし，わが国の多くの組織従業員の給与の実態は外部労働市場での評価を反映したものとはなっていない。また，組織も従業員個人個人の外的エンプロイアビリティを考慮した給与管理を実施していないのが現状である。すなわち，収入にポジティブに寄与するのは内的エンプロイアビリティであると考えられる。そこで，以下の仮説4－5を設定し第9章で分析する。

> 仮説4－5　内的エンプロイアビリティは組織からの給与額にポジティブに寄与するが，外的エンプロイアビリティは寄与しない。

（2）昇　進

　エンプロイアビリティの高さは，境界のないキャリアの時代のキャリア成功における重要な基準と考えられる。自分の能力に自信をもち，市場での自分の

価値を十分理解している人は，同時に所属組織において成功する可能性も高いと考えられるからだ（Ragins & Sundstrom, 1989）。そこで，組織は市場価値が高い人を認め組織に引き留める，つまりリテンションのため，昇進という形で彼らを報いようとすることが十分考えられる。前章では，エンプロイアビリティの要因としての職位の高さを取り上げたが，エンプロイアビリティ向上の結果としての昇進も考えられるのである。先行研究でも，エンプロイアビリティの知覚は過去の昇進回数の多さと相関していた（De Vos et al., 2011）。さらに，この関係をより客観的な基準（上司による評価）によるエンプロイアビリティとエンプロイアビリティの知覚とで比較した研究では，エンプロイアビリティの知覚は責任や活動範囲の増大も含む広い意味の「昇進」を促進した。これらの点から，エンプロイアビリティの高さは組織内での昇進を促進すると考えられる。

（3）職務業績

組織の人的資源管理の目的の1つは，より大きい質量の労働成果を得るために従業員を効率的に利用することである（森，1989）。従業員の職務業績は，人的資源管理の成果としてポジティブに評価される指標である。内的エンプロイアビリティは，組織における従業員の評価の高さを示す。そこで，成果主義が広がりをみせている現代組織の人的資源管理において，内的エンプロイアビリティが高いことは，評価の中心を占める職務業績を促進するだろう。他方，知識創造，イノベーションそして新しいビジネスモデルの創造が重視されている現代の組織では，組織横断的なスキルの高さを意味する外的エンプロイアビリティが高いことも，職務業績を促進するだろう。先行研究でも，（外的）エンプロイアビリティの高さは職務業績の知覚を高めていた（De Cuyper, Mauno, Kinnunen, & Mäkikangas, 2011; Kinnunen, Mäkikangas, Mauno, Siponen, & Nätti, 2011）。本書でも，以下の仮説4－6を設定し第9章で分析する。

仮説4－6　エンプロイアビリティは職務業績にポジティブに寄与する。

（4）退職意思

　退職は，従業員を人的資源として効率的に活用する観点からも，また教育訓練投資の回収の上でも，人的資源管理の成果としてネガティブに評価される指標である。エンプロイアビリティは，個人が組織を移動する際に必要とされ，他の組織からも求められる移動資本の向上に貢献すると考えられるため，退職を促進するという意味で組織にとって潜在的な危険をはらんでいることが指摘されてきた（De Grip et al., 2004）。自己決定性の向上という自己決定理論の観点からも，エンプロイアビリティの向上が退職につながる可能性が指摘できる。他方，組織全体からみると一定数の従業員の退職は，若返りや組織風土変革等の観点から望ましい部分がないとはいえないかもしれない。しかし，エンプロイアビリティと職務業績や生産性の高さとの間にポジティブな関係があるとすれば，一般的には退職は望ましくないだろう（Fugate et al., 2004）。

　そして，ほとんどの先行研究では，退職者のデータを収集することの困難さから，エンプロイアビリティと実際の退職行動ではなく，退職意思との関係を検討している。退職意思は，退職行動の直前の意思を示し，実際の退職行動との相関も高く，退職行動の代理指標として多くの研究で使用されている（e.g. Mobley, Horner, & Hollingsworth, 1978）。

　そして，エンプロイアビリティの知覚と退職意思との関係を分析した研究では，一部影響がなかった研究（Berntson et al., 2010）もあるが，概ねエンプロイアビリティの知覚は退職意思を促進していた（e.g. De Cuyper et al., 2011; Sora et al., 2010）。以上，自己決定理論などの観点から，外的エンプロイアビリティの知覚は退職意思を促進すると考えられる。それに対して，社会的交換理論や組織均衡論の観点からすると，組織からの評価の高さに基づく内的エンプロイアビリティは退職意思にネガティブに寄与するだろう。以上から，仮説4－7を設定し第9章で分析する。

> 仮説4－7　内的エンプロイアビリティは退職意思にネガティブに寄与し，外的エンプロイアビリティはポジティブに寄与する。

第Ⅱ部

エンプロイアビリティに関する実証分析

　エンプロイアビリティの要因やその影響，雇用不安や組織の人的資源管理との関係，専門職の退職との関係などについて，国際比較の観点も取り入れて実証的に分析する。

第 5 章
エンプロイアビリティの知覚尺度の開発とその妥当性

　本章では，エンプロイアビリティを勤労者自身が知覚した概念としてとらえ，それを実証研究，特に質問票調査で分析するための尺度を作成することを目的とする。

第1節　勤労者の知覚によるエンプロイアビリティの測定

　第2章で検討したように，エンプロイアビリティは労働市場の影響を強く受け，職務によっても異なる。また，すべての職業，職種ごとに絶対的エンプロイアビリティを追究していくことは事実上，不可能だろう。さらに，キャリア自律が重視されている現代，本人が自分のエンプロイアビリティに対する評価を一切せず，他者から与えられた基準に基づいた評価だけに判断を任せるということは，現実的ではない。以上が，本書の実証分析でエンプロイアビリティを本人の知覚によってとらえる理由である。これは，近年エンプロイアビリティを従業員の組織行動の観点からとらえる傾向が強まってきたことから，有力なものとなりつつある。

　また，先行研究では，組織で仕事をしている勤労者にとってのエンプロイアビリティは，現在所属している組織での雇用の維持と他の組織における（同等以上の条件による）雇用の獲得が車の両輪として論じられてきた。つまり，エンプロイアビリティは個人属性だけで決定される概念ではなく，内部労働市場における現在のまたは将来の状態を示す多くの組織内要因や，当人の職業に対する需要など，現在の外部労働市場における位置づけを示す多くの要因を含ん

でいる。第2章第4節の分類によれば，前者が内的エンプロイアビリティであり，後者が外的エンプロイアビリティである。内的エンプロイアビリティと外的エンプロイアビリティとの区別は，二重労働市場論などを根拠に理論的にも検討され，第2章第1節で示したように，多くのエンプロイアビリティの定義にもそれが反映されている。しかし，エンプロイアビリティを測定する実証研究は必ずしも多いわけではない。また，これまで実証研究で使用されてきたエンプロイアビリティの知覚尺度はほとんどが外的エンプロイアビリティに偏っており，エンプロイアビリティの定義や概念的・理論的検討の成果を反映しているとはいえない (e.g. Berntson et al., 2006)。すなわち現状では，内的および外的エンプロイアビリティの区分が，勤労者が自身のエンプロイアビリティを考えていく上で重要であるかどうかすらも明らかではない。そこで本章では，内的および外的エンプロイアビリティという観点に基づき，エンプロイアビリティの知覚尺度の開発を志向した。そして，その前提として以下の仮説5－1を設定した。

> 仮説5－1　勤労者のエンプロイアビリティの知覚には，内的労働市場（内的エンプロイアビリティ）と外部労働市場（外的エンプロイアビリティ）による区別がみられる。

第2節　エンプロイアビリティの知覚と他の概念との関係

　エンプロイアビリティに限らず，心理的尺度を開発する場合，それが本当に測定すべき概念（この場合エンプロイアビリティ）を測定しているかどうかという，（構成概念）妥当性を検証する必要がある。これには，一般に次にあげる2種類がある。第1が，理論的に関連の強い構成概念を測定する他の指標との相関が高いことで妥当性を検証する収束的妥当性である。第2が，逆に理論的に関連の弱い構成概念を測定する他の指標との相関が低いことで妥当性を検証しようとする弁別的妥当性である (De Vaus, 2002)。
　本章では，エンプロイアビリティ尺度の妥当性を検討するために，同様に勤

労者の能力に関連した概念として，昇進可能性，職務業績および組織間キャリア効力を取り上げた。昇進可能性は，所属組織における垂直的キャリア発達を示す。そして，将来の昇進可能性の停滞を示し，キャリア・プラトー化（階層プラトー化）によって測定されることが多い（第2章第6節参照）。エンプロイアビリティをキャリア発達の観点からとらえると，組織での評価の高さを示す内的エンプロイアビリティの高さは，組織内でのキャリア発達を示すだろう。そのため，昇進可能性は内的エンプロイアビリティとポジティブな相関があると考えられる。しかし，昇進以外にも，昇給や希望している部署への配置なども組織内での評価の高さを示すだろう。そこで，両者間の弁別的妥当性は高いと考えられるため，以下の仮説5－2を設定した。

> 仮説5－2　内的エンプロイアビリティと昇進可能性とは強い相関はみられない。

　また，内的エンプロイアビリティを，現在勤務している組織内での評価の高さに基づいて継続的に雇用され得る能力と考えると，所属組織における職務業績とは強いポジティブな相関を示すだろう。つまり，両者間の収束的妥当性は高いと考えられる。さらに，本章の調査対象は外部労働市場（転職市場）が整備され，公的資格などによって外部労働市場と内部労働市場での評価が一致しやすい専門職に限定しているわけではない。そこで，内部労働市場での業績を意味する職務業績と外的エンプロイアビリティとの相関は，ポジティブではあるが必ずしも高くはないことが想定される。そこで，以下の仮説5－3を設定した。

> 仮説5－3　内的エンプロイアビリティと職務業績とは強いポジティブな相関がみられるが，外的エンプロイアビリティと職務業績とは強い相関がみられない。

　最後に，組織間キャリア効力は組織をまたがるキャリア発達（組織間キャリア

発達）の過程における自己の能力に対する自信を示す。そして，「組織を移動することによって，（キャリア目標に関係した）経験や技能を継続的に獲得できる自己の能力に対する信念」（山本，2008, p.25）と定義される。つまり，組織間キャリア効力は高度な知識・経験をもとにした自己の能力や専門性の（労働市場における）通用性の高さを示す。組織間キャリア効力も外的エンプロイアビリティも，ともに能力に関係した概念であり，しかも労働市場における組織間移動の成功を前提としている。つまり，組織間キャリア効力は外的エンプロイアビリティと同様の構成概念を測定しており，両者間の収束的妥当性は高いと考えられるため，以下の仮説5－4を設定した。

> 仮説5－4　外的エンプロイアビリティは，組織間キャリア効力と強いポジティブな相関がみられる。

第3節　実証分析の方法

1　調査対象・手続き

本章の研究は，調査専門会社M社が保有するモニターに対するインターネットによる質問票調査（調査1）によって実施した。対象は，正規従業員数30人以上で，病院，学校，農林・漁業，福祉・介護を除く民間企業に勤める正規従業員である。状況が異なることが予想される零細規模の組織などを除くためである。配信数1,000件で回収数433票（回収率43.3％），433票が有効回答票だった（有効回答率100.0％）。調査期間は，2011年1月21日から1月24日までである。

2　調査対象者のプロフィール

対象者の平均年齢は，44.40歳（標準偏差7.91），平均勤続期間は14.89年（10.44）であった。同じく，男性が85.0％，女性が15.0％，転職経験なしが46.0％，ありが54.0％だった。学歴は，高校卒23.8％，短大・専門学校卒16.9％，大学卒51.5％，大学院修了7.9％であった。職種は，営業（販売・セー

ルス）13.6％，研究・開発11.8％，製造11.5％，営業（管理・事務）11.1％，情報処理9.5％，総務・庶務8.3％などの比率が高かった。職位は，部長クラス以上6.5％，（部）次長クラス4.2％，課長クラス14.5％，課長代理（補佐）クラス4.8％，係長・主任クラス20.6％，一般（役職なし）47.1％，専門職2.3％であった。

　男性の比率が高く，大卒以上の高学歴者の比率が高く，インターネット調査一般にみられる特徴が表れている。

3　調査項目

（1）エンプロイアビリティの知覚

　先行研究を渉猟したが，現状ではエンプロイアビリティの知覚を測定する統一的な尺度は存在していない。しかし，本書が主に対象とする組織従業員のエンプロイアビリティを，内的エンプロイアビリティと外的エンプロイアビリティの2つの下位次元で測定した尺度はRothwell & Arnold（2007）のみである。彼らの尺度は，キャリア満足および専門職（professional）コミットメントの項目との弁別的妥当性も検証されている。そこで，彼らの尺度で採用されている項目を中心に尺度項目を収集した。彼らの尺度には，個人（のエンプロイアビリティ）を評価する項目だけでなく，個人が属する職業・職務を評価する項目も含まれている。ただし，彼らの尺度には「この組織における個人的ネットワークはキャリアに有用」，「現在の仕事と異なっていてもこの組織で生じるチャンスに気づいている」など，エンプロイアビリティを直接測定する項目としてはやや不適切なものも含まれている。また，「私と同等の技能・知識レベルと職務・組織経験をもっている人物は，雇用主達からの需要が高い」など，内的次元か外的次元か明確に分類しにくい項目も含まれている。そこで，それらの項目を削除した後，Janssens, Sels, & Van den Brande（2003），Wittekind et al.（2010），山本（2008）などその他の尺度からもそれぞれの次元に含まれると考えられる項目を加え，計15項目を採用した。内的エンプロイアビリティに関する8項目と外的エンプロイアビリティに関する7項目である。原版が英語である項目を除き，著者が日本語によって作成した。回答はすべてそう思わ

ない（1点），あまりそう思わない（2点），どちらともいえない（3点），ややそう思う（4点），そう思う（5点）の5件法によるリカート尺度[1]とした（以下，同形式である）。

（2）昇進可能性

　本章では，近年のほとんどのキャリア・プラトー化に関する実証研究で使われ（e.g. Lapalme, Tremblay, & Simard, 2009），標準的尺度と考えられるMilliman (1992) の「私が昇進する可能性は限られている」等の（主観的）階層プラトー化尺度（6項目）の項目を逆転して使用した。α係数[2]は.76である。

（3）職務業績

　第4章第3節で取り上げたように，従業員の職務業績は，人的資源管理の結果としてポジティブに評価される要因である。従業員の業績を評価するにあたって最も望ましいのは，売上高など客観的な数値業績であるが，適用範囲がブルーカラーなどの職種に限定される，業績の測定自体困難であるなどの欠点が挙げられる。また，本章のような多様な組織の多様な職種の従業員を対象とする場合，共通の業績尺度で測定することは困難である。そこで，本書では自己評価による職務業績（の知覚）を採用した。そして，代表的なEttington (1992) の「同じ職位の人と比較して職務業績は上回っている」等の3項目尺度を使用した（α =.74）。

（4）組織間キャリア効力

　山本（2008）の「私が現在保有している能力や技術は，他社でも現在と同様に使える」などの5項目尺度を使用した（α =.86）。

第4節 エンプロイアビリティの知覚尺度の妥当性についての実証分析

1 エンプロイアビリティの知覚尺度の下位次元

　まず，採用された15項目について，平均と標準偏差を算出した。項目ごとに天井効果やフロア効果[3]がないかどうか確認したが，それらの効果はみられなかった。そこで，Rothwell & Arnold（2007）同様，下位次元を調べるために，全変数の相関行列に基づく最尤法[4]による因子分析を行った。固有値[5]の推移をみたところ，第1因子は6.35，第2因子は2.22，第3因子は.99，第4因子は.81，第5因子は.71であり，スクリープロットによる固有値の減衰状況の検討（スクリーテスト）[6]から2因子解が適当であると考えられた。第2因子までの累積寄与率は57.11％であった。次に，2因子で斜交プロマックス回転[7]を行った結果，項目39「現在の仕事のなかで私が獲得してきた技能は組織の外で他の職務についても活用できる」および項目50「私が現在働いている組織と似たような組織で私と同じような仕事をしている人々に対する他の組織からの需要は非常に高い」の第1因子と第2因子の負荷量の差が.05，.10と小さく，また他の因子への負荷量が.30を超えていた。そのため，これら2項目を削除し，改めて因子分析を行い固有値の推移をみた。その結果，第1因子は5.65，第2因子は2.19，第3因子は.86，第4因子は.73，第5因子は.64であり，項目削除前と同様の固有値の推移がスクリーテストにより認められた。また，第2因子までの累積寄与率も60.31％であり，2因子解が適当であると考えられた。再び2因子でプロマックス回転を行った結果が表5－1である。結果として，第1因子は.55から.85までの因子負荷量ですべての項目が内的エンプロイアビリティを示し，第2因子は.67から.85までの負荷量ですべての項目が外的エンプロイアビリティを示している。また，（修正済み）項目合計相関の結果から，すべての項目が各エンプロイアビリティ尺度に対しすべて高い値を示すとともに，すべての項目が同じ方向性で寄与していた。さらに，項目別および尺度全体の標準偏差の値からみて，個人間の変動を十分指し示すであろ

第5章 エンプロイアビリティの知覚尺度の開発とその妥当性 | 111

表5-1 エンプロイアビリティ項目の因子分析

項　目	因子1	因子2	共通性	項目合計相関	平均	標準偏差
雇用主は私の貢献を評価しているため，私はこの組織で有望だ	.85	-.14	.63	.72	2.71	.97
私の技能・経験から，現在働いている会社では私を付加価値のある資源と見なしている	.81	.00	.65	.76	2.87	.89
社内でも仕事の成果や能力に高い評価を受けている	.78	-.10	.55	.68	2.76	.94
私の会社は私を組織にとっての財産と見なしている	.74	.09	.62	.86	2.68	.92
この組織で人員削減があったとしても，私は組織に残れると確信している	.63	.14	.51	.68	2.87	.97
組織内で私と同じ仕事をしている人々の間で私は尊敬されている	.61	.12	.46	.87	2.82	.83
自分は当面リストラ（退職勧告等）される心配がない	.57	.06	.36	.57	2.97	1.04
この組織で私と同じ仕事をしている人々は高く評価されている	.55	-.11	.26	.45	2.84	.81
たいていの組織で今と似たような仕事を得るのは簡単だ	-.03	.85	.70	.77	2.61	.96
もし解雇された場合は，すぐに同じ対価の仕事を見つけることができる	.02	.85	.74	.79	2.46	1.02
必要になれば，似たような組織で現在と同じような仕事を得るのは簡単だ	-.03	.72	.50	.63	2.81	.98
現在の組織を辞めた場合，新しい仕事を見つけるのは難しいだろう(R)	-.13	.71	.43	.60	2.61	1.07
求職を開始したら，別の仕事が見つかると確信している	.15	.67	.57	.69	2.65	1.04
因子間相関			.48			

注）n=433；因子負荷量は斜交プロマックス回転後のものである。太字は因子負荷量の絶対値0.40以上を示す。

うことが理解された。これらの点から，以上の項目でエンプロイアビリティの知覚尺度の内的エンプロイアビリティおよび外的エンプロイアビリティという2つの下位次元を構成することとする。以上の探索的因子分析により，内的エンプロイアビリティおよび外的エンプロイアビリティという2つの下位次元が明らかにされたため，引き続き共分散構造分析（Amos21.0)[8]によって確認的因子分析[9]を行った。その結果，モデルの適合度は許容範囲にあると判断された（GFI[10]=.90, CFI[11]=.91, RMSEA[12]=.09)。

2　エンプロイアビリティの知覚尺度の下位次元間の関係

次に，エンプロイアビリティの知覚と，その下位次元および昇進可能性，職

表5－2　記述統計と相関

	平均	標準偏差	1	2	3	4	5	6
1　エンプロイアビリティ（13項目）	2.74	.63	(.89)					
2　内的エンプロイアビリティ（8項目）	2.82	.68	.89**	(.88)				
3　外的エンプロイアビリティ（5項目）	2.63	.82	.79**	.43**	(.87)			
4　昇進可能性	2.60	.69	.44**	.36**	.40**	(.76)		
5　職務業績	3.01	.72	.60**	.61**	.37**	.16**	(.74)	
6　組織間キャリア効力	3.04	.82	.62**	.49**	.57**	.13**	.55**	(.86)

注）n=433；** p<.01；（　）内はα係数

務業績と組織間キャリア効力について，記述統計と単相関係数を算出した（表5－2）。各尺度の信頼性（α係数）も算出した。その結果，内的エンプロイアビリティと外的エンプロイアビリティ間の相関（.43）は中程度であり，高いとはいえない。すなわち，前項の因子分析の結果と併せ，仮説5－1は支持されたといえる。また，内的エンプロイアビリティ，外的エンプロイアビリティとも信頼性は十分高いことが示された。さらに，内的エンプロイアビリティ8項目の平均（2.82）は外的エンプロイアビリティ5項目の平均（2.63）より有意に高かった（t=4.81, df=432, p<.001）。

3　他の能力関連尺度との相関

さらに，エンプロイアビリティ尺度の弁別的妥当性および収束的妥当性を検討するために，内的エンプロイアビリティ，外的エンプロイアビリティと昇進可能性，職務業績および組織間キャリア効力との相関係数を検討した（表5－2）。その結果，内的エンプロイアビリティと昇進可能性との相関（.36）は弱く，両者間の弁別的妥当性が明らかにされたため，仮説5－2は支持されたといえる。また，内的エンプロイアビリティと職務業績との相関（.61）は中程度以上で強く収束的妥当性が示され，外的エンプロイアビリティと職務業績との相関（.37）は弱く弁別的妥当性が示されたため，仮説5－3は支持されたといえる。さらに，外的エンプロイアビリティと組織間キャリア効力との相関（.57）は中程度以上で強く，収束的妥当性が示されたため，仮説5－4も支持

されたといえる。

　以上の結果から，エンプロイアビリティおよびその下位次元である内的エンプロイアビリティ，外的エンプロイアビリティとも，心理測定上の良好な特性を有していることが明らかにされた。言い換えると，エンプロイアビリティの知覚は他の概念とある程度区別可能であり，かつある程度独立した内的および外的次元をもっていることが示された。つまり，研究目的によって単一のエンプロイアビリティの知覚尺度としても，また内的および外的エンプロイアビリティ尺度として扱っても差支えないことが示唆されたといえる。

第5節　調査結果が示唆すること——考察と展望

　エンプロイアビリティに関する実証分析は，先行研究でもいくつか行われてきた。しかし，エンプロイアビリティの知覚はどのような構成概念であり，また他の概念との関係を明らかにした上での信頼性および妥当性に裏打ちされた尺度はほとんど開発されてこなかった。本章では，理論的観点から存在が示唆されてきた，内的エンプロイアビリティと外的エンプロイアビリティを下位次元としてもつ尺度を開発し，その信頼性および妥当性を検証した。その結果，両次元間の独立性も示され，妥当性，信頼性も明らかにされた。そこで，第6章以降の実証分析で，このエンプロイアビリティ知覚尺度を使用していくこととする。

　以下では本章の結果を検討していこう。

　第1に，本章の対象者は，平均値からみて全体として高いエンプロイアビリティを示さなかった。類似尺度でイギリスの人事専門職を対象に分析したRothwell & Arnold（2007）の平均値（内的エンプロイアビリティ：3.67, 外的エンプロイアビリティ：3.30）とは大きな差異がみられた。この点に，文化の差異が影響しているかどうか，つまり特定文化のみに現れる独自性の高い側面（emic）の影響を受けているかどうかなどは，次章の国際比較研究で検討する。

　第2に，内的エンプロイアビリティが外的エンプロイアビリティより有意に

高かった。この点は，本章の対象者が組織間のキャリアより組織内のキャリアを重視している傾向を反映しているのかもしれない。これは，自身のキャリア形成について「一企業キャリア」（組織内キャリア）を望ましいとする人の比率が「複数企業キャリア」（組織間キャリア）を望ましいとする人の比率を経年で一貫して上回っているなどの調査結果とも符合している（労働政策研究・研修機構，2005）。また，この点はRothwell & Arnold（2007）の結果とも同様であった。このことは，組織内のキャリア上の見通しについての情報は，組織外のキャリア上の見通しについての情報より得ることが容易であり，またより信頼できることを意味している。逆に，スキルが高く随所に人脈をもっているような人や業界におけるスキルが標準化されているIT業界などに属し，組織の境界を軽々と飛び越える転職が可能な，いわゆる境界のないキャリアを志向するような人々にとっては，組織外部の情報は内部の情報と同様に得られ，外的エンプロイアビリティと内的エンプロイアビリティが同様に知覚されることもあるだろう。

　第3に，本尺度を使用したさらなる実証研究が必要である。心理的尺度は開発するだけでは不十分であり，使い続けられなければならない。すなわち，多様な業種，組織，職種の異なった対象に実施することによって，尺度の妥当性を高めていくことが求められる。例えば，縦断調査の実施によって，外的エンプロイアビリティの高い勤労者が（その後）満足のいく転職ができたかという予測的妥当性を検証することなどが考えられる。場合によっては，それらの検討や時代的な変化を反映した個別項目の検討や入れ替えも必要となるだろう。

【注】
1) 評定（尺度）法における尺度構成法の1つである。程度や頻度の水準を何段階かに分けて，最小から最大までの順に並べ，そのうち1つを選択してもらう方法を評定法という。各項目に対して，回答者がどの程度賛成か反対かの判断結果を事前に決められた規則によって与えられた数値を合計して個人得点を算出する。リカート法によって構成された尺度をリカート尺度という。
2) α係数——Cronbachのα係数とも呼ばれ，尺度の信頼性を測定する指標。以下の算

式によって計算される。

$$\alpha = \frac{k}{k-1}\left\{1 - \frac{\Sigma\sigma_i^2}{\sigma x^2}\right\}$$

k：項目の総数，σ_i^2：各項目の分散，σx^2：全体得点の分散

塩見・金光・足立（1982）など多くの統計書によれば，態度を測定する尺度でα係数は0.7以上あれば信頼性が高いとしている。

3）平均＋1SD（標準偏差）が最大値（5件法の場合は5）を超える場合，天井効果，最小値（5件法の場合は1）を下回る場合，フロア効果があるとされ，データに歪みがあるため，因子分析の対象としないことが多い。

4）因子抽出法の1つで，サンプルサイズが十分大きければ，比較的良い推定結果が得られ，近年探索的因子分析において最も一般的に使われる。

5）因子分析で各因子の支配度を示す指標である。

6）因子分析で，因子数を決定する方法の1つである。固有値を値の順にプロットし，最下位の固有値から傾向線を引き，それから離れる固有値の順位を因子数とする方法である。

7）因子分析で因子軸の回転の際，因子間の相関を仮定する斜交回転の基準の1つで最も一般的に使われる。

8）複数の構成概念間の関係を分析する多変量解析の1つで，因果関係を扱える点が特徴である。

9）探索的因子分析で得られた因子についての仮説が，実際のデータであてはまるかどうかを再度検証するために行う因子分析である。

10）GFI（Goodness of Fit Index）——モデルがデータの分散共分散行列をどの程度再現しているかの指標である。0～1の範囲をとり，1に近いほど適合度が高い。

11）CFI（Comparative Fit Index）——独立モデル（観測変数間に相関がないことを仮定したモデル）と分析モデル両方の自由度を考慮して乖離度の比較を行う指標である。0～1の範囲をとり，1に近いほど適合度が高い。

12）RMSEA（Root Mean Square Error of Approximation）——モデルの分布と真の分布との乖離を1自由度当たりの量として表現した指標である。Browne & Cudeck（1993）によれば，0.05未満の場合モデルのあてはまりは良いと判断し，0.08未満ではあてはまりは妥当な水準，0.1以上ではあてはまりは悪く棄却される。

第6章

エンプロイアビリティの日英比較

　第3章と第4章で，先行研究におけるエンプロイアビリティの要因およびその影響についてレビューを行った。しかし，個々の先行研究は，異なった時期に国ごとに多様な対象に対して行ったものであり，それぞれの結果がグローバルに適用されるかどうかは必ずしも明らかではない。もちろん，これらの調査が多方面で積み重ねられることは今後も必要であろう。そして，組織や勤労者におけるエンプロイアビリティの重要性はどのような組織でも共通であるということは，前提として考えて良いだろう。しかし，同時に可能な限り同一の条件下で国際比較研究を行っていくことが求められる。それによって，国際的な労働移動が活発化し，グローバル化により多くの企業が多国籍企業化している現代，政府，組織，従業員に重要な影響を与えるエンプロイアビリティについての共通のまたは出身国・文化による違いが明らかにされるだろう。しかし，これまで同一尺度による同時点での国際比較研究はほとんど行われてこなかった。本章は，上記の国際人的資源管理の観点からエンプロイアビリティの位置づけについての国際比較研究，つまりエンプロイアビリティ自体およびその構造に，国による違いがみられるかという点の解明を目的とする。

第1節　エンプロイアビリティの国際比較

1　エンプロイアビリティの構造の国際比較

　第1が，第5章で開発したエンプロイアビリティ尺度がわが国と同様に他国の勤労者でも妥当性が高いかどうかという，グローバルな観点からみた交差妥

当性[1]の分析である。前章で明らかにされた内的エンプロイアビリティと外的エンプロイアビリティとの関係は，わが国の従業員を対象としたものであり，グローバルに適用されるかどうかは明らかではないからである。これは，比較文化の実証研究において重要な，比較の前提となる測定の等価性の問題を含んでいる。その最も基本的なレベルは，モデルが測定しようとしている構成概念が文化間で異なっていないかという概念的等価性の問題である。これまで，多国籍企業の組織現場において，多くの国々の勤労者に短期間のうちに適用するために，アメリカで開発された態度調査が他の言語に翻訳されて使用されてきた。しかし，ある概念が文化間で異なる社会的機能をもつ場合には，文化間で異なった操作化がされることもあり得る。もともとエンプロイアビリティは欧米を発祥とする概念であり，わが国とは文化的背景が異なることも想定されるからだ。しかし，同時にエンプロイアビリティには，職場や組織を越えて移転可能なスキルという側面もある。そこで，グローバル化が進行している現代，前章で開発したエンプロイアビリティ尺度が他の国の勤労者でも使用可能かどうかの検討は重要である。この点が解明されれば，本尺度をグローバルに使用可能にするための修正や条件について示唆が得られるだろう。また，本尺度に限らずグローバルに使用可能なエンプロイアビリティ尺度が開発されることによって，国の違いを越えたエンプロイアビリティの測定が可能になるだろう。

　わが国と比較する（異なった文化をもつ）国としてどのような対象を選んだら良いだろうか。これまで経営学分野の多くの国際比較研究や異文化研究では，Hofstede（1991）に代表されるように，東洋文化と西洋文化の比較が行われてきた。その結果，例えば長期志向・短期志向の次元において，中国，日本などの東洋文化圏に属する国々は長期志向が強く，キリスト教的思考が根強い西洋文化圏に属する国々では短期志向が強いという傾向がみられた。こうした文化的な差異が，エンプロイアビリティにも影響している可能性がある。

　本章では，西洋文化圏に属するイギリスを，東洋文化圏に属するわが国との比較対象として選定した。第1章で述べたように，イギリスはエンプロイアビリティ発祥の地の1つである。また，他のEU諸国と同様，イギリスでは伝統的に，社会的弱者と呼ばれる人々に対する社会保障としてのエンプロイアビリ

ティの側面が強調されてきた。同時に，職業訓練政策が重視され，NVQに始まる公的職業資格の充実などを通じ，勤労者のエンプロイアビリティ向上に向けた多くの施策が国を挙げて展開されてきた。すなわち，イギリスとわが国とでは，基本的な文化圏の差に加え，第2章第1節の包括的定義でも触れたエンプロイアビリティの文脈的要因，具体的には政府の施策，組織の能力開発施策など，エンプロイアビリティに影響する制度要因が大きく異なっている。

　こうした文脈的要因の差異が予想される状況で，勤労者のエンプロイアビリティの構造が共通していれば，エンプロイアビリティ尺度の（交差）妥当性がグローバルで確認されたことになるだろう。さらに，本書の実証分析で使用するエンプロイアビリティ尺度の項目の多くはイギリスの研究から採用している（Rothwell & Arnold, 2007）。通常，異文化研究では文化間で共通に存在する普遍性の高い側面をエティック（etic），特定文化のみに現れる独自性の高い側面をイーミック（emic）とする。そして，多くの研究では特定の文化に根ざした構成概念が他の文化にも存在すると仮定し研究するインポーズド・エティック（imposed etic）アプローチをとってきた（e.g., Katigbak, Church, & Akamine, 1996）。具体的には，欧米人の職務態度についての理論に基づき，欧米人のために開発された態度調査を他の国々にも適用することである。以上の観点から，本章では仮説6－1を設定した。

> 仮説6－1　イギリスの勤労者のエンプロイアビリティの知覚にも，内的労働市場（内的エンプロイアビリティ）と外部労働市場（外的エンプロイアビリティ）による区別がみられる。

2　エンプロイアビリティ自体の国際比較

　エンプロイアビリティの国際比較における第2の論点は，エンプロイアビリティ自体（の高低）の比較である。終身雇用，年功処遇を日本的経営の柱としてきたわが国では，学校卒業後1つの組織に定年まで勤続することが長年美徳とされてきた。近年は雇用の流動化も進んできたが，相変わらず，転職市場の整備は進んでいるとはいえず，またイギリスのNVQのような（採用や能力開発

と結びついた）公的職業資格が充実しているわけではない。つまり、一般の勤労者が自らの労働市場での客観的な価値を知るような状況にはないといえる。さらに、前述したように終身雇用を支持する勤労者の比率が非常に高く、また近年上昇傾向を示している。以上から、転職市場が整備されている一部の専門職を除き、わが国では、自分のエンプロイアビリティ、特に外的エンプロイアビリティを意識している勤労者はそれほど多くはないだろう。

　先行研究では、エンプロイアビリティの国際比較に関して、どのように検討されてきただろうか。ここでは、1997年実施されたInternational Social Survey Program（ISSP）に基づき、25カ国延べ18,359名の正規および非正規の勤労者の転職意思に影響する要因を分析した国際比較研究を検討した（Sousa-Poza & Henneberger, 2004）。この研究では、エンプロイアビリティについては直接尋ねていないため、類似概念である代替職務（雇用）機会（第2章第6節）に近い「労働市場の機会」[2]について検討した。その結果、日本の10.1％（第24位）に対して、イギリスは18.1％（第15位）とかなりの差があることがわかる（第1位はアメリカの59.0％である）。内的エンプロイアビリティについては、日英間で仮説を設定するだけの根拠や先行研究は見出せないため、外的エンプロイアビリティについて仮説6－2を設定した。

> 仮説6－2　日本の勤労者のエンプロイアビリティの知覚は、イギリスの勤労者のエンプロイアビリティの知覚より低い。

第2節　実証分析の方法

1　調査対象・手続き

　イギリス調査も、日本調査同様、調査専門会社M社が保有するモニターに対するWeb形式の質問票調査（調査2）によって実施した。対象も日本調査と同じく、正規従業員数30人以上で、病院、学校、農林・漁業、福祉・介護を除く民間企業に勤める正規従業員である。零細規模の組織および文化的背景の違いの影響が大きいことが予想される業種を除くためである。配信数3,000件

で回収312票（回収率10.4％），312票が有効回答票だった（有効回答率100.0％）。日本調査433票と併せ，分析対象は計745票である。調査時期も，日本調査と同じ2011年1月21日から1月24日である。まったく同じ時点のデータであるため，国際比較調査のデータとして支障なく分析が可能である。

2　調査対象者のプロフィール

　対象者の平均年齢は，42.11歳（標準偏差14.39），平均勤続期間は9.98年（同9.33）であった。同じく，男性が51.3％，女性が48.7％，転職経験なしが32.7％，ありが67.3％だった。学歴は，高校卒32.7％，短大・専門学校卒9.9％，大学卒36.2％，大学院修了14.1％，その他7.1％であった。職種は，総務・庶務18.3％，経理・財務9.3％，人事・労務7.4％，営業（販売・セールス）7.4％，購買・仕入6.7％，研究・開発5.8％等の比率が高かった。職位は，部長クラス以上6.1％，（部）次長クラス3.5％，課長クラス14.7％，課長代理（補佐）クラス5.4％，係長・主任クラス16.3％，一般（役職なし）29.5％，専門職12.2％，その他12.2％であった。

　日本調査の対象者（第5章）と比較すると，平均年齢や職位の分布の違いはあまりみられないが，平均勤続期間が短く，女性，転職経験者の比率が高い傾向がみられる。

3　調査項目

エンプロイアビリティの知覚

　本章の研究は国際比較研究であるため，第5章の日本調査と同一の項目を同一の形式で採用した。内的エンプロイアビリティに関する8項目と外的エンプロイアビリティに関する7項目の計15項目である。日本語版の質問項目（第5章）を翻訳専門会社に英語への翻訳およびバックトランスレーションを依頼した。専門会社では，日本語にも堪能な英語のネイティブスピーカーが日本語版の質問票を英語に翻訳し，別の英語に堪能な日本人がそれを日本語に翻訳し直した。さらに，第3の英語に堪能な日本人が翻訳前の項目と翻訳し戻した項目を比較し，両者に差異がなくなるまで確認作業を行った。

第6章 エンプロイアビリティの日英比較 | 121

第3節 エンプロイアビリティの構造の日英比較についての実証分析

1 探索的因子分析による検討

　イギリス人サンプルについても，天井効果やフロア効果がないかどうか検討したが，それらの効果はみられなかった。そこで，探索的因子分析によって内的次元および外的次元がみられるかどうか分析した（表6－1）。前章同様，最尤法を採用した。固有値の推移をみたところ，スクリープロットによる固有値の減衰状況から2因子解が適当であると考えられた。そこで，2因子で斜交プロマックス回転を行った結果，日本調査同様，項目39「現在の仕事のなかで私が獲得してきた技能は組織の外で他の職務についても活用できる」および項目50「私が現在働いている組織と似たような組織で私と同じような仕事をし

表6－1　エンプロイアビリティ項目の因子分析（イギリス人調査）

項　目	因子1	因子2	共通性
私の技能・経験から，現在働いている会社では私を付加価値のある資源と見なしている	**.90**	-.06	.75
社内でも仕事の成果や能力に高い評価を受けている	**.86**	-.12	.65
私の会社は私を組織にとっての財産と見なしている	**.84**	-.05	.66
雇用主は私の貢献を評価しているため，私はこの組織で有望だ	**.77**	.00	.60
組織内で私と同じ仕事をしている人々の間で私は尊敬されている	**.71**	-.02	.49
この組織で私と同じ仕事をしている人々は高く評価されている	**.60**	.08	.42
この組織で人員削減があったとしても，私は組織に残れると確信している	**.52**	.22	.44
自分は当面リストラ（退職勧告等）される心配がない	**.41**	.11	.23
もし解雇された場合は，すぐに同じ対価の仕事を見つけることができる	.02	**.81**	.67
たいていの組織で今と似たような仕事を得るのは簡単だ	.05	**.80**	.68
必要になれば，似たような組織で現在と同じような仕事を得るのは簡単だ	.12	**.76**	.68
求職を開始したら，別の仕事が見つかると確信している	.10	**.76**	.67
現在の組織を辞めた場合，新しい仕事を見つけるのは難しいだろう（R）	.35	**.45**	.16
因子間相関		.52	

注）n=312；因子負荷量は斜交プロマックス回転後のものである。太字は因子負荷量の絶対値0.40以上を示す。

ている人々に対する他の組織からの需要は非常に高い」の第1因子と第2因子の負荷量の差が小さく，また他の因子への負荷量が.30を超えていた。そのため，これら2項目を削除し，改めて因子分析を行い固有値の推移をみた。その結果，第1因子は5.94，第2因子は2.00，第3因子は.99，第4因子は.69，第5因子は.57であり，項目削除前と同様の固有値の推移がスクリーテストにより認められた。また，第2因子までの累積寄与率は60.97％であり，日本人サンプルとほぼ同様だった。そこで，2因子で斜交プロマックス回転を行った。結果として，第1因子は.41から.90までの因子負荷量ですべての項目が内的エンプロイアビリティを示し，第2因子は.45から.81までの負荷量ですべての項目が外的エンプロイアビリティを示した。項目の内容も日本人サンプルとすべて同一であった。これらの点から，イギリス人サンプルでも，エンプロイアビリティが，日本人サンプルと同一の項目による内的エンプロイアビリティおよび外的エンプロイアビリティという2つの下位次元から構成されていることが見出された。

2　エンプロイアビリティの下位次元間の関係

イギリス人サンプルのエンプロイアビリティとその下位次元について，記述統計，単相関係数および信頼性係数（α係数）を算出した（表6-2）。その結果，内的エンプロイアビリティと外的エンプロイアビリティ間の相関（.44）は中程度であり，日本人サンプル同様高いとはいえない。また，内的エンプロイアビリティ，外的エンプロイアビリティとも信頼性は十分高いことが示された。さらに，日本調査同様内的エンプロイアビリティ8項目の平均（3.41）は

表6-2　記述統計と相関

	平均	標準偏差	1	2	3
1　エンプロイアビリティ（13項目）	3.32	.70	(.88)		
2　内的エンプロイアビリティ（8項目）	3.41	.79	.90	(.89)	
3　外的エンプロイアビリティ（5項目）	3.17	.87	.79	.44	(.82)

注）n=312；** $p<.01$；（　）内はα係数

外的エンプロイアビリティ5項目の平均（3.17）より有意に高かった（t=4.82, df=311, p<.001）。

3 国ごとのモデルの適合度の分析

次に，日本調査同様確認的因子分析を行い，内的エンプロイアビリティと外的エンプロイアビリティの2次元から成るエンプロイアビリティモデルの適合度を算出した。その結果，ほぼ同様の値が示され，適合度は許容範囲にあると判断された（GFI=.91, CFI=.92, RMSEA=.09）。そこで，以降の分析ではモデル全体としての国別の差異を明らかにするために，複数の母集団から抽出されたサンプルを同時に分析する国別の多母集団同時分析を行った。

4 配置不変性の検討

まず，国が異なっても潜在変数（内的・外的エンプロイアビリティ）が同じ観測変数（各質問項目）で測定され，その因子パターンが一定かどうかを示す配置不変性を検証する。これが検証されれば，変数間のパス係数に関する比較の検討などが可能となる。そのため，潜在変数から観測変数へのパスのうち，任意の1本のパス係数を1に固定する以外，等値制約を課さずに多母集団同時分析を行った（表6-3）。配置不変モデルの適合度は，GFIが.90で，RMSEAが0.1を下回っており，許容範囲にあると判断された。そのため，配置不変性は成立していると解釈された[3] 日本とイギリスという国の違いを超えて，内的エンプロイアビリティと外的エンプロイアビリティから成る本研究のエンプロイアビリティモデルが成立していると考えてよい。以上，探索的因子分析の結果に基づく相関や多母集団同時分析の結果，仮説6-1は支持された。

表6-3 配置不変モデルの適合度

モデル	GFI	CFI	AIC[4]	RMSEA
配置不変モデル	.90	.92	646.75	.07
飽和モデル	1.00	1.00	364.00	
独立モデル	.32	.00	5204.70	.21

5 平均共分散構造分析による平均構造の比較（仮説6－2の検証）

さらに，モデルの国別の差異を検証するため，因子平均の比較を行った。すなわち，配置不変モデルに基づいて多母集団の平均共分散構造分析[5]を行い，モデルに含まれる潜在変数の平均に全体として国による差異があるか，また差異があればそれはどのようなものかについて検討した。国際比較を行う場合，個々の概念の平均の差異を分析するのではなく，他の変数との相関構造のなかで考えた方が誤った解釈に陥る可能性が低いと考えられるからである（吉野，2005）。因子の平均構造については，以下の4つのモデルを設定して適合度を比較した（表6－4）。

表6－4 4つのモデルの平均共分散構造分析

モデル	モデルの説明	CFI	RMSEA	AIC
モデルA	内的エンプロイアビリティの因子平均，外的エンプロイアビリティの因子平均とも日英で異なるモデル	.90	.07	782.15
モデルB	内的エンプロイアビリティの因子平均，外的エンプロイアビリティの因子平均とも日英で等しいモデル	.88	.08	879.63
モデルC	内的エンプロイアビリティの因子平均が日英で等しく，外的エンプロイアビリティの因子平均が異なるモデル	.88	.08	867.38
モデルD	内的エンプロイアビリティの因子平均が日英で異なり，外的エンプロイアビリティの因子平均が等しいモデル	.89	.07	826.37
飽和モデル		1.00		416.00
独立モデル		.00	.21	5256.70

注）下線は，最も高い適合度を示す。

以上の結果，モデルAの適合度が最も高く，内的エンプロイアビリティの因子平均も外的エンプロイアビリティの因子平均も，日本サンプルよりイギリスサンプルの方が高いことが明らかにされた。内的エンプロイアビリティの平均値（日本：2.82，イギリス：3.41），外的エンプロイアビリティの平均値（日本：2.63，イギリス：3.17）からみて，仮説6－2は支持された。

第4節　調査結果が示唆すること—考察と展望

　本章の結果，イギリス人サンプルでも勤労者のエンプロイアビリティにおける内的エンプロイアビリティと外的エンプロイアビリティという下位次元が示された。これによって，西洋文化と東洋文化という異文化環境にある勤労者において，内部労働市場と外部労働市場に基づいたエンプロイアビリティの差異が明らかにされた。もちろん，本研究は日本とイギリスの比較にとどまっている。それに加え，他の国々も比較対象とすることによって，勤労者のエンプロイアビリティの知覚の移転可能性や尺度としての妥当性がより高いものとなるだろう。今後の研究課題である。

　また，日本人サンプル同様イギリス人サンプルでも内的エンプロイアビリティの方が外的エンプロイアビリティより高かった。NVQなどの公的職業資格が充実し，自身の市場価値が比較的把握しやすいと考えられるイギリスにおいても，組織内での評価に基づく雇用可能性の方が高かった。もちろん，国や組織によって，内的エンプロイアビリティの要因は異なる可能性はある。しかし，これまでエンプロイアビリティの実証研究では取り上げられることが少なかった内的エンプロイアビリティが，外的エンプロイアビリティとは異なるという意味でより注目される必要があるということが示されたのではないだろうか。この従業員へ及ぼす影響の違いについては，第9章以降で検討する。

　前章で，先行研究との比較から示唆されたわが国勤労者のイギリスの勤労者と比較したエンプロイアビリティの低さが，国際比較研究において実証的に明らかにされた。国を挙げて勤労者のエンプロイアビリティ向上に取り組んできたイギリスと，従業員のエンプロイアビリティを向上させる（エンプロイアビリティ保障）という意欲が必ずしも高いとはいえないわが国との違いが影響しているといえるだろう。

　さらに，仮説では設定しなかったが，内的エンプロイアビリティもわが国ではイギリスより低かった。内的エンプロイアビリティは，わが国の組織で重視すべきエンプロイアビリティ概念であるという日本経営者団体連盟（1999）の

主張や，雇用保障レベルは相対的に高いと考えられるわが国組織の状況と矛盾しているように思われる。内的エンプロイアビリティは，組織内での評価に基づく雇用可能性の高さであることを考えると，この点には日英間の人事評価の違いなどが影響していると考えられる。この点も，第9章以降でのエンプロイアビリティの要因やその影響についての分析のなかで明らかにしていきたい。

【注】
1) ある標本で得られた妥当性が，他の標本でも同様に成立するかどうかを明らかにすることである。
2) 「満足できる職務を見つけることがどの程度簡単または困難ですか」という項目に"very easy"または"fairly easy"と回答した比率を国別に算出した。
3) 本章の分析では，国別の潜在変数から個々の観測変数へのパス係数の差，すなわち（国別の）項目の異質性を検討することは目的としない。なぜなら，これらモデルの部分的な評価と，適合度指標に基づく全体的な評価が必ずしも一致するとは限らないからである。
4) AIC（Akaike's Information Criterion：赤池情報量規準）——推定したパラメータ数の2倍に乖離度を加えたもので，分析モデル単体の乖離度を評価した指標である。小さいほど良いモデルであると解釈される。
5) 共分散構造分析の1つで，潜在変数の平均値をグループごとに比較することが可能になる。

第7章
エンプロイアビリティ・スキルと
エンプロイアビリティ知覚との関係

第1節　エンプロイアビリティ・スキルとエンプロイアビリティ知覚との関係

　これまで，エンプロイアビリティは勤労者のもつ能力を中心に定義され，測定されてきたことは前に述べた。すなわち，エンプロイアビリティ・スキルやコンピテンシーとエンプロイアビリティとの関係は非常に深い（第2章第6節）。例えば，先行研究では専門知識，予測と最適化などの複数の能力次元をエンプロイアビリティと考え，職務態度などとの関係を直接分析している（e.g. Van der Heijde & Van der Heijden, 2006）。それらエンプロイアビリティ・スキルと，近年研究の主流となっている本人の知覚でとらえたエンプロイアビリティとはどのような関係にあるだろうか。両者の密接な関係が明らかにされれば，エンプロイアビリティ知覚が能力と結びついた概念であり，能力概念として実証分析において使用する妥当性が示されるだろう。そこで本章では，エンプロイアビリティ・スキルとエンプロイアビリティ知覚との関係を明らかにする。

　もともと，エンプロイアビリティ・アセットはエンプロイアビリティを高める場合に必要とされる個人の知識，スキルや態度を示し，そのなかの特にスキルに注目した場合が，エンプロイアビリティ・スキルである（第2章第6節）。また，「学校から労働へ移行を成功させるために必要な，認知的および情緒的スキルであり，採用，求職，配置，職務継続に際して不可欠なもの」（Wircenski, 1982, p.18）というエンプロイアビリティ・スキルの定義から考えても，エンプロイアビリティ・スキルの形成がエンプロイアビリティの向上につながるとい

う関係が見出される。これは，エンプロイアビリティを人的資本などから成るとした観点からみても同様である（Fugate et al., 2004）。さらに，エンプロイアビリティ・スキルの理論的根拠と考えられるが，第2章第6節で詳述した特性因子理論（Parsons, 1909）である。これによって，エンプロイアビリティ・スキルの高さが，エンプロイアビリティにつながるという関係が類推される。このように，これまでエンプロイアビリティ・スキルがエンプロイアビリティの先行要因であることは示唆されてきたが，内的エンプロイアビリティと外的エンプロイアビリティの両方に寄与するかどうかは検討されてこなかった。従業員が，自身のエンプロイアビリティ向上のために能力開発を行い，自身のスキルを高めても，それが所属組織内での雇用維持にだけ資するとしたら，前述した雇用不安の解消にはつながらないだろう。エンプロイアビリティ・スキルは，内的エンプロイアビリティと外的エンプロイアビリティの両方に寄与することで初めて，勤労者にとっての能力開発の目標となるだろう。実際，エンプロイアビリティ・スキルには，専門知識や柔軟性など外部労働市場での雇用の獲得に資することが予想される要素が含まれている（Van der Heijde & Van der Heijden, 2006）。エンプロイアビリティ・スキルとエンプロイアビリティ知覚との関係を直接検討した実証研究はみられないが，以上のエンプロイアビリティの定義や下位次元に関する先行研究の観点から，以下の仮説7－1を設定した。

仮説7－1　エンプロイアビリティ・スキルは，内的および外的エンプロイアビリティ知覚の高さに寄与する。

第2節　エンプロイアビリティ・スキル，エンプロイアビリティ知覚と職務態度・行動との関係

　近年，エンプロイアビリティを従業員の組織行動の観点からとらえる傾向が強まり，どのような要因によってエンプロイアビリティが高まり，その結果どのような影響を個人に与えるのかなど，雇用可能性実現に関するプロセスの研

究が盛んになってきた（Camps & Majocchi, 2010）。組織の人的資源管理上の成果に結びつくプロセスにおけるエンプロイアビリティの役割が重視されるようになってきたのである。そこで本章では，エンプロイアビリティ・スキルとエンプロイアビリティ知覚との関係を検討していく上で，両者と従業員の職務態度や行動との関係を比較分析した。従業員の職務態度などの向上は，組織の人的資源管理の重要な目的と考えられるからである。

第4章での先行研究検討の結果，エンプロイアビリティ知覚（特に内的エンプロイアビリティ知覚），エンプロイアビリティ・スキルともに，職務満足などの職務態度や，キャリア満足などのキャリア意識との関係が明らかにされた。しかし，エンプロイアビリティスキルにおいては，スキル次元のすべてが職務態度に直接寄与しているわけではないなど，個々の次元の影響は必ずしも同様ではない（Van der Heijde & Van der Heijden, 2006）。つまり，エンプロイアビリティスキル単独の職務態度などへの寄与は必ずしも高くないと考えられる。

そこで本章では，スキルの高さがエンプロイアビリティに寄与するというエンプロイアビリティの定義や下位次元に関する先行研究の結果から，エンプロイアビリティ・スキルは，エンプロイアビリティ知覚を通して，その職務態度などへの寄与がより高まるというモデルを設定した。個々の次元のスキルの高さは，従業員自身へのメリットの大きい雇用可能性の向上を経ることで職務態度などに対する寄与がより高まると考えられるからだ。このモデルが成立すれば，スキルの集合でエンプロイアビリティを測定するだけでなく，自分のエンプロイアビリティに対する全体的で直接的な知覚を通した方が，職務態度などに寄与することが示される。さらに，組織が従業員のスキルを高めようとする場合，組織横断的なスキルへの集中など，従業員のエンプロイアビリティ知覚の向上につながるような工夫をすることで，人的資源管理上の有効性がより高くなることが示されるだろう。そこで，以下の仮説7-2を設定した。

> 仮説7-2　エンプロイアビリティ・スキルは，内的および外的エンプロイアビリティの知覚を通して，職務態度や行動に寄与する。

以上の変数間の関係を図式化した（図7-1）。

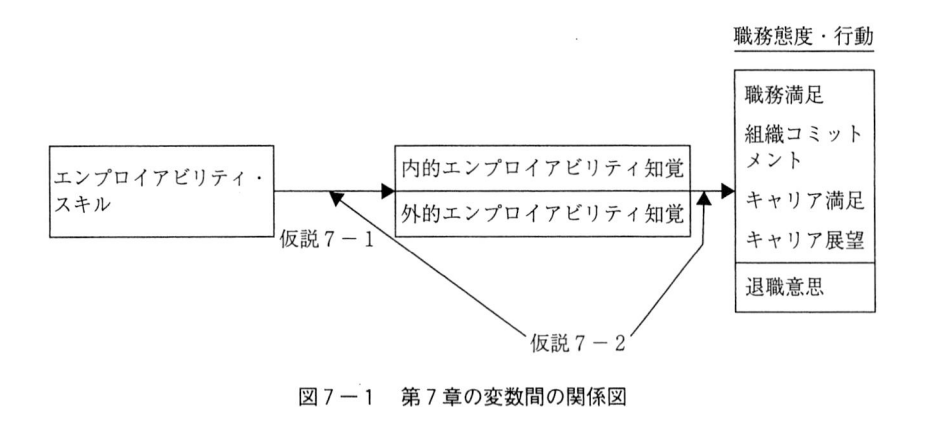

図7-1　第7章の変数間の関係図

第3節　実証分析の方法

1　調査対象・手続き

　2013年8月27日から9月1日まで，調査専門会社P社が保有するモニターに対するインターネットによる質問票調査によって実施した（調査5）。対象は，正規従業員数30人以上で，病院，学校，農林・漁業，福祉・介護を除く民間企業に勤める正規従業員である。配信数1,270件で回収653票（回収率51.4％），653票が有効回答票だった（有効回答率100.0％）。

　調査対象者のプロフィールは，以下の通りである。対象者の平均年齢は，44.34歳（標準偏差9.70），平均勤続期間は16.20年（10.65）であった。同じく，男性が83.8％，女性が16.2％，転職経験なしが57.3％，ありが42.7％だった。学歴は，高校卒19.9％，短大・専門学校卒11.5％，大学卒50.5％，大学院修了10.0％，その他8.1％であった。職種は，営業（販売・セールス）14.4％，研究・開発13.9％，情報処理11.8％，製造8.1％，総務・庶務8.1％，営業（管理・事務）8.0％などの比率が高かった。職位は，部長クラス以上10.0％，（部）次長クラス4.7％，課長クラス15.5％，課長代理（補佐）クラス4.1％，係長・主任クラス19.4％，一般（役職なし）44.4％，専門職1.8％だった。

2 調査項目

(1) エンプロイアビリティ・スキル

本章では，2種類のエンプロイアビリティ・スキル尺度を採用した。

第1が，近年のエンプロイアビリティに関する実証研究で1，2を争うほど多く使用されているVan der Heijde & Van der Heijden (2006) の能力ベースの多次元尺度である（第2章第5節で詳述）。これは，専門知識（15項目），予測と最適化（8項目），柔軟性（8項目），共同意識（7項目），バランス（9項目）の計47項目で構成される。このうち，「私は，組織内での作業工程をサポートしている」（共同意識），「昨年，私は成功裏に成し遂げられた点を調べるため，近い職務領域を調査することに積極的に関わった」（予測と最適化）などの6項目は，わが国組織での労働の現状と合致しないため，削除した。同様に，ワーディングがわが国組織での労働の現状と合致しづらく，回答しにくい項目の表現を一部修正した。その結果，計41項目を採用した（詳細は巻末の付表7-A参照）。

第2が，エンプロイアビリティ測定における国による差異を考慮して，わが国の勤労者対象の尺度としてほぼ唯一開発された労働政策研究・研修機構（2003）のキャリア開発コンピテンス・チェックリストを採用した。この尺度は，エンプロイアビリティ概念に基づき欧米の代表的なエンプロイアビリティ測定尺度を参考につくられたもので，信頼性，妥当性が検証された尺度である。これは，（1）コミュニケーション，（2）対人関係・リーダーシップ，（3）プランニングとマネジメント，（4）分析・問題解決，（5）自己学習，（6）自発性とストレス対応，（7）変化対応，（8）自己マネジメントの8領域各3サブカテゴリー×3設問の計72項目で構成される（付表7-B参照）。（1）と（2）は，コミュニケーション，対人関係など，職業生活を送る上で必要になる基礎的な要件であり，他のエンプロイアビリティ指標にも必ず含まれている。（3），（4）は，組織やプロジェクトの構想〜計画〜運営〜評価というマネジメントのサイクルに関わる要件であり，経営者や管理職に求められる能力とも共通性が高い。（4）は，抽象度の高いシンボル操作や思考力・分析力を示している。（5）〜（8）は，個人の態度・行動・資質などの管理や開発，モチベ

ーションに関わり，自律的な学習の能力と志向性，精神的なエネルギーの高さやストレス対応，変化をとらえ対応する敏感さや柔軟性，時間管理や能力開発・キャリア開発への志向性などを測定している。

(2) エンプロイアビリティの知覚

　第5章で下位次元が確認された，内的エンプロイアビリティに関する8項目と外的エンプロイアビリティに関する5項目計13項目を採用した。

(3) 職務態度および行動

　代表的な職務態度として職務満足および組織コミットメントを，同じく長期のキャリア意識としてキャリア満足およびキャリア展望を，職務行動として退職意思を採用した（詳細は第4章を参照のこと）。
① 職務満足

　広く職務に関係する個別の側面を包括した全般的職務満足の観点から，「全体として現在の職務に満足している」という1項目尺度を採用した。
② 組織コミットメント

　組織コミットメントの下位次元のなかから，愛着的コミットメントを取り上げ，多くの先行研究で採用されているMeyer, Allen, & Smith（1993）の尺度のうち，わが国組織の一般的状況と異なる項目を削除した3項目尺度を採用した（α=.785；例：私は，この組織への強い"一体感"のようなものは感じていない（逆転項目））。
③ キャリア満足

　先行研究において多く取り上げられているGreenhaus, Parasuraman, & Wormley（1990）の5項目尺度を採用した（α=.857；例：これまでの経歴で達成した実績に満足している）。
④ キャリア展望

　先行研究では多様な尺度が採用され，統一的尺度として確立されたものはみられない。そこで，比較的わが国組織の現状に合致していると考えられた堀内・岡田（2009）を参考にした3項目尺度を採用した（α=.806；例：これから

先の，私のキャリアの展望は明るいと思う）。

⑤　退職意思

Van Yperen, Hagedoorn, & Geurts（1996）などを参考に，「現在と違う会社に転職したい」，「現在の会社をやめたい」の 2 項目尺度を採用した（α =.779）。

以上の職務態度などは，職務満足とキャリア満足や組織コミットメントとの関係にみられるように，相関が高く，類似した対象を測定している可能性がある。そこで，本章における職務態度，行動を上記 5 変数で測定する妥当性を検証するため，確認的因子分析を行った。その結果，ある程度の水準で適合度が認められた（GFI=.95, CFI=.96, RMSEA=.06）。

（4）コントロール変数

コントロール変数として，性別，年齢，学歴を採用した。

第 4 節　エンプロイアビリティ・スキルとエンプロイアビリティ知覚との関係についての実証分析

1　エンプロイアビリティ・スキル尺度の構造
（1）能力ベースのエンプロイアビリティの構造

全 41 項目について，平均と標準偏差を算出した。また，天井効果やフロア効果がないことも確認された。そこで，全変数の相関行列に基づく最尤法による因子分析を行った。固有値は，第 1 因子が22.57，第 2 因子が1.69，第 3 因子が1.13であり，スクリーテストの結果，1因子解が適当であると考えられた。第 1 因子の寄与率は55.06％であった。しかし，1 項目の因子負荷量が著しく低かったため，その項目を削除し改めて因子数を 1 に固定して因子分析を行った（付表 7 − A）。固有値は，第 1 因子は22.53，第 2 因子は1.62であり，項目削除前と同様の推移状況がスクリーテストにより認められた。また，第 1 因子の寄与率は56.32％であり，1因子解が適当であると考えられた。そして，すべての項目が.604以上の因子負荷量で第 1 因子を説明していた。以上から，能力ベースのエンプロイアビリティ尺度の 1 因子構造が示されたといえる

(α=.980)。

(2) キャリア開発コンピテンスの構造

　全72項目の平均と標準偏差を算出し，天井効果やフロア効果がないことも確認された。そこで，全変数の相関行列に基づく最尤法による因子分析を行った。固有値の推移をみたところ，第1因子は40.27，第2因子は2.47，第3因子は1.29，第4因子は1.19であり，スクリーテストの結果，1因子解が適当であると考えられた。第1因子の寄与率は55.93％であった。そこで，改めて因子数を1に固定して因子分析を行った（付表7－B）。その結果，すべての項目が.517以上の因子負荷量で第1因子を説明していた。以上から，キャリア開発コンピテンス尺度の1因子構造が示された（α=.989）。

2　能力ベースのエンプロイアビリティとキャリア開発コンピテンスとの関係

　能力ベースのエンプロイアビリティも，キャリア開発コンピテンスもともに，エンプロイアビリティ・スキルを測定している尺度である。そのため，両者間の相関は高いと考えられる。それを確認するため，両者間の単相関係数を算出したところ，有意で強いポジティブな相関を示しており（r=.885, p<.001），両者間の収束的妥当性が高いことが確認された。

3　エンプロイアビリティ知覚尺度の構造

　第5章と同様に，本章で使用するエンプロイアビリティ知覚尺度が内的次元および外的次元を有しているか確認するために，同様に因子分析を行った。全13項目の平均と標準偏差を算出し，天井効果やフロア効果がないことが確認された。そこで，全変数の相関行列に基づく最尤法による因子分析を行った。固有値は，第1因子が5.91，第2因子が1.82，第3因子が0.88であり，スクリーテストの結果，2因子解が適当であると考えられた。第2因子までの累積寄与率は59.39％であった。そこで，改めて因子数を2に固定して因子分析（最尤法，斜交プロマックス回転）を行った（付表7－C）。その結果，第1因子は.55以上の因子負荷量ですべての項目が内的エンプロイアビリティを，第2

因子は.45以上の負荷量ですべての項目が外的エンプロイアビリティを示していた。以上から，エンプロイアビリティ知覚尺度（α =.888）が，内的エンプロイアビリティ知覚（α =.908）と外的エンプロイアビリティ知覚（α =.774）の2次元構造であることが示された。

4　エンプロイアビリティ・スキルとエンプロイアビリティ知覚との関係

仮説7－1を検証するため，能力ベースのエンプロイアビリティを独立変数とし，内的および外的エンプロイアビリティ知覚を従属変数とする階層的重回帰分析を，同様に，キャリア開発コンピテンスを独立変数とし，内的および外的エンプロイアビリティ知覚を従属変数とする階層的重回帰分析を実施した（表7－1）。第1ステップでコントロール変数を投入し，第2ステップで能力ベースのエンプロイアビリティを，第3ステップで能力ベースのエンプロイアビリティを削除した後，キャリア開発コンピテンスを追加投入した。[1]

その結果，能力ベースのエンプロイアビリティは，内的エンプロイアビリテ

表7－1　エンプロイアビリティ・スキルのエンプロイアビリティ知覚に対する重回帰分析

変　数	内的エンプロイアビリティ知覚 β			外的エンプロイアビリティ知覚 β		
	Step1	Step2	Step3	Step1	Step2	Step3
性　別	.054	-.004	.018	.033	-.005	.008
年　齢	.068	-.051	-.046	-.065	-.142***	-.144***
学　歴	.058	.008	.015	-.002	-.035	-.032
R^2_1(Adj.)	.011*			.000		
能力ベースのエンプロイアビリティ		.658***			.430***	
R^2_2(Adj.)		.417***			.172***	
$\triangle R^2_{2\text{-}1}$(Adj.)		.406***			.172***	
キャリア開発コンピテンス			.589***			.410***
R^2_3(Adj.)			.337***			.157***
$\triangle R^2_{3\text{-}1}$(Adj.)			.326***			.157***

注）n=653；$\triangle R^2_{2\text{-}1}$，$\triangle R^2_{3\text{-}1}$はそれぞれ第1ステップから第2ステップ，第1ステップから第3ステップの決定係数の増分を示す；VIF[2]：1.029-1.223；*p<.05 ***p<.001

ィ知覚にも外的エンプロイアビリティ知覚にも，有意にポジティブに寄与していた（$\triangle R^2_{2-1}$(Adj.)）。また，キャリア開発コンピテンスも同様の結果がみられた（$\triangle R^2_{3-1}$(Adj.)）。以上から，仮説7-1は支持された。また，2種類のエンプロイアビリティ・スキルとも，外的エンプロイアビリティ知覚より，内的エンプロイアビリティ知覚により高い寄与を示した。さらに，その影響にはエンプロイアビリティ・スキル尺度による違いがみられ，キャリア開発コンピテンスより，能力ベースのエンプロイアビリティの方がエンプロイアビリティ知覚に強く寄与した。

5 エンプロイアビリティ・スキル，エンプロイアビリティ知覚と職務態度等との関係

　仮説7-2のエンプロイアビリティ知覚の媒介効果が認められるには，①エンプロイアビリティ・スキルのエンプロイアビリティ知覚への有意な直接効果，②エンプロイアビリティ・スキルの職務態度などへの有意な直接効果，③エンプロイアビリティ知覚の職務態度などへの有意な直接効果，④職務態度などに及ぼすエンプロイアビリティ・スキルの直接効果①がエンプロイアビリティ知覚を重回帰式に追加投入した場合弱まる，という関係の成立が前提とされる（Baron & Kenny, 1986）。そこで，成立が確認された①（表7-1）に加え，エンプロイアビリティ・スキルを独立変数，内的および外的エンプロイアビリティ知覚を媒介変数，職務態度などを従属変数とする階層的重回帰分析を行った（表7-2，表7-3）。第1ステップでコントロール変数を投入し，第2ステップで2種のエンプロイアビリティ・スキルを，第3ステップで内的および外的エンプロイアビリティ知覚を追加投入した。

（1）能力ベースのエンプロイアビリティ

　能力ベースのエンプロイアビリティは，職務満足，キャリア満足およびキャリア展望に有意に寄与し，組織コミットメントおよび退職意思には寄与しなかった（表7-2）。そのため，職務満足などについて②の成立が確認された（モデル1b～5b）。また，エンプロイアビリティ知覚は，全体としてすべての職務

第 7 章　エンプロイアビリティ・スキルとエンプロイアビリティ知覚との関係 | 137

表7-2　能力ベースのエンプロイアビリティおよびエンプロイアビリティ知覚の職務態度・行動に対する重回帰分析

変　数	職務満足			組織コミットメント			キャリア満足			キャリア展望			退職意思		
	モデル1a β	モデル1b β	モデル1c β	モデル2a β	モデル2b β	モデル2c β	モデル3a β	モデル3b β	モデル3c β	モデル4a β	モデル4b β	モデル4c β	モデル5a β	モデル5b β	モデル5c β
性　別	-.004	-.041	-.039	.030	.031	.032	.061	.011	.014	.060	.002	.005	-.057	-.054	-.054
年　齢	.136**	.060	.065†	.029	.031	.014	.077†	-.024	.005	.110*	-.008	.025	-.116**	-.111**	-.071†
高学歴	.095*	.064†	.052†	.022	.023	.014	.079†	.037	.029	.054	.005	.001	-.089†	-.087†	-.069†
R²₁(Adj.)	.025***			-.001			.018*			.021**			.029***		
能力ベースのエンプロイアビリティ		.421***	.086*		-.013	-.088†		.565***	.126***		.652***	.244***		-.027	.047
R²₂(Adj.)		.190***			-.003			.317***			.421***			.029**	
△R²₂₋₁		.165***			-.002			.299***			.400***			.000	
内的エンプロイアビリティ知覚			.634***			.249***			.697***			.612***			-.392***
外的エンプロイアビリティ知覚			-.192***			-.206***			-.045			.013			.426***
R²₃(Adj.)			.406***			.046**			.589***			.642***			.201***
△R²₃₋₂			.216***			.049**			.272***			.221***			.172***

注）n=653；△R²₂₋₁, △R²₃₋₂はそれぞれ第2ステップ，第3ステップにおける決定係数の前のステップからの増分を示す。VIF（第3ステップ）：1.037-1.873；†p＜.10 *p＜.05 **p＜.01 ***p＜.001

表7-3　キャリア開発コンピテンスおよびエンプロイアビリティ知覚の職務態度・行動に対する重回帰分析

変　数	職務満足			組織コミットメント			キャリア満足			キャリア展望			退職意思		
	モデル1a β	モデル1b β	モデル1c β	モデル2a β	モデル2b β	モデル2c β	モデル3a β	モデル3b β	モデル3c β	モデル4a β	モデル4b β	モデル4c β	モデル5a β	モデル5b β	モデル5c β
性　別	-.004	-.026	-.036	.030	.035	.032	.061	.031	.018	.060	.023	.011	-.057	-.058	-.054
年　齢	.136**	.067†	.070†	.029	.044	.029	.077†	-.016	.012	.110*	-.006	.026	-.116**	-.121**	-.081†
高学歴	.095*	.070†	.054†	.022	.028	.017	.079†	.044	.032	.054	.011	.002	-.089†	-.091†	-.071†
R²₁(Adj.)	.025***			-.001			.018*			.021**			.029***		
キャリア開発コンピテンス		.358***	.046		-.080*	-.167***		.485***	.069*		.599***	.214***		.027	.100**
R²₂(Adj.)		.144***			.003			.239***			.360***			.028**	
△R²₂₋₁		.119***			.004*			.221***			.339***			-.001	
内的エンプロイアビリティ知覚			.660***			.281***			.734***			.644***			-.414***
外的エンプロイアビリティ知覚			-.187***			-.192***			-.038			.014			.416***
R²₃(Adj.)			.403***			.059***			.583***			.638***			.206***
△R²₃₋₂			.259***			.056***			.344***			.278***			.178***

注）n=653；△R²₂₋₁, △R²₃₋₂はそれぞれ第2ステップ，第3ステップにおける決定係数の前のステップからの増分を示す。VIF（第3ステップ）：1.037-1.679；†p＜.10 *p＜.05 **p＜.01 ***p＜.001

態度などに有意に寄与していた（モデル1c～5c）。そのため，③は成立した。ただし，長期的なキャリア意識であるキャリア満足とキャリア展望には外的エンプロイアビリティ知覚は寄与していなかった。有意な関係の方向性をみると，内的エンプロイアビリティ知覚は職務態度にはポジティブに，退職意思にはネガティブに寄与していた。逆に，外的エンプロイアビリティ知覚は職務態度にはネガティブに，退職意思にはポジティブに寄与していた。さらに，④については職務満足，キャリア満足およびキャリア展望に対して，エンプロイアビリティ知覚投入後，能力ベースのエンプロイアビリティの効果は有意だが弱まっており，部分媒介効果が確認された（モデル1c～5c）。

（2）キャリア開発コンピテンス

　キャリア開発コンピテンスは，（1）能力ベースのエンプロイアビリティと同様に職務満足，キャリア満足およびキャリア展望に有意に寄与し，組織コミットメントおよび退職意思には寄与しなかった（表7-3）[3]。そのため，以上の関係で②の成立が確認された（モデル1b～5b）。また，エンプロイアビリティ知覚は全体として，すべての職務態度などに有意に寄与していた（モデル1c～5c）。その結果，（1）同様③も成立した。キャリア満足とキャリア展望に外的エンプロイアビリティ知覚が寄与していなかった点，内的エンプロイアビリティ知覚と外的エンプロイアビリティ知覚の有意な関係の方向性の違いとも，（1）とほぼ同様である。さらに，④についてはキャリア満足およびキャリア展望において，エンプロイアビリティ知覚投入後，キャリア開発コンピテンスの効果は有意だが弱まっており，部分媒介効果が確認された。職務満足では，エンプロイアビリティ知覚投入後，キャリア開発コンピテンスの効果は有意ではなくなったため，完全媒介効果が確認された（モデル1c～5c）。（1）および（2）の結果から，エンプロイアビリティ・スキルは，内的エンプロイアビリティの向上を通して，職務満足，キャリア満足およびキャリア展望をより高めるが，外的エンプロイアビリティの向上を通して，職務満足を抑制するという関係が明らかにされた。

　以上の結果に基づき，媒介効果についてソベル検定（Sobel, 1982）を実施し

表7-4 エンプロイアビリティ知覚の媒介効果（ソベル検定）

独立変数	媒介変数	従属変数	Z_{Sobel}
能力ベースのエンプロイアビリティ	内的エンプロイアビリティ知覚	職務満足	9.518***
キャリア開発コンピテンス	内的エンプロイアビリティ知覚	職務満足	9.676***
能力ベースのエンプロイアビリティ	外的エンプロイアビリティ知覚	職務満足	-3.681***
キャリア開発コンピテンス	外的エンプロイアビリティ知覚	職務満足	-3.576***
能力ベースのエンプロイアビリティ	内的エンプロイアビリティ知覚	キャリア満足	14.073***
キャリア開発コンピテンス	内的エンプロイアビリティ知覚	キャリア満足	13.320***
能力ベースのエンプロイアビリティ	内的エンプロイアビリティ知覚	キャリア展望	12.974***
キャリア開発コンピテンス	内的エンプロイアビリティ知覚	キャリア展望	12.538***

注）***$p<.001$

た（表7-4）。その結果，条件を満たしたすべての関係で，エンプロイアビリティ知覚の有意な媒介効果が認められた。以上から，仮説7-2は部分的に支持されたといえる。

第5節　調査結果が示唆すること—考察と展望

1　エンプロイアビリティ・スキルとエンプロイアビリティ知覚との関係

第1に，代表的な2つの尺度で測定されたエンプロイアビリティ・スキルは，内的および外的エンプロイアビリティ知覚にポジティブに寄与しており，多くのエンプロイアビリティの定義や特定因子理論を裏づける結果がみられた。測定論の観点から，本書で設定したエンプロイアビリティ知覚尺度は，エンプロイアビリティのほとんどの定義にみられている能力やスキルを反映しているといって良いだろう。また，質問項目数は能力ベースのエンプロイアビリティ（41項目），キャリア開発コンピテンス（72項目）と比較して，エンプロイアビリティ知覚尺度は内的および外的次元合計で13項目であり，調査対象者の回答への負担を考えると，測定尺度としてより望ましいといえるだろう。今後，より検討を重ねることで本研究結果の一般化，さらには尺度の精緻化を図っていきたい。

第2に，本章のエンプロイアビリティ・スキル尺度は，専門知識や柔軟性など，外的エンプロイアビリティに寄与すると考えられる次元を含んでいたが，外的エンプロイアビリティ知覚より内的エンプロイアビリティ知覚に対して，より強い寄与を示した。すなわち，エンプロイアビリティ・スキルは現在勤務している組織内で継続的に雇用され得るという知覚の方を，他の組織に転職できるための能力の知覚より，強く説明することが明らかにされた。わが国の勤労者は，欧米諸国と比較して一般に転職市場が整備されておらず，また自己の「（客観的な）市場価値」を知る機会に乏しい。そこで，主に現在の職務によって培ってきたであろうスキルの高さは，組織内での（評価の高さを通じた）雇用可能性の知覚との関係の方が，他の組織への転職可能性の知覚との関係より強かったと考えられる。転職市場がより整備され，転職率の高い欧米諸国では，寄与の差がより少ないことが予想される。前章のように，他の国々の勤労者との国際比較研究を行っていきたい。

　第3に，エンプロイアビリティ・スキルのエンプロイアビリティ知覚への影響には，尺度による違いがみられた。すなわち，キャリア開発コンピテンス尺度より能力ベースのエンプロイアビリティ尺度の方が，エンプロイアビリティ知覚に対し強く寄与していた。もちろん，今回は両尺度とも1因子であったため，測定次元の違いなどによる影響を検討することはできない。両尺度間には共通する項目も多いが，異なる項目もあり，例えばスキルの移転可能性や柔軟性など，先行研究でエンプロイアビリティへの影響の大きさが指摘されている項目を中心に詳細に検討する必要もあろう。能力ベースのエンプロイアビリティ尺度は，オランダの研究者が作成したものである。それに対して，キャリア開発コンピテンス尺度は欧米の尺度を参考にしたとはいえ，わが国の研究者が作成したものである。エンプロイアビリティ知覚尺度の項目の多くがイギリスの研究者が作成していたため，文化の共通性の観点から影響の差異がみられたということも考えられる。

2 エンプロイアビリティ・スキル，エンプロイアビリティ知覚と職務態度などとの関係

　第1に，エンプロイアビリティ知覚（特に内的次元）はすべての職務態度に寄与したのに対して，エンプロイアビリティ・スキルの影響は職務態度によって異なっていた。すなわち，広く職務態度に影響を及ぼすエンプロイアビリティの尺度としては，エンプロイアビリティ知覚の方が優れているといえよう。エンプロイアビリティ・スキルの影響がみられなかった組織コミットメントと退職意思は，従業員と組織との距離感を示す態度・行動である。能力の高い従業員が組織との距離感がより遠いとすれば，組織において優秀な人材のリテンションを図る上で問題である。ここからも，（内的）エンプロイアビリティ知覚の重要性が指摘できるだろう。

　第2に，エンプロイアビリティ・スキルと，職務満足，キャリア満足およびキャリア展望との関係における，エンプロイアビリティ知覚の媒介効果が明らかにされた。すなわち，職場における代表的な職務態度である職務満足に対して，その向上にはエンプロイアビリティ・スキルだけでなく，それによって高まるエンプロイアビリティの知覚が大きく寄与することが示された。長期的なキャリアに関する意識に対しても同様であった。つまり，エンプロイアビリティ向上につながるスキルが高いだけでなく，実際に雇用の可能性が高いという知覚が重要であることが浮き彫りにされたのである。

　外的エンプロイアビリティ知覚の効果が認められたのは，職務満足に対してである。しかし，内的エンプロイアビリティ知覚と外的エンプロイアビリティ知覚は逆の効果を示した。つまり，エンプロイアビリティ・スキルの向上により高まる内的エンプロイアビリティ知覚によって，職務満足の向上は促進される。他方，スキルの向上によって高まる外的エンプロイアビリティ知覚によって，職務満足の向上は減退するという関係である。結果的には，内的エンプロイアビリティ知覚による促進効果の方が高いため，全体としては職務満足の向上が促進されるという結果が見出された（表7-4）。しかし，例えばIT産業など，専門の職種ごとに職務上求められるスキルの他社との共通性が高く，転職市場が比較的整備されている業種の組織では，外的エンプロイアビリティ知

覚による職務満足減退効果の方が高くなる可能性も考慮する必要があるだろう。

【注】

1) 能力ベースのエンプロイアビリティとキャリア開発コンピテンスを同時に独立変数として投入しなかったのは，両者間の高い相関による多重共線性を回避するためである。
2) VIF（Variance Inflation Factor：分散拡大要因）—Chatterjee & Price（1977）は，$VIF_j=1/(1-R_j^2) \leq 10$ の場合（R_j^2：決定係数），重回帰分析において多重共線性が発生していないとしている。多重共線性とは，重回帰分析で独立変数間の相関の高さが決定係数を実際以上に高く推定する傾向である。そのため，ここでは深刻な多重共線性は発生していないと考えられる。
3) 従属変数が組織コミットメントの場合の $\triangle R^2_{2-1}$ は，見かけ上有意だが，R^2_2（Adj.），R^2_1（Adj.）とも有意ではなく，R^2_1（Adj.）の値がマイナスであるため，キャリア開発コンピテンスは組織コミットメントに対し有意に寄与しているとは解釈しなかった。

第8章

エンプロイアビリティの客観的基準の検討

　前章まで分析してきたエンプロイアビリティ知覚もエンプロイアビリティ・スキルも，測定のベースは本人の知覚である。しかし，個人がキャリア開発のために自分のもつ能力とエンプロイアビリティを分析する場合，エンプロイアビリティのより明確な基準があれば便利であろう。また，人的資源管理の観点，特にエンプロイアビリティ保障の観点からみた場合，組織が個々の従業員のエンプロイアビリティを，明確にまた客観的に把握する必要があろう。本章では，転職経験を中心としたエンプロイアビリティの基準の妥当性を実証的に分析することを通して，エンプロイアビリティの明確かつ客観的な基準を検討する端緒にしたい。

第1節　エンプロイアビリティの客観的基準

1　エンプロイアビリティの客観的基準としての転職経験

　先行研究では，客観性を重視したエンプロイアビリティの基準としてどのようなものが考えられてきただろうか。もちろん，個別業種，職種ごとにエンプロイアビリティの基準を考えていくことは可能であるし，そうした試みも重要である。例えば，現在わが国で医師の資格を所持していることは，高い（外的）エンプロイアビリティを示しているといえよう。また，広い職種を視野に入れた基準として，イギリスのNVQについては前に触れた。わが国でも，人事・人材開発・労務管理，企業法務・総務，経理・財務管理など，主に事務系職種に従事する勤労者に求められる職業能力の習得を支援し，キャリア開発のため

その客観的な証明を行うことを目的に導入されたビジネスキャリア制度がある。

それらに対し，本章では，主にキャリアの観点から，業種・職種横断的な基準の設定を検討した。先行研究で，業種・職種横断的に個人のエンプロイアビリティを測定しようとしてきた試みの代表的なものは，転職経験である（第1章第8節）。実際に転職したという経験は，他の組織で雇用を継続したという意味で外的エンプロイアビリティの一面をとらえているからである。同時に，転職経験は態度などと比較し，客観的な測定が可能である。加えて，わが国の勤労者を対象としたいくつかの調査結果をみると，転職者の転職に対する満足度は一般に高い（厚生労働省転職総合実態調査など）。すなわち，質的エンプロイアビリティとしての側面も必ずしも低くはないことが想定される[1]。

それでは，転職経験という，より客観的で外部から把握しやすいエンプロイアビリティの基準は，これまで検討してきたエンプロイアビリティ知覚とどのような関係にあるだろうか。このことが明らかにされることによって，第3章や第4章で見出だされたエンプロイアビリティの要因やエンプロイアビリティの影響を明確な基準で解釈することが可能になろう。ここでは，仮説設定にあたり，心理検査の妥当性の検証に使われる，方法が異なっても同一の構成概念を測定している場合は相関が高いという多特性・多方法行列（Campbell & Fiske, 1959）の考え方を援用した。これは，エンプロイアビリティという同じ概念を，従業員本人の知覚で測定しても（エンプロイアビリティ知覚），本人の実際の経験で測定しても（転職経験），相関はある程度高いこと想定するものである。しかし，先行研究では，内的エンプロイアビリティの知覚も外的エンプロイアビリティの知覚も，内的エンプロイアビリティを向上させたが，外的エンプロイアビリティには影響していなかったなど，エンプロイアビリティとエンプロイアビリティ知覚との関係は必ずしも明らかにされてこなかった（Sanders & De Grip, 2004）。そこで，本章では多特性・多方法行列の考え方を援用して，以下の仮説を設定した。

> 仮説8-1 転職経験のある従業員はない従業員より外的エンプロイアビリティ知覚が高い。

2 転職者のエンプロイアビリティの客観的基準

　すべての転職者は，転職未経験者より外的エンプロイアビリティが高いといえるだろうか。もちろんそうではないだろう。ただ転職を経験したということではなく，転職経験における何らかの違いが，エンプロイアビリティに影響するということは容易に考えられる。そこで本章では，転職者だけを対象とした調査によって，エンプロイアビリティとの関係における転職経験をより詳細に検討した。外的エンプロイアビリティの本質は，外部労働市場での評価である。なぜなら，多くのエンプロイアビリティの定義に労働市場における評価が含まれているからだ（第2章第1節）。そこで，転職者のエンプロイアビリティの客観的基準を検討するに当たって，転職経験に外部労働市場での評価という要素を盛り込む必要がある。

　それでは，多様な業種，職種，組織に所属する転職経験者に対する外部労働市場での評価を測定するにはどのようにしたら良いだろうか。そこで注目されるのが，転職理由である。まず，わが国勤労者の転職理由・退職理由の実態をいくつかの公的調査の結果からみてみよう（厚生労働省転職総合実態調査など）。一般に，退職理由は自発的理由による自己都合退職と非自発的理由による会社都合退職とに分かれる。実態としては前者の方が多く，また後者の場合は，エンプロイアビリティが高いとはいえないだろう。自己都合退職における退職理由も多様であり，会社の将来に不安を感じた，労働条件が良くない，満足のいく仕事内容でなかったなどが上位に挙げられている。また，転職者が現在の組織を選んだ理由は，仕事の内容・職種に満足がいく，自分の技術・能力が活かせる，会社に将来性がある，転勤が少ない，通勤が便利などの理由が上位に挙げられている。しかし，これらはいずれも本人の知覚による（主観的）理由であり，個人差が大きいことがわかる。

　それでは，比較的明確に把握でき，どのような勤労者においても外部労働市場からの評価を示す転職理由とは，どのようなものだろうか。本章ではそれを，転職先への入社ルートという観点から，スカウトすなわち（他者からの）転職の誘いをきっかけとする転職と考えた。民間の人材紹介会社，前の会社の取引先からの紹介など，何らかの形で他者からの誘いに基づく転職は，外部労働市

場における評価の高さを示すと考えられるからである。例えば，民間の職業紹介機関からの採用の場合，企業，転職者とも満足度が高く，現在の会社からの誘いや以前の勤務先の取引先などからの採用の場合も，同様の傾向がみられている（黒澤，2003）。また，先行研究では，エンプロイアビリティを，人材スカウト会社が顧客企業に示すスカウト候補者の推薦基準によって測定している例もみられる（Boudreau et al., 2001）。そこで，以下の2つの仮説に基づき，転職の誘いによる転職が雇用時点と雇用後において，本当に転職者の外的エンプロイアビリティの高さを示すかどうかを検討した。第1は，雇用時点での外的エンプロイアビリティの高さを示す基準であり，外部労働市場における評価の高さを示しているかどうかを検討する。すなわち，転職の誘いによる転職の有無と転職時の評価との関係について，以下の仮説を設定して検証する。

> 仮説8－2　転職の誘いによる転職は，そうでない場合と比較して転職時の評価が高い。

　第2は，雇用後の外的エンプロイアビリティの高さを示す基準であり，質的エンプロイアビリティの基準を満たしているかという点の検討である。転職理由と質的エンプロイアビリティとの関係でいえば，倒産や解雇などの非自発的理由による転職の場合，転職後の年収が低下することが指摘されている（勇上，2001）。他方，転職の誘いによる転職では，そうでない場合と比較して，会社に対する交渉上の立場が比較的強いだろう。例えば，入社後の労働条件の交渉も場合によっては可能であり，質的エンプロイアビリティつまり現在より良い処遇での転職が可能と考えられる。そこで，転職の誘いによる転職の有無と転職前後の処遇の変化との関係について，以下の仮説を設定して検証する。

> 仮説8－3　転職の誘いによる転職は，そうでない場合と比較して転職後の処遇が良くなる。

第2節　実証分析の方法

1　実証分析のフレームワーク

　本章では，仮説8－1については，転職経験者および未経験者を含む調査1，調査2，調査4および調査5での4回の異なった時点における質問票調査によって検証する。これによって，以下の3つの利点が考えられる。第1は，1回の調査による結果の偏りを避けられる。第2は，イギリス人勤労者を対象とした調査2の結果と比較することによって，結果の国際比較が可能になる。第3が，専門職（看護職）を対象とした調査4の結果を考慮することによって，先行研究も含めて数多い民間企業従業員に対する調査との比較が可能になる。仮説8－2，仮説8－3については，転職者のみを対象とした調査3の結果によって検証する。

2　調査対象および手続き

（1）調査1——2011年1月21日から1月24日まで，調査専門会社M社が保有するモニターに対するインターネットによる質問票調査によって実施した。対象は，正規従業員数30人以上で，病院，学校，農林・漁業，福祉・介護を除く民間企業に勤める正規従業員433人である（調査対象者のプロフィールなど，詳細は第5章第3節参照）。

（2）調査2——調査1と同じ2011年1月21日から1月24日まで，調査専門会社M社が保有するイギリス人モニターに対するインターネットによる質問票調査によって実施した。正規従業員数30人以上で，病院，学校，農林・漁業，福祉・介護を除く民間企業に勤める正規従業員312人である（詳細は第6章第2節参照）。

（3）調査3——2011年1月24日から1月25日まで，調査専門会社M社が保有するモニターに対するインターネットによる質問票調査によって実施した。

正規従業員数30人以上で，病院，学校，農林・漁業，福祉・介護を除く民間企業に勤め，過去5年以内に転職経験のある30歳以上の正規従業員である。転職経験者におけるエンプロイアビリティの違いの調査が目的であり，直近の転職経験から時期を開けないことで，回答の正確性を損なわないようにするためである。30歳以上に限定したのは，30歳未満の場合，その転職が合理的判断をともなわず，何らかの感情に基づき比較的短期の意思決定で行われる自発的退職を意味する衝動的離職（Mobley, 1977）を多く含むと考えられたためである。配信数1,000件で回収402票（回収率40.2％），402票が有効回答票だった（有効回答率100.0％）。

　調査対象者のプロフィールは以下の通りである。対象者の平均年齢は，42.19歳（標準偏差8.67），現在の会社での勤続期間は2.86年（1.47）であった。同じく，男性が84.6％，女性が15.4％だった。学歴は，高校卒19.2％，短大・専門学校卒15.9％，大学卒58.2％，大学院修了6.7％であった。職種は，営業（販売・セールス）24.4％，情報処理10.9％，国際・輸出入9.7％，総務・庶務9.2％，研究・開発7.7％，営業（管理・事務）7.0％，製造6.7％などの比率が高かった。職位は，部長クラス以上11.4％，（部）次長クラス3.0％，課長クラス9.5％，課長代理（補佐）クラス4.7％，係長・主任クラス17.4％，一般（役職なし）51.5％，専門職2.5％であった。

（4）調査4── 2012年9月1日から9月21日まで，A県内の，診療所を除く国公立病院，公的病院，民間病院計60病院（の看護部門責任者）に事前に調査協力を依頼し，応諾した28病院の臨床経験3年以上の看護師（准看護師，助産師および保健師除く）921人である（詳細は後述する第14章第3節参照）。

（5）調査5── 2013年8月27日から9月1日まで，調査専門会社P社が保有するモニターに対するインターネットによる質問票調査によって実施した。対象は，正規従業員数30人以上で，病院，学校，農林・漁業，福祉・介護を除く民間企業に勤める正規従業員653名である。状況が異なることが予想される零細規模の組織を除くためである（詳細は第7章第3節参照）。

2　調査項目

（1）エンプロイアビリティの知覚

　Rothwell & Arnold（2007）などを参考に，第5章で作成した内的次元と外的次元から成る尺度のうち，外的エンプロイアビリティ尺度（5項目）を採用した（$α=.788$（調査3），$α=.830$（調査4））。

（2）転職経験

　勤労者一般の客観的エンプロイアビリティを把握するため，設定した。
　エンプロイアビリティに限らず，対象をできるだけ明確かつ客観的に把握するには，二分化することが1つの方策である。そこで本章では，これまでの転職経験を尋ね，その有無によって対象者を二分して分析した。

（3）転職理由（調査3）

　転職者の客観的エンプロイアビリティを把握するため，設定した。
　直近（過去5年以内）の転職理由について尋ね，「転職の誘いがあったから」というカテゴリーに「はい」と回答した勤労者を，外的エンプロイアビリティが高い勤労者とした。

（4）転職時の評価（調査3）

　転職時の当該勤労者への評価は，外部労働市場の評価を示すと考えられる。そこで，本章でオリジナルに作成した，以下の4項目の5段階リカート尺度の平均値を採用した（$α=.698$）。
　転職に際し，前社での経験（キャリア）が高く評価された／転職に際し，人間性や姿勢が高く評価された／転職に際し，資格・技能が高く評価された／現在の会社に転職する際，納得して入社した。

（5）転職後の処遇の変化（調査3）

　転職前の会社と比較した現在の会社の労働条件などの処遇として代表的な，給与などの収入，労働時間・休暇，役職（職位）の3つについて，「1　とても

悪くなった，2 悪くなった，3 どちらともいえない，4 良くなった，5 とても良くなった」のカテゴリーで尋ねる3項目の5段階リカート尺度を採用した。

第3節　転職者におけるエンプロイアビリティの客観的基準についての実証分析

1　エンプロイアビリティの知覚尺度の下位次元

　仮説8－1の分析で使用する外的エンプロイアビリティの知覚尺度（調査3）が、エンプロイアビリティ知覚尺度の下位次元であるかどうかを確認するため、因子分析を行った。全13項目の平均と標準偏差を算出し、天井効果やフロア効果がないかどうかが確認されたため、全変数の相関行列に基づく最尤法による因子分析を行った。固有値は、第1因子が5.64、第2因子が1.80、第3因子が0.89であり、スクリーテストの結果、2因子解が適当であると考えられた。第2因子までの累積寄与率は57.26％であった。そこで改めて、因子数を2に固定して因子分析（最尤法，斜交プロマックス回転）を行った（巻末付表8）。その結果、第1因子は.49以上の因子負荷量ですべての項目が内的エンプロイアビリティを、第2因子は.53以上の負荷量ですべての項目が外的エンプロイアビリティを示していた。以上の結果、エンプロイアビリティ知覚尺度が、内的エンプロイアビリティ知覚（α=.880）と外的エンプロイアビリティ知覚（α=.788）という2次元構造であることが示された。

2　転職経験と外的エンプロイアビリティ知覚との関係

　仮説8－1を検証するため、転職経験の有無をグループ化変数とするt検定を実施した（表8－1）。その結果、調査1と調査5で転職経験がある勤労者の方がない勤労者より外的エンプロイアビリティ知覚が有意に高く、調査2と調査4で差がみられなかった。調査2がイギリス人対象であり、調査4が専門職（看護職）であることを勘案すると、<u>一般の民間企業の勤労者において仮説8－1はある程度支持された</u>と考えられる。

表8－1　転職経験と外的エンプロイアビリティ知覚

		調査1				調査2			
		人数	平均	SD	t	人数	平均	SD	t
外的エンプロイアビリティ知覚	転職経験なし	199	2.542	.826	-2.006*	102	3.220	.657	.836
	転職経験あり	234	2.700	.812		210	3.142	.962	

		調査4				調査5			
		人数	平均	SD	t	人数	平均	SD	t
外的エンプロイアビリティ知覚	転職経験なし	538	2.965	.723	-1.626	374	2.713	.642	-2.816**
	転職経験あり	383	3.049	.813		279	2.860	.687	

注) **p<.01：***p<.001

2　転職者における転職の誘いの有無と転職時の評価，処遇の変化との関係

(1) 転職時の評価

仮説8－2を検証するために，転職の誘いの有無をグループ化変数とするt検定を実施した（表8－2）。その結果，転職の誘いによる転職の場合，転職時の評価が有意に高かった。以上から，仮説8－2は支持された。

表8－2　転職の誘いの有無と転職時の評価（調査3）

	転職の誘い	人数	平均	SD	t
転職時の評価	なし	262	3.038	.675	-4.610***
	あり	140	3.366	.689	

注) ***p<.001

(2) 処遇の変化

仮説8－3を検証するために，転職の誘いの有無をグループ化変数とするt検定を実施した（表8－3）。その結果，転職の誘いによる転職の場合の方が，給与などの収入，労働時間・休暇，役職（職位）のすべてについて，転職後良い方向に有意に変化していた。以上から，仮説8－3は支持された。

表8－3　転職の誘いの有無と処遇の変化（調査3）

	転職の誘い	人数	平均	SD	t
給与等の収入の変化	なし	262	2.74	1.122	-3.437**
	あり	140	3.14	1.054	
労働時間・休暇の変化	なし	262	3.24	1.131	-2.079*
	あり	140	3.45	.859	
役職（職位）の変化	なし	262	2.91	.866	-4.383***
	あり	140	3.29	.782	

注）* p<.05：**p<.01：***p<.001

第4節　調査結果が示唆すること——考察と展望

1　転職経験と外的エンプロイアビリティ知覚との関係

　本章の結果，わが国の一般的な民間企業の従業員においては，転職経験があるほど外的エンプロイアビリティの知覚が高かった。転職経験があるということは，多くの場合，外部労働市場の評価を受けたということであり，質的エンプロイアビリティを意味するかどうかは別として，外的エンプロイアビリティの知覚が高かったと考えられる。以上から，先行研究でエンプロイアビリティの客観的基準として採用されてきた転職経験は，わが国の民間企業従業員でも採用可能であることが示唆されたといえる。

　しかし，これには次の留保事項をつけなければならない。すなわち，転職経験は明確な客観的基準ではあるが，あくまで，過去の経験による基準であり，現在以降の雇用可能性を示すエンプロイアビリティと常に一致するとは限らないということである。確かに，エンプロイアビリティの重要な側面である需要要因（Thijssen, 1998）を示す労働市場の状況把握や転職ルートの探索などの情報収集に関しては，転職経験があった方が有利かもしれない。しかし，それ以上に重要な，労働市場で魅力的であり続けるための能力と意欲（供給要因）は，転職経験によって必ずしも向上するわけではない。それらは，組織をまたがる

ことで達成される組織間キャリア発達が果たされたかどうかの問題だからである。

また，イギリス人対象の調査2では，転職経験の有無は外的エンプロイアビリティ知覚と関係していなかった。第6章でふれたように，イギリス人勤労者の方が日本人勤労者よりエンプロイアビリティも高く，また転職志向も強い (Sousa-Poza & Henneberger, 2004)。このように，イギリスの方が雇用の流動化が進展し，またNVQのような市場横断的な（エンプロイアビリティのための）職業能力の教育・判定システムが整っているため，単なる転職経験の有無と外的エンプロイアビリティの知覚との関係性は低かったのであろう。わが国の看護職も，看護配置基準見直しなどによる長期的な人手不足状況がみられ，同時に転職市場が比較的整備されている。そこで，転職経験の有無自体より，医療の高度化や業務分野における専門分化が進行し，専門職業人としての高い専門性獲得が求められている環境下での個々の看護師のもつ専門性やスキルの方が，エンプロイアビリティの基準として重要だと考えられる。

2　転職者における転職の誘いの有無と転職時の評価，処遇の変化との関係

スカウトなどの転職の誘いによる転職であるかどうかという基準が，外部労働市場での評価をより反映した，転職者の外的エンプロイアビリティの客観的基準であることが示された。同時に，この基準は質的エンプロイアビリティの観点からみても妥当であることが見出だされた。雇用のミスマッチということがいわれて久しい。しかし，本章の結果は需要側である企業のニーズに合致した人材のエンプロイアビリティが高いことを，改めて示しているといえる。また，転職市場の整備ということがよくいわれるが，これは一面では需要側（企業）と供給側（勤労者）のニーズが一致する「場」を提供していくということである。わが国における人材紹介業も発展し，新聞，求人情報誌，インターネットなどハローワークを含め，入社ルートの多様性という意味で，転職を巡る環境は以前よりは整備されてきたといえる。そこで，転職者のエンプロイアビリティを向上させていくには，転職市場一般または自分のめざす業界や職種におけるニーズの把握とそれに合致した能力開発なのである。つまり，実際に雇

用に結びつく職業能力開発のための教育コースの整備が求められる。本章では，エンプロイアビリティの客観的基準を一律に「転職の誘いによる転職」とした。しかし，今後はそれを，民間の職業紹介機関，取引先からの紹介などに細分化することによって，より具体的な入職経路別のエンプロイアビリティを検討する必要があろう。また，「外部労働市場での評価」とは何かは必ずしも明らかではない。そこで，企業は，業績，人柄など転職者に関するどのような情報を重視するのかを調査することも，転職市場において採用に結びつく情報ということで重要になってくるだろう。

【注】
1）転職後の客観的キャリア発達の一面を示す賃金の変化をみると，転職により増加した人の比率は必ずしも高くなく，特に40歳代以降は減少する人の比率の方が高い点などに留意する必要がある。

第 9 章

エンプロイアビリティの要因とその影響についての実証分析

　第3章では，エンプロイアビリティの要因について，第4章ではエンプロイアビリティの与える影響について，それぞれ先行研究をレビューし，一定の知見が得られた。しかし，エンプロイアビリティの実証研究の多くは，欧米文化のもとにある国々の組織従業員を対象としている。わが国を含むアジア諸国や，BRICS[1]諸国など経済成長が著しい国々における組織や従業員についての研究は数が少なく，実態が明らかにされたとは言い難い。各文化間には優劣はなく，それぞれの文化が等しく認められ，独自性が尊重されるべきであるという文化多元主義的な観点に立脚すれば，より多くの国々の組織や従業員を対象とした実証研究が実施される必要がある。そこで本章では，エンプロイアビリティに関する実証分析がほとんど行われてこなかったわが国の勤労者を対象とした実証分析を行う。

第1節　実証分析の方法

1　実証分析のフレームワーク
（1）異なった時点における複数回の調査による分析
　本章では，前章同様調査1から調査5までの5回の異なった時点における質問票調査によって，エンプロイアビリティの要因（第3章）およびその影響（第4章）を，以下のような2つのフレームワークで実証的に分析する。第3章，第4章でみたように，これまでほとんどの先行研究が1回の調査による分析の結果から要因および影響を解釈してきた。その点が解釈の不統一に結びつ

いていると考えられたため，本章では，異なった時点での調査結果を総合的に解釈することによって，エンプロイアビリティの要因およびその影響を検討する。また，イギリス人調査（調査2）の結果と比較することによって，結果の国際比較を試みた。さらに，専門職（看護職）調査（調査4）の結果を考慮することによって，先行研究も含めて数多い民間企業従業員に対する調査との比較が可能になるという点は，前章で挙げた利点と同様である。

（2）エンプロイアビリティのとらえ方

本章でも，エンプロイアビリティを内的次元と外的次元からなる概念ととらえた。その理由は，両次元がエンプロイアビリティの多くの定義に反映されている点や，わが国において「日本型エンプロイアビリティ」という形で，内的エンプロイアビリティの観点が重視されているからである（日本経営者連盟, 1999）。そのため，エンプロイアビリティとして内的次元と外的次元から構成されるエンプロイアビリティ知覚（第5章）を分析した。その他，エンプロイアビリティの多様なとらえ方を反映して，以下の2つのエンプロイアビリティをとらえる尺度との関係も参考までに分析した。

第1が，エンプロイアビリティ知覚に対する寄与が認められ，それを左右する条件と考えられるエンプロイアビリティ・スキルとの関係である（第7章：調査5）。

第2が，転職者における外的エンプロイアビリティの客観的基準である転職の誘いによる転職との関係である（第8章：調査3）。

しかし，エンプロイアビリティ知覚のみ内的次元と外的次元からなっている点および異なった時点で複数回の調査を実施している点から，仮説の検証という点においてはエンプロイアビリティ知覚の結果を採用した。

2　調査対象および手続き

（1）調査1──2011年1月21日から1月24日まで，調査専門会社M社が保有するモニターに対するインターネットによる質問票調査によって実施した。対象は，正規従業員数30人以上で，病院，学校，農林・漁業，福祉・介護を

除く民間企業に勤める正規従業員433人である（調査対象者のプロフィール等，詳細は第5章第3節参照）。

（2）調査2――調査1と同じ2011年1月21日から1月24日まで，調査専門会社M社が保有するイギリス人モニターに対するインターネットによる質問票調査によって実施した。正規従業員数30人以上で，病院，学校，農林・漁業，福祉・介護を除く民間企業に勤める正規従業員312人である（詳細は第6章第2節参照）。

（3）調査3――2011年1月24日から1月25日まで，調査専門会社M社が保有するモニターに対するインターネットによる質問票調査によって実施した。正規従業員数30人以上で，病院，学校，農林・漁業，福祉・介護を除く民間企業に勤め，過去5年以内に転職経験のある30歳以上の正規従業員402人である（詳細は第8章第2節参照）。

（4）調査4――2012年9月1日から9月21日まで，A県内の，診療所を除く国公立病院，公的病院，民間病院計60病院（の看護部門責任者）に事前に調査協力を依頼し，応諾した28病院の臨床経験3年以上の看護師（准看護師，助産師および保健師除く）921人である（詳細は後述する第14章第3節参照）。

（5）調査5――2013年8月27日から9月1日まで，調査専門会社P社が保有するモニターに対するインターネットによる質問票調査によって実施した。対象は，正規従業員数30人以上で，病院，学校，農林・漁業，福祉・介護を除く民間企業に勤める正規従業員653人である。状況が異なることが予想される零細規模の組織を除くためである（詳細は第7章第3節参照）。

3 調査項目

（1）エンプロイアビリティの知覚（調査4は外的エンプロイアビリティのみ）

　第5章で作成した，内的次元と外的次元から成るエンプロイアビリティの知

覚尺度を採用した（内的 α =.880（調査3)[2])）。

（2）エンプロイアビリティ・スキル（調査5）
第7章にならい，以下の2つの尺度を採用した。
① 能力ベースの多次元尺度（Van der Heijde & Van der Heijden, 2006）
近年，欧米のエンプロイアビリティの実証研究で多用されている尺度で，専門知識，予測と最適化，柔軟性，共同意識，バランスの計47項目で構成される。このうち，わが国組織での労働の現状と合致しない項目を削除した計40項目を採用した（付表7－A参照）。
② キャリア開発コンピテンス・チェックリスト（労働政策研究・研修機構, 2003）
わが国の勤労者対象の尺度としてほぼ唯一開発された72項目の尺度である（付表7－B参照）。

（3）転職者の客観的エンプロイアビリティの基準（調査3）
第8章と同様，直近（過去5年以内）の転職理由について尋ね，「転職の誘いがあったから」というカテゴリーに「はい」と回答した勤労者を，外的エンプロイアビリティが高い勤労者とした。

（4）エンプロイアビリティの要因
① 性　別, ②年　齢
③ 学　歴
最終学歴について，調査1，2，3，5では「1 高校卒，2 短大・専門学校卒，3 大学卒，4 大学院修了」から，調査4では「1 看護専門学校（看護学院含む），2 短期大学，3 大学，4 大学院」から選択してもらい，3以上を高学歴，2以下をその他とする2カテゴリーとした。
④ 現職務担当期間（調査4除く）
現在の職務を担当してからの期間（年）を尋ね，実数を採用した。

⑤　勤続期間

現在の所属組織に勤務してからの期間（年）を尋ね，実数を採用した。

⑥　職　位

現在の職位を，調査1，2，3，5では「1　部長クラス以上，2　(部) 次長クラス，3　課長クラス，4　課長代理（補佐）クラス，5　係長・主任クラス，6　一般（役職なし），7　専門職，8　その他」から選択してもらい，5以下を管理・監督職，6以上をその他とする2カテゴリーとした。調査4では「1　看護スタッフ，2　看護主任・副看護師長」から選択してもらい，2を管理・監督職，1をその他とする2カテゴリーとした（看護師長など他の職位は調査対象に含まれていない）。

⑦　国際・輸出入業務担当経験の有無（調査4除く）

わが国では，グローバル化が進展してきているとはいってもまだまだ国際業務の経験は専門職的に扱われ，すべての部署で必須のキャリアとして扱われているわけではない組織が多いだろう。そこで，海外勤務ではなく，これまで国際・輸出入業務を担当した経験がある人とない人の2カテゴリーとした。

⑧　職務関与（調査3）

先行研究で最も代表的なLodahl & Kejner (1965) を参考にした5項目のリカート尺度を採用した（α =.717；例：一番重要なのは仕事に関する事柄である）。探索的因子分析（最尤法）の結果，1因子性が確認された。

(5) エンプロイアビリティの及ぼす影響

①　職務満足

職務満足は，仕事自体，人間関係，労働条件など広く職務に関係する個別側面に対する満足感を集計する方法や，それらを包括した全体的な満足感で測定されてきた。調査3および4では，個別的職務満足の観点から，内在的側面と外在的側面の両面を考慮して幅広く用いられている短縮版MSQ（Minnesota Satisfaction Questionnaire）(Weiss, Dawis, England, & Lofquist, 1967) の日本語版（高橋，1999）から抜粋した8項目尺度を採用した。これは，「私の上司が，ものごとを判断・決定する能力を持っていること」などの項目に対し，「1　満足し

ていない～5 満足している」のカテゴリーで尋ねる尺度である。調査3，4とも，探索的因子分析（最尤法）の結果一因子性が確認された（α（調査3）=.897，α（調査4）=.829）。また，調査1，2および5では，全般的職務満足の観点から，「全体として現在の職務に満足している」という1項目尺度を採用した。

② 組織コミットメント（調査3除く）

本章では，先行研究にならい，組織コミットメントの下位次元のなかで変化と不確実性にネガティブな影響を受けやすいという観点から，愛着的コミットメントを取り上げた。そして，多くの先行研究で採用されているMeyer et al.（1993）の尺度のうち，わが国組織の一般的状況と異なる項目を削除した3項目尺度を採用した（α（調査1）=.807，α（調査2）=.818，α（調査4）=.756；例：私は，この組織への強い"一体感"のようなものは感じていない（逆転項目））。

③ キャリア満足（調査4除く）

先行研究で多く取り上げられているGreenhaus et al.（1990）の5項目尺度を採用した（α（調査1）=.848，α（調査2）=.913，α（調査3）=.856；例：これまでの経歴で達成した実績に満足している）。

④ キャリア展望

先行研究では多様な尺度が採用され，統一的尺度として確立されたものはみられない。そこで，比較的わが国組織の現状に合致していると考えられた堀内・岡田（2009）を参考にした3項目尺度を採用した（調査4のみ4項目でその他は3項目；α（調査1）=.736，α（調査2）=.728，α（調査3）=.752，α（調査4）=.690；例：自分が期待しているようなキャリアを，これから先実現できると思う）。

⑤ 収 入（調査2，4除く）

昨年1年間の勤務先からのボーナスを含めた税込み給与総額を，「1　200万円未満　2　200～400万円未満　3　400～600万円未満　4　600～800万円未満　5　800～1,000万円未満　6　1,000～1,200万円未満　7　1,200～1,500万円未満　8　1,500万円以上」から選択してもらった。5カテゴリー以上あり，かつ等間隔性がほぼ保障されているため，実数を採用した。

⑥ 職務業績（調査4，5除く）

従業員の職務業績を評価するため，最も望ましいのは売上高などの客観的な

数値業績であろう。しかし，客観的な数値業績は適用範囲がブルーカラーなどの職種に限定される，業績の測定自体困難であるなどの問題点が指摘されている。そのため，先行研究では自己評価による業績が代理指標として使われてきた。本章でも，職務業績の自己評価を測定しているEttington（1992）から採用した3項目の尺度を採用した（α（調査2）=.781，α（調査3）=.719；例：同じ職位の人と比較して職務業績は上回っている）。

⑦　退職意思

Van Yperen et al.（1996）などを参考に，「現在と違う会社に転職したい」，「現在の会社をやめたい」の2項目尺度を採用した（α（調査1）=.773，α（調査2）=.727，α（調査3）=.813，α（調査4）=.833）。

第2節　エンプロイアビリティの要因についての実証分析

エンプロイアビリティの要因について，個人属性，人的資本に関連する個人的要因，モチベーションに関連する個人的要因に分けて実証的に分析する。

1　個人属性

（1）性　別（仮説3－1）

性別をグループ化変数とするt検定を実施した（表9－1－1）。その結果，エンプロイアビリティ知覚全体では性差はみられなかった。特に，異文化環境にある日本の勤労者（調査1）とイギリスの勤労者（調査2）でともに性差が見られなかった点は注目される。次にこれを，次元別でみてみよう。まず，内的次元においては，調査1，2，3では性差がみられず，調査5のみ男性の方が女性より高かった。外的次元においては，調査4のみ男性の方が女性より高かった。以上，全体としてエンプロイアビリティ知覚の性差は認められなかったため，仮説3－1は否定された。また，性別と転職の誘いによる転職の有無（転職者の外的エンプロイアビリティの客観的基準）によるクロス集計表を作成し，χ^2検定を実施した（表9－1－2：調査3）。外的エンプロイアビリティ知覚の結果と同様に，性別による違いはみられなかった。

表9−1−1　性別によるエンプロイアビリティ知覚のt検定

		調査1				調査2			
		人数	平均	SD	t	人数	平均	SD	t
内的エンプロイアビリティ知覚	女性	65	2.758	.707	-.737	152	3.481	.726	1.613
	男性	368	2.825	.679		160	3.338	.839	
外的エンプロイアビリティ知覚	女性	65	2.492	.923	-1.303	152	3.209	.863	.825
	男性	368	2.651	.801		160	3.128	.886	
エンプロイアビリティ知覚	女性	65	2.656	.674	-1.223	152	3.377	.637	1.510
	男性	368	2.758	.615		160	3.26	.755	

		調査3				調査4			
		人数	平均	SD	t	人数	平均	SD	t
内的エンプロイアビリティ知覚	女性	62	2.952	.679	.048				
	男性	340	2.947	.689					
外的エンプロイアビリティ知覚	女性	62	2.771	.752	-1.816†	833	2.980	.753	2.421*
	男性	340	2.945	.682		88	3.186	.825	
エンプロイアビリティ知覚	女性	62	2.882	.634	-.776				
	男性	340	2.946	.591					

		調査5			
		人数	平均	SD	t
内的エンプロイアビリティ知覚	女性	107	2.741	.728	-2.323*
	男性	546	2.906	.663	
外的エンプロイアビリティ知覚	女性	107	2.765	.659	-.192
	男性	546	2.778	.667	
エンプロイアビリティ知覚	女性	107	2.750	.598	-1.752†
	男性	546	2.857	.574	

注）†p<.10　*p<.05

表9−1−2　性別と転職の誘いの有無のクロス表（調査3）

		転職の誘い		合計
		なし	あり	
性別	女	44	18	62
	男	218	122	340
合計		262	140	402

注）χ^2=.186　d.f.=1　n.s.

表9-1-3 性別によるエンプロイアビリティ・スキルのt検定（調査5）

		人数	平均	SD	t
能力ベースの エンプロイアビリティ	女 性	107	2.798	.692	-3.984***
	男 性	546	3.083	.583	
キャリア開発 コンピテンス	女 性	107	2.915	.678	-3.880***
	男 性	546	3.166	.596	

注）***p＜.001

さらに，2種類のエンプロイアビリティ・スキルについて，性別をグループ化変数とするt検定を実施した（表9-1-3：調査5）。結果は，エンプロイアビリティ知覚とは対照的だった。すなわち，男性のエンプロイアビリティ・スキルは女性より有意に高かった。

(2) 年　齢（仮説3-2）

年齢とエンプロイアビリティ知覚およびエンプロイアビリティ・スキルとの相関係数を算出した（表9-2-1）。その結果，イギリスの勤労者を対象とした調査2では，年齢の高さがエンプロイアビリティ知覚にネガティブに相関していたが，その他わが国の勤労者を対象とした調査では有意な相関がみられなかった。次元別でみると，内的次元には，調査5では年齢の高さがポジティブに相関していたが，その他では有意な相関がみられなかった。また，外的次元には，調査2，3，4で年齢の高さがネガティブに相関していたが，1と5では有意な相関がみられず，統一的な結果はみられなかった。以上から，いくつかの調査で外的エンプロイアビリティ知覚との間にネガティブな相関が見出だされたが，全体として仮説3-2は否定されたといえる。また，年齢とエンプロイアビリティ・スキルとの間には，仮説とは逆の有意なポジティブな相関がみられた。

さらに，転職の誘いの有無をグループ化変数とする，年齢についてのt検定を実施した（表9-2-2：調査3）。しかし，結果は外的エンプロイアビリティ知覚（調査3）とは逆に，転職の誘いがあった場合年齢が有意に高かった。

表9−2−1 年齢とエンプロイアビリティ知覚との相関

	調査1	調査2	調査3	調査4	調査5
内的エンプロイアビリティ知覚	−.005	−.083	.088†		.094*
外的エンプロイアビリティ知覚	−.090†	−.235***	−.122*	−.248***	−.052
エンプロイアビリティ知覚	−.049	−.170**	.008		.045
能力ベースのエンプロイアビリティ					.221***
キャリア開発コンピテンス					.223***

注）†$p<.10$：*$p<.05$：**$p<.01$：***$p<.001$

表9−2−2 転職の誘いの有無による年齢のt検定（調査3）

	転職の誘い	人数	平均	SD	t
年齢	なし	262	41.39	8.617	−2.547*
	あり	140	43.69	8.599	

注）*$p<.05$

2　人的資本に関連する要因

（1）学　歴（仮説3−3）

　大卒以上（高学歴）か否かをグループ化変数とするt検定を実施した（表9−3−1）。その結果，エンプロイアビリティ知覚全体では，調査1では高学歴者の方が高かったが，他で差はみられなかった。次元別にみてみよう。まず，内的次元では，異文化環境にある日本の勤労者（調査1）とイギリスの勤労者（調査2）でともに高学歴者の方が高かった点は注目される。ただし，同じく日本の勤労者を対象とした調査3，5で差がみられなかったため，わが国では高学歴者の方が内的次元が高いとは言い切れない。外的次元では，専門職（看護師）では高学歴者の方が高く，他では差はみられなかった。以上，全体として学歴によるエンプロイアビリティ知覚の差は認められなかったため，仮説3−3は否定された。

　また，学歴と転職の誘いの有無によるクロス集計表を作成し，χ^2検定を実施した（表9−3−2：調査3）。結果は，外的エンプロイアビリティ知覚と同様に学歴による差はみられなかった。

第9章 エンプロイアビリティの要因とその影響についての実証分析 | 165

表9-3-1 学歴別のエンプロイアビリティ知覚のt検定

		調査1				調査2			
		人数	平均	SD	t	人数	平均	SD	t
内的エンプロイ アビリティ知覚	その他	176	2.732	.702	-2.119*	155	3.307	.764	-2.246*
	大卒以上	257	2.873	.665		157	3.506	.801	
外的エンプロイ アビリティ知覚	その他	176	2.567	.865	-1.263	155	3.176	.846	.164
	大卒以上	257	2.669	.789		157	3.159	.903	
エンプロイアビ リティ知覚	その他	176	2.668	.650	-2.067*	155	3.257	.655	-1.467
	大卒以上	257	2.794	.602		157	3.373	.743	

		調査3				調査4			
		人数	平均	SD	t	人数	平均	SD	t
内的エンプロイ アビリティ知覚	その他	141	2.903	.696	-.953				
	大卒以上	261	2.972	.681					
外的エンプロイ アビリティ知覚	その他	141	2.834	.669	-1.783†	830	2.969	.764	-3.679***
	大卒以上	261	2.963	.705		91	3.277	.690	
エンプロイアビ リティ知覚	その他	141	2.877	.600	-1.472				
	大卒以上	261	2.969	.595					

		調査5			
		人数	平均	SD	t
内的エンプロイ アビリティ知覚	その他	258	2.819	.645	-1.843†
	大卒以上	395	2.918	.692	
外的エンプロイ アビリティ知覚	その他	258	2.778	.649	.053
	大卒以上	395	2.775	.676	
エンプロイアビ リティ知覚	その他	258	2.803	.555	-1.299
	大卒以上	395	2.863	.593	

注) †p<.10 *p<.05：***p<.001

表9-3-2 学歴と転職の誘いの有無のクロス表（調査3）

		転職の誘い		合計
		なし	あり	
学歴	その他	99	42	141
	大卒以上	163	98	261
合計		262	140	402

注) χ^2=2.429 d.f.=1 p<.10

表9－3－3　学歴別のエンプロイアビリティ・スキルのt検定（調査5）

		人数	平均	SD	t
能力ベースの エンプロイアビリティ	その他	258	2.958	.633	-2.667**
	大卒以上	395	3.087	.592	
キャリア開発 コンピテンス	その他	258	3.050	.636	-2.521*
	大卒以上	395	3.174	.600	

注）*p<.05 **p<.01

　さらに，エンプロイアビリティ・スキルについて，学歴をグループ化変数とするt検定を実施した（表9－3－3：調査5）。その結果，エンプロイアビリティ知覚とは対照的に，学歴が高いほどエンプロイアビリティ・スキルが高かった。

（2）現職務担当期間（仮説3－4）

　現職務担当期間の長さと，エンプロイアビリティ知覚およびエンプロイアビリティ・スキルとの相関係数を算出した（表9－4－1）。その結果，エンプロイアビリティ知覚全体では，調査5を除き，有意な相関はみられなかった。また，内的次元では，すべての調査で有意な相関はみられず，外的次元でも調査5を除き，有意な相関はみられなかった。以上から，仮説3－4は支持されたといえる。エンプロイアビリティ・スキルとの相関も有意ではなく，仮説を裏づける結果がみられた。さらに，転職の誘いの有無による現職務担当期間の差

表9－4－1　現職務担当期間とエンプロイアビリティとの相関

	調査1	調査2	調査3	調査5
内的エンプロイアビリティ知覚	.093†	.048	.051	-.025
外的エンプロイアビリティ知覚	-.065	-.015	.029	-.138***
エンプロイアビリティ知覚	.029	.026	.049	-.079*
能力ベースのエンプロイアビリティ				-.023
キャリア開発コンピテンス				-.024

注）†p<.10　*p<.05　***p<.001

もみられなかった（表9-4-2）。

表9-4-2　転職の誘いの有無による現職務担当期間のt検定（調査3）

	転職の誘い	人数	平均	SD	t
職務担当期間	なし	262	3.05	2.316	-1.578
	あり	140	3.51	3.517	

（3）勤続期間（仮説3-5）[3]

　勤続期間の長さと，エンプロイアビリティ知覚およびエンプロイアビリティ・スキルとの相関係数を算出した（表9-5）。その結果，エンプロイアビリティ知覚全体では，有意な相関はみられなかった。内的次元でも，すべての調査で有意な相関はみられなかった。しかし，外的次元では日本人を対象としたすべての調査で有意なネガティブな相関がみられた。以上から，仮説3-5は内的エンプロイアビリティ知覚において否定され，外的エンプロイアビリティ知覚においてある程度支持されたといえる。加えて，勤続期間の長さはエンプロイアビリティ・スキルとは有意なポジティブな相関がみられた。

表9-5　勤続期間とエンプロイアビリティとの相関

	調査1	調査2	調査4	調査5
内的エンプロイアビリティ知覚	.082[†]	.111[†]		.029
外的エンプロイアビリティ知覚	-.223***	.047	-.195***	-.176***
エンプロイアビリティ知覚	-.058	.099[†]		-.057
能力ベースのエンプロイアビリティ				.117**
キャリア開発コンピテンス				.101**

注）[†]p<.10　**p<.01　***p<.001

（4）職位の高さ（仮説3-6）

　管理・監督職以上か否かをグループ化変数とするt検定を実施した（表9-6-1）。その結果，エンプロイアビリティ知覚全体では，すべての調査で管理・監督職の方が高かった。次元別の内的次元でも，すべての調査で管理・監

督職の方が高かった。それに対し，外的次元ではイギリス人対象の調査2を除き，有意差はみられなかった。そのため，仮説3－6は日本人において支持されたといえる。エンプロイアビリティ・スキルについても，管理・監督職の方が高く，仮説を裏づける結果がみられた（表9－6－3）。それに対して，転職の誘いの有無との関係については，管理・監督職以上であるほど，転職の誘いによる転職の比率が有意に高かった（表9－6－2）。

表9－6－1　職位別のエンプロイアビリティ知覚のt検定

		調査1				調査2			
		人数	平均	SD	t	人数	平均	SD	t
内的エンプロイアビリティ知覚	その他	214	2.648	.664	-5.174***	168	3.279	.750	-3.154**
	管理職	219	2.978	.663		144	3.557	.807	
外的エンプロイアビリティ知覚	その他	214	2.574	.811	-1.339	168	3.005	.925	-3.617***
	管理職	219	2.680	.830		144	3.357	.771	
エンプロイアビリティ知覚	その他	214	2.620	.600	-4.134***	168	3.174	.665	-3.937***
	管理職	219	2.863	.626		144	3.480	.709	

		調査3				調査4			
		人数	平均	SD	t	人数	平均	SD	t
内的エンプロイアビリティ知覚	その他	217	2.785	.679	-5.337***				
	管理職	185	3.144	.646					
外的エンプロイアビリティ知覚	その他	217	2.858	.716	-1.876†	756	2.999	.761	-.094
	管理職	185	2.988	.665		165	3.005	.768	
エンプロイアビリティ知覚	その他	217	2.813	.610	-4.598***				
	管理職	185	3.081	.549					

		調査5			
		人数	平均	SD	t
内的エンプロイアビリティ知覚	その他	302	2.717	.685	-5.796***
	管理職	351	3.019	.637	
外的エンプロイアビリティ知覚	その他	302	2.733	.631	-1.547
	管理職	351	2.813	.692	
エンプロイアビリティ知覚	その他	302	2.723	.571	-4.851***
	管理職	351	2.940	.567	

注）†p<.10　**p<.01：***p<.001

表9−6−2　職位と転職の誘いの有無のクロス表（調査3）

		転職の誘い なし	転職の誘い あり	合計
職位	その他	169	48	217
	管理職	93	92	185
合計		262	140	402

注）χ^2=33.540 d.f.=1 p<.001

表9−6−3　職位別のエンプロイアビリティ・スキルのt検定（調査5）

		人数	平均	SD	t
能力ベースの エンプロイアビリティ	その他	302	2.874	.607	-6.472***
	管理職	351	3.175	.580	
キャリア開発 コンピテンス	その他	302	2.980	.615	-5.674***
	管理職	351	3.249	.592	

注）***p<.001

(5) 国際業務の経験（仮説3−7）

　国際・輸出入業務に従事した経験の有無をグループ化変数とするt検定を実施した（表9−7−1：調査4除く）。その結果，エンプロイアビリティ知覚全体では，調査1を除く調査2，3，5で経験のある従業員の方が高かった。次元別の内的次元では，調査3，5で経験のある従業員の方が高かったが，調査1，2では差はみられなかった。外的次元では，調査2，5で経験のある従業員の方が高かったが，調査1，3では差はみられなかった。以上から，全体として国際業務の経験がある従業員のエンプロイアビリティは高い傾向がみられたため，仮説3−7はある程度支持されたといえる。転職の誘いの有無との関連についても，国際業務を経験しているほど，転職の誘いによる転職の比率が有意に高かった（表9−7−2）。エンプロイアビリティ・スキルも同様に，国際業務の経験がある従業員の方が高い結果がみられた（表9−7−3）。

表9－7－1　国際業務経験の有無によるエンプロイアビリティ知覚のt検定

		調査1				調査2			
		人数	平均	SD	t	人数	平均	SD	t
内的エンプロイ アビリティ知覚	なし	341	2.787	.659	-1.680†	220	3.378	.738	-1.007
	あり	92	2.921	.759		92	3.477	.897	
外的エンプロイ アビリティ知覚	なし	341	2.627	.787	-.013	220	3.069	.919	-3.458**
	あり	92	2.628	.942		92	3.402	.708	
エンプロイアビ リティ知覚	なし	341	2.725	.588	-.994	220	3.259	.664	-2.179*
	あり	92	2.809	.743		92	3.448	.774	

		調査3				調査5			
		人数	平均	SD	t	人数	平均	SD	t
内的エンプロイ アビリティ知覚	なし	298	2.897	.660	-2.515*	489	2.841	.644	-2.492*
	あり	104	3.093	.7428		164	2.992	.755	
外的エンプロイ アビリティ知覚	なし	298	2.906	.715	-.579	489	2.735	.642	-2.695**
	あり	104	2.952	.636		164	2.896	.718	
エンプロイアビ リティ知覚	なし	298	2.901	.581	-2.034*	489	2.800	.545	-2.987**
	あり	104	3.039	.634		164	2.955	.657	

注）†p＜.10　*p＜.05　**p＜.01

表9－7－2　国際業務経験の有無と転職の誘いの有無のクロス表（調査3）

		転職の誘い		合計
		なし	あり	
国際業務経験	なし	205	93	298
	あり	57	47	104
合計		262	140	402

注）χ^2=6.642　d.f.=1　p＜.01

表9－7－3　国際業務経験の有無によるエンプロイアビリティ・スキルのt検定（調査5）

		人数	平均	SD	t
能力ベースの エンプロイアビリティ	なし	489	2.999	.578	-2.463*
	あり	164	3.146	.689	
キャリア開発 コンピテンス	なし	489	3.085	.597	-2.704**
	あり	164	3.243	.661	

注）*p＜.05　**p＜.01

3 モチベーションに関連する要因

職務関与（仮説3-8）

職務関与とエンプロイアビリティ知覚との相関係数を算出した（表9-8-1）。その結果，職務関与は内的次元，外的次元，エンプロイアビリティ知覚全体に対し有意にポジティブな相関を示しており，仮説3-8は支持された。相関の強さをみると，内的次元への相関の方が，外的次元への相関より高い傾向がみられた。転職の誘いの有無との関連についても，転職の誘いがあった場合職務関与が有意に高かった（表9-8-2）。

表9-8-1　職務関与とエンプロイアビリティ知覚との相関（調査3）

	調査3
内的エンプロイアビリティ知覚	.540***
外的エンプロイアビリティ知覚	.264***
エンプロイアビリティ知覚	.500***

注）***$p<.001$

表9-8-2　転職の誘いの有無による職務関与のt検定（調査3）

	転職の誘い	人数	平均	SD	t
職務関与	なし	262	2.927	.497	-2.717**
	あり	140	3.070	.516	

注）**$p<.01$

第3節　エンプロイアビリティの影響についての実証分析

次に，エンプロイアビリティの与える影響について，職務態度，長期的なキャリア意識，職務業績に分けて実証的に分析する。エンプロイアビリティの影響についての分析は，前節の要因と異なり，特に他の属性要因の影響が考えられるため，それらをコントロールする必要がある。具体的には，エンプロイアビリティ知覚を独立変数とし，影響する変数を従属変数とした階層的重回帰分

析を実施した。投入した変数とその手順は以下である。

第1ステップで，コントロール変数（性別，年齢および学歴）を投入した。

第2ステップで，内的および外的エンプロイアビリティ知覚を投入した。

第3ステップで，内的および外的エンプロイアビリティ知覚を削除したのち，エンプロイアビリティ知覚全体を投入した。

エンプロイアビリティ知覚の下位次元別の影響およびエンプロイアビリティ知覚全体の影響を分析するためである。前節と同様に，比較のためエンプロイアビリティ・スキルおよび転職の誘いによる転職の有無についても分析した。

1 職務態度

（1）職務満足（仮説4-1）

職務満足を従属変数とした階層的重回帰分析を実施した（表9-9-1）。その結果，すべての調査で，内的エンプロイアビリティ知覚は職務満足にポジティブに寄与していた。逆に，外的エンプロイアビリティ知覚は，すべての調査でネガティブに寄与しており，調査3，4，5では有意だった。以上から，仮説4-1は支持された。また，エンプロイアビリティ知覚全体は，ポジティブに寄与していた。イギリス人対象の調査2でも同様の結果がみられたため，この結果がグローバルに認められる可能性が示唆された。

エンプロイアビリティ・スキルはポジティブに寄与しており，内的エンプロイアビリティ知覚と同様の結果がみられた（表9-9-3）。しかし，転職の誘いによる転職の場合は，ポジティブに寄与しており，外的エンプロイアビリティ知覚とは違った結果がみられた（表9-9-2）。

第9章 エンプロイアビリティの要因とその影響についての実証分析 | 173

表9-9-1 エンプロイアビリティ知覚の職務満足に対する重回帰分析

変数	調査1 β Step 1	Step 2	Step 3	調査2 β Step 1	Step 2	Step 3	調査3 β Step 1	Step 2	Step 3
性別	-.044	-.044	-.066	-.087	-.013	-.040	-.033	.002	-.049
年齢	.090†	.087*	.118**	-.039	-.008	.061	.040	-.045	.041
高学歴	.060	.004	.018	.065	-.038	.014	.097†	.078*	.060
R^2_1(Adj.)	.004			.004			.004		
内的エンプロイアビリティ		.594***			.765***			.695***	
外的エンプロイアビリティ		-.082†			-.055			-.147**	
R^2_2(Adj.)		.317***			.540***			.404***	
$\triangle R^2_{2-1}$		.313***			.536***			.400***	
エンプロイアビリティ			.464***			.653***			.526***
R^2_3(Adj.)			.216***			.415***			.279***
$\triangle R^2_{3-1}$			.212***			.411***			.275***

変数	調査4 β Step 1	Step 2	調査5 β Step 1	Step 2	Step 3
性別	-.049	-.062†	-.004	-.035	-.030
年齢	.008	-.036	.136**	.078*	.126**
高学歴	.091**	.104**	.095*	.056†	.076
R^2_1(Adj.)	.007*		.025***		
内的エンプロイアビリティ				.682***	
外的エンプロイアビリティ		-.194***		-.179***	
R^2_2(Adj.)		.041***		.403***	
$\triangle R^2_{2-1}$		.034***		.378***	
エンプロイアビリティ					.486***
R^2_3(Adj.)					.259***
$\triangle R^2_{3-1}$					.234***

注）$\triangle R^2_{2-1}$, $\triangle R^2_{3-1}$はそれぞれStep 1からStep 2, Step 1からStep 3の決定係数の増分を示す；VIF(Step 2)：1.013-1.374；†p<.10 *p<.05 **p<.01 ***p<.001

表9-9-2　転職の誘いによる転職の職務満足に対する重回帰分析（調査3）

変　数	β Step 1	β Step 2
性　別	-.033	-.035
年　齢	.040	.024
高学歴	.097†	.088†
R^2_1(Adj.)	.004	
転職の誘いの有無		.132**
R^2_2(Adj.)		.018
△R^2_{2-1}		.014**

注）△R^2_{2-1}はStep 1からStep 2の決定係数の増分を示す；
VIF(Step 2)：1.017-1.057；†p<.10 *p<.05 **p<.01

表9-9-3　エンプロイアビリティ・スキルの職務満足に対する重回帰分析（調査5）

変　数	β Step 1	β Step 2	β Step 3
性　別	-.004	-.041	-.026
年　齢	.136**	.060**	.067†
高学歴	.095	.064†	.070†
R^2_1(Adj.)	.025***		
能力ベースのエンプロイアビリティ		.421***	
R^2_2(Adj.)		.190***	
△R^2_{2-1}		.165***	
キャリア開発コンピテンス			.358***
R^2_3(Adj.)			.144***
△R^2_{3-1}			.119***

注）△R^2_{2-1}，△R^2_{3-1}はそれぞれStep 1からStep 2，Step 1からStep 3の決定係数の増分を示す；VIF(Step 2)：1.035-1.223；†p<.10 **p<.01 ***p<.001

（2）組織コミットメント（仮説4-2）

組織コミットメントを従属変数とした階層的重回帰分析を実施した（表9-10-1）。その結果，すべての調査で，内的エンプロイアビリティ知覚は組織

コミットメントにポジティブに寄与していた。それに対し，外的エンプロイアビリティ知覚はすべての調査でネガティブに寄与していた。以上から，仮説4－2は支持された。イギリス人対象の調査2でも同様の結果がみられたため，

表9－10－1　エンプロイアビリティ知覚の組織コミットメントに対する重回帰分析

変　数	調査1 β Step 1	Step 2	Step 3	調査2 β Step 1	Step 2	Step 3
性　別	-.010	-.005	-.021	-.058	-.044	-.057
年　齢	-.008	-.016	.005	.078	.048	.081
高学歴	.020	-.009	.001	-.066	-.092	-.068
R^2_1(Adj.)	-.007			.005		
内的エンプロイアビリティ		.339***			.159*	
外的エンプロイアビリティ		-.110*			-.168*	
R^2_2(Adj.)		.084***			.027*	
$\triangle R^2_{2-1}$		.091***			.022*	
エンプロイアビリティ			.216***			.015
R^2_3(Adj.)			.037***			.002
$\triangle R^2_{3-1}$			.044***			-.003

変　数	調査4 β Step 1	Step 2	調査5 β Step 1	Step 2	Step 3
性　別	-.049	-.071*	.030	.027	.030
年　齢	.075*	.002	.029	.001	.028
高学歴	.102**	.124***	.022	.010	.021
R^2_1(Adj.)	.011**		-.001		
内的エンプロイアビリティ				.200***	
外的エンプロイアビリティ		-.325***		-.219***	
R^2_2(Adj.)		.108***		.043***	
$\triangle R^2_{2-1}$		.097***		.044***	
エンプロイアビリティ					.013
R^2_3(Adj.)					.003
$\triangle R^2_{3-1}$					.004

注）$\triangle R^2_{2-1}$，$\triangle R^2_{3-1}$はそれぞれStep 1 からStep 2，Step 1 からStep 3の決定係数の増分を示す；VIF (Step 2)：1.013-1.322；*p<.05 **p<.01 ***p<.001

この結果がグローバルに認められる可能性が示された。また，内的エンプロイアビリティ知覚と外的エンプロイアビリティ知覚の寄与が相殺したためか，エンプロイアビリティ知覚全体では，一部を除き組織コミットメントに寄与していなかった。さらに，エンプロイアビリティ・スキルでは，キャリア開発コンピテンスは有意にネガティブに寄与していたが，能力ベースのエンプロイアビリティは寄与していなかった（表9-10-2）。決定係数の低さからみて，全体としてエンプロイアビリティ・スキルは組織コミットメントに寄与していないといえる。

表9-10-2 エンプロイアビリティ・スキルの組織コミットメントに対する重回帰分析（調査5）

変数	β Step 1	Step 2	Step 3
性　別	.030	.031	.035
年　齢	.029	.031	.044
高学歴	.022	.023	.028
R^2_1(Adj.)	-.001		
能力ベースのエンプロイアビリティ		-.013	
R^2_2(Adj.)		-.003	
$\triangle R^2_{2-1}$		-.002	
キャリア開発コンピテンス			-.080*
R^2_3(Adj.)			.003
$\triangle R^2_{3-1}$			.004*

注）$\triangle R^2_{2-1}$，$\triangle R^2_{3-1}$はそれぞれStep 1 からStep 2，Step 1 からStep 3 の決定係数の増分を示す；VIF：1.035-1.223；*p<.05

2　長期的なキャリア意識

（1）キャリア満足（仮説4-3）

キャリア満足を従属変数とした階層的重回帰分析を実施した（表9-11-1）。その結果，すべての調査で，内的エンプロイアビリティ知覚はキャリア満足に有意にポジティブに寄与していた。それに対し，外的エンプロイアビリ

ティ知覚は調査2および3で有意にポジティブに寄与していたが，調査1，5では有意な寄与はみられなかった。以上から，仮説4－3は内的エンプロイアビリティ知覚において部分的に支持された。内的エンプロイアビリティ知覚の結果は，イギリス人対象の調査2でも同様だったため，グローバルに認められ

表9－11－1　エンプロイアビリティ知覚のキャリア満足に対する重回帰分析

変　数	調査1 β			調査2 β			調査3 β		
	Step 1	Step 2	Step 3	Step 1	Step 2	Step 3	Step 1	Step 2	Step 3
性　別	-.037	-.050	-.068†	-.135*	-.061†	-.078*	.008	.020	-.016
年　齢	.080	.095**	.119**	-.019	.058†	.102**	.073	.013	.074*
高学歴	.126*	.059	.070†	.083	-.012	.021	.058	.018	.005
R^2_1(Adj.)	.014*			.015†			.002		
内的エンプロイアビリティ		.645***			.753***			.766***	
外的エンプロイアビリティ		.074†			.145***			.069*	
R^2_2(Adj.)		.472***			.681***			.641***	
$\triangle R^2_{2-1}$		.458***			.666***			.639***	
エンプロイアビリティ			.634***			.797***			.760***
R^2_3(Adj.)			.411***			.630***			.579***
$\triangle R^2_{3-1}$			.397***			.615***			.577***

変　数	調査5 β		
	Step 1	Step 2	Step 3
性　別	.061	.020	.024
年　齢	.077†	.024	.064*
高学歴	.079*	.035	.052†
R^2_1(Adj.)	.018**		
内的エンプロイアビリティ		.767***	
外的エンプロイアビリティ		-.026	
R^2_2(Adj.)		.581***	
$\triangle R^2_{2-1}$		.563***	
エンプロイアビリティ			.682***
R^2_3(Adj.)			.481***
$\triangle R^2_{3-1}$			.463***

注）$\triangle R^2_{2-1}$，$\triangle R^2_{3-1}$はそれぞれStep 1からStep 2，Step 1からStep 3の決定係数の増分を示す；VIF(Step 2)：1.019-1.374；†$p<.10$　*$p<.05$　**$p<.01$　***$p<.001$

る可能性が示唆された。また，転職の誘いによる転職は有意にポジティブに寄与しており，調査3の結果と符合していた（表9－11－2）。さらに，エンプロイアビリティ・スキルはキャリア満足にポジティブに寄与しており，内的エンプロイアビリティ知覚と同様の結果がみられた（表9－11－3）。

表9－11－2　転職の誘いによる転職のキャリア満足に対する重回帰分析（調査3）

変　数	β Step 1	β Step 2
性　別	.008	.004
年　齢	.073	.050
高学歴	.058	.045
R^2_1(Adj.)	.002	
転職の誘いの有無		.190***
R^2_2(Adj.)		.035**
$\triangle R^2_{2-1}$		.033***

注）$\triangle R^2_{2-1}$はStep 1からStep 2の決定係数の増分を示す；
VIF：1.017-1.057；**p<.01　***p<.001

表9－11－3　エンプロイアビリティ・スキルのキャリア満足に対する重回帰分析（調査5）

変　数	β Step 1	β Step 2	β Step 3
性　別	.061	.011	.031
年　齢	.077†	-.024	-.016
高学歴	.079*	.037	.044
R^2_1(Adj.)	.018**		
能力ベースのエンプロイアビリティ		.565***	
R^2_2(Adj.)		.317***	
$\triangle R^2_{2-1}$		.299***	
キャリア開発コンピテンス			.485***
R^2_3(Adj.)			.239***
$\triangle R^2_{3-1}$			.221***

注）$\triangle R^2_{2-1}$，$\triangle R^2_{3-1}$はそれぞれStep 1からStep 2，Step 1からStep 3の決定係数の増分を示す；VIF：1.035-1.223；*p<.05　**p<.01　***p<.001

（2）キャリア展望（仮説4－4）

キャリア展望を従属変数とした階層的重回帰分析を実施した（表9－12－1）。その結果，すべての調査で，内的エンプロイアビリティ知覚はキャリア

表9－12－1　エンプロイアビリティ知覚のキャリア展望に対する重回帰分析

変数	調査1 β Step 1	Step 2	Step 3	調査2 β Step 1	Step 2	Step 3	調査3 β Step 1	Step 2	Step 3
性別	-.034	-.059	-.066†	-.113*	-.053	-.060	-.045	-.048	-.066†
年齢	.028	.060†	.070†	-.183**	-.089*	-.070†	.098†	.069†	.100**
高学歴	.080	.015	.020	.126*	.054	.068†	.133**	.093*	.087*
R^2_1(Adj.)	.000			.060***			.020*		
内的		.552***			.597***			.574***	
外的		.235***			.256***			.153***	
R^2_2(Adj.)		.466***			.600***			.455***	
$\triangle R^2_{2-1}$		.466***			.540***			.435***	
エンプロイアビリティ			.679***			.741***			.649***
R^2_3(Adj.)			.455***			.592***			.440***
$\triangle R^2_{3-1}$			.455***			.532***			.420***

変数	調査4 β Step 1	Step 2	調査5 β Step 1	Step 2	Step 3
性別	-.146***	-.145***	.060	.018	.021
年齢	-.069*	-.066†	.110*	.062*	.095**
高学歴	.121***	.120***	.054	.011	.025
R^2_1(Adj.)	.042***		.021**		
内的				.748***	
外的		.016		.049†	
R^2_2(Adj.)		.041***		.610***	
$\triangle R^2_{2-1}$		-.001		.589***	
エンプロイアビリティ					.723***
R^2_3(Adj.)					.543***
$\triangle R^2_{3-1}$					.522***

注）$\triangle R^2_{2-1}$, $\triangle R^2_{3-1}$はそれぞれStep 1からStep 2, Step 1からStep 3の決定係数の増分を示す；VIF（Step 2）：1.013-1.374；†p<.10 *p<.05 **p<.01 ***p<.001

展望に有意にポジティブに寄与していた。また，看護職対象の調査4を除き，外的エンプロイアビリティ知覚もキャリア展望に有意にポジティブに寄与していた。以上から，仮説4－4はほぼ支持されたといえる。さらに，転職の誘いによる転職もキャリア展望に有意にポジティブに寄与し（表9－12－2），エンプロイアビリティ・スキルも同様に，エンプロイアビリティ知覚の結果と符合していた（表9－12－3）。

表9－12－2　転職の誘いによる転職のキャリア展望に対する重回帰分析（調査3）

変　数	β Step 1	Step 2
性　別	-.045	-.049
年　齢	.098†	.079
高学歴	.133**	.121*
R^2_1(Adj.)	.020*	
転職の誘いの有無		.164**
R^2_2(Adj.)		.044***
$\triangle R^2_{2-1}$		.024**

注）$\triangle R^2_{2-1}$はStep 1からStep 2の決定係数の増分を示す；VIF (Step 2)：1.017-1.057；†p<.10 *p<.05 **p<.01 ***p<.001

表9-12-3　エンプロイアビリティ・スキルのキャリア展望に対する
　　　　　重回帰分析（調査5）

変数	Step 1 (β)	Step 2 (β)	Step 3 (β)
性別	.060	.002	.023
年齢	.110*	-.008	-.006
高学歴	.054	.005	.011
R^2_1(Adj.)	.021**		
能力ベースのエンプロイアビリティ		.652***	
R^2_2(Adj.)		.421***	
$\triangle R^2_{2-1}$		.400***	
キャリア開発コンピテンス			.599***
R^2_3(Adj.)			.360***
$\triangle R^2_{3-1}$			.339***

注）$\triangle R^2_{2-1}$，$\triangle R^2_{3-1}$はそれぞれStep 1からStep 2，Step 1からStep 3の決定係数の増分を示す；VIF：1.035-1.223；*p<.05　**p<.01　***p<.001

3　職務行動・業績

（1）収入（仮説4-5）

　収入を従属変数とした階層的重回帰分析を実施した（表9-13-1）。その結果，内的エンプロイアビリティ知覚は収入にポジティブに寄与していたのに対し，外的エンプロイアビリティ知覚はネガティブに寄与していた結果もみられるが，全体としては寄与していないと考えられる（Step 2）。以上から，仮説4-5は支持されたといえる。そして，エンプロイアビリティ知覚全体としては収入にポジティブに寄与していた（Step 3）。これらの結果は，イギリス人対象の調査2でも同様で，グローバルに認められる可能性が示唆された。また，エンプロイアビリティ・スキルも，ポジティブに寄与していた（表9-13-3）。しかし，外的エンプロイアビリティ知覚の結果とは逆に，転職の誘いによる転職は，収入にポジティブに寄与していた（表9-13-2）。

表9-13-1　エンプロイアビリティ知覚の収入に対する重回帰分析

変数	調査1 β Step 1	Step 2	Step 3	調査3 β Step 1	Step 2	Step 3	調査5 β Step 1	Step 2	Step 3
性別	.181***	.188***	.174***	.198***	.196***	.191***	.169***	.159***	.161***
年齢	.248***	.237***	.257***	.233***	.225***	.233***	.292***	.278***	.289***
高学歴	.266***	.245***	.254***	.295***	.282***	.280***	.229***	.218***	.223***
R^2_1(Adj.)	.209***			.212***			.225***		
内的エンプロイアビリティ		.267***			.177***			.188***	
外的エンプロイアビリティ		-.129**			.058			-.017	
R^2_2(Adj.)		.264***			.253***			.255***	
△R^2_{2-1}		.055***			.041***			.030***	
エンプロイアビリティ			.136**			.208***			.159***
R^2_3(Adj.)			.226***			.253***			.249***
△R^2_{3-1}			.017**			.041***			.024***

注）△R^2_{2-1}，△R^2_{3-1}はそれぞれStep 1からStep 2，Step 1からStep 3の決定係数の増分を示す；VIF (Step 2)：1.019-1.374；**p<.01　***p<.001

表9-13-2　転職の誘いによる転職の収入に対する重回帰分析（調査3）

変数	β Step 1	Step 2
性別	.198***	.193***
年齢	.233***	.204***
高学歴	.295***	.278***
R^2_1(Adj.)	.212***	
転職の誘いの有無		.242***
R^2_2(Adj.)		.268***
△R^2_{2-1}		.056***

注）△R^2_{2-1}はStep 1からStep 2の決定係数の増分を示す；
VIF (Step 2)：1.017-1.057；***p<.001

表9−13−3　エンプロイアビリティ・スキルの収入に対する重回帰分析（調査5）

変　数	β Step 1	Step 2	Step 3
性　別	.169***	.153***	.156***
年　齢	.292***	.259***	.252***
高学歴	.229***	.215***	.214***
R^2_1(Adj.)	.225***		
能力ベースのエンプロイアビリティ		.184***	
R^2_2(Adj.)		.256***	
$\triangle R^2_{2-1}$		.031***	
キャリア開発コンピテンス			.206***
R^2_3(Adj.)			.264***
$\triangle R^2_{3-1}$			.039***

注）$\triangle R^2_{2-1}$，$\triangle R^2_{3-1}$はそれぞれStep 1からStep 2，Step 1からStep 3の決定係数の増分を示す；VIF（Step 2）1.035-1.223；***p<.001

（2）職務業績（仮説4−6）

　職務業績を従属変数とした階層的重回帰分析を実施した（表9−14−1）。その結果，すべての調査で内的エンプロイアビリティ知覚，外的エンプロイアビリティ知覚とも職務業績にポジティブに寄与していた。以上から，仮説4−6は支持された。また，その影響は第5章の結果同様，内的エンプロイアビリティの方が強い傾向がみられた。これらの結果は，イギリス人対象の調査2でも同様で，グローバルに認められる可能性が示唆された。さらに，この関係は転職の誘いの有無との関連についても支持された（表9−14−2）。

表9－14－1　エンプロイアビリティ知覚の職務業績に対する重回帰分析

変　数	調査1 β Step 1	Step 2	Step 3	調査2 β Step 1	Step 2	Step 3	調査3 β Step 1	Step 2	Step 3
性　別	.056	.039	.027	-.134*	-.072†	-.085*	-.021	-.019	-.044
年　齢	.062	.084*	.100*	.075	.148***	180***	149**	.108**	.150***
高学歴	.053	-.008	.000	.104†	.026	.050	.099*	.055†	.046
R^2_1(Adj.)	.006			.018*			.025**		
内的エンプロイアビリティ		.549***			.622***			.688***	
外的エンプロイアビリティ		.140**			.160**			.143***	
R^2_2(Adj.)		.389***			.503***			.611***	
△R^2_{2-1}		.383***			.485***			.586***	
エンプロイアビリティ			.601***			.689***			.746***
R^2_3(Adj.)			.363***			.477***			.580***
△R^2_{3-1}			.357***			.459***			.555***

注）△R^2_{2-1}，△R^2_{3-1}はそれぞれStep 1からStep 2，Step 1からStep 3の決定係数の増分を示す；VIF（Step 2）：1.019-1.374；†p<.10 *p<.05 **p<.01 ***p<.001

表9－14－2　転職の誘いによる転職の職務業績に対する重回帰分析（調査3）

変　数	β Step 1	Step 2
性　別	-.021	-.024
年　齢	.149**	.127*
高学歴	.099*	.086†
R^2_1(Adj.)	.025**	
転職の誘いの有無		.180***
R^2_2(Adj.)		.055***
△R^2_{2-1}		.030***

注）△R^2_{2-1}はStep 1からStep 2の決定係数の増分を示す；VIF（Step 2）：1.017-1.057；†p<.10 *p<.05 **p<.01 ***p<.001

（3）退職意思（仮説4－7）

　退職意思を従属変数とした重回帰分析を実施した（表9－15－1）。その結

果，すべての調査で，内的エンプロイアビリティ知覚は退職意思に有意にネガティブに寄与していた。それに対し，外的エンプロイアビリティ知覚はすべての調査で有意にポジティブに寄与していた。以上から，仮説4－7は支持された。また，内的エンプロイアビリティ知覚と外的エンプロイアビリティ知覚の

表9－15－1　エンプロイアビリティ知覚の退職意思に対する重回帰分析

変数	調査1 β			調査2 β			調査3 β		
	Step 1	Step 2	Step 3	Step 1	Step 2	Step 3	Step 1	Step 2	Step 3
性別	.009	-.016	.011	.034	.021	.034	.011	-.042	.015
年齢	-.172***	-.137**	-.175***	-.145*	-.111†	-.144*	-.110*	-.014	-.110*
高学歴	.008	.029	.012	.123*	.147*	.122*	.035	.023	.042
R^2_1(Adj.)	.022**			.030**		.	.005		
内的		-.377***			-.144*			-.436***	
外的		.368***			.178**			.381***	
R^2_2(Adj.)		.177***			.053**			.169***	
△R^2_{2-1}		.155***			.023*			.164***	
エンプロイアビリティ			-.046			.008			-.105*
R^2_3(Adj.)			.022**			.027*			.014*
△R^2_{3-1}			.000			-.003			.009*

変数	調査4 β		調査5 β		
	Step 1	Step 2	Step 1	Step 2	Step 3
性別	.046	.063*	-.057	-.051	-.057
年齢	-.231***	-.173***	-.116**	-.063†	-.116**
高学歴	-.012	-.029	-.089*	-.067†	-.089*
R^2_1(Adj.)	.050***	.029***			
内的				-.366***	
外的		.257***		.433***	
R^2_2(Adj.)		.110***		.201***	
△R^2_{2-1}		.060***		.172***	
エンプロイアビリティ					.000
R^2_3(Adj.)					.027***
△R^2_{3-1}					-.002

注）△R^2_{2-1}，△R^2_{3-1}はそれぞれStep 1 からStep 2，Step 1 からStep 3 の決定係数の増分を示す；VIF（Step 2）：1.013-1.374；†p<.10　*p<.05　**p<.01　***p<.001

寄与が相殺したためか，エンプロイアビリティ知覚全体では，一部を除き退職意思には寄与していなかった。それに対し，転職の誘いによる転職は退職意思に寄与せず（表9－15－2），エンプロイアビリティ・スキルも同様だった（表9－15－3）。

表9－15－2　転職の誘いによる転職の退職意思に対する重回帰分析（調査3）

変　数	β Step 1	β Step 2
性　別	.011	.012
年　齢	-.110*	-.108*
高学歴	.035	.036
R^2_1(Adj.)	.005	
転職の誘いの有無		-.017
R^2_2(Adj.)		.003
△R^2_{2-1}		-.002

注）△R^2_{2-1}はStep 1からStep 2の決定係数の増分を示す；
VIF（Step 2）：1.017-1.057；*p<.05

表9－15－3　エンプロイアビリティ・スキルの退職意思に対する重回帰分析（調査5）

変　数	β Step 1	β Step 2	β Step 3
性　別	-.057	-.054	-.058
年　齢	-.116**	-.111**	-.121**
高学歴	-.089*	-.087*	-.091*
R^2_1(Adj.)	.029***		
能力ベースのエンプロイアビリティ		-.027	
R^2_2(Adj.)		.028***	
△R^2_{2-1}		-.001	
キャリア開発コンピテンス			.027
R^2_3(Adj.)			.028***
△R^2_{3-1}			-.001

注）△R^2_{2-1}，△R^2_{3-1}はそれぞれStep 1からStep 2，Step 1からStep 3の決定係数の増分を示す；VIF：1.035-1.223；*p<.05　**p<.01　***p<.001

第4節　調査結果が示唆すること—考察と展望

1　個人属性との関係

　本章の結果，個人属性とエンプロイアビリティ知覚との関係性は全体として低いことが明らかにされた。すなわち，性別および年齢とエンプロイアビリティ知覚との間には明確な関係性は認められなかった。これには，わが国は法的に正規従業員の厳格な解雇規制[4]の下にあること，多くの組織で長期雇用慣行が残存していること，また男女雇用機会均等法の施行およびその改正が進んできたことが影響していると考えられる。つまり，年齢の高い従業員を対象に雇用調整を実施した組織などは別として，内的エンプロイアビリティすなわち現在の所属組織での雇用の継続自体については，性別や年齢による差は生まれにくくなっているといえる。また，わが国では，転職市場が整備されていない現状などから，男性や若年者においても外的エンプロイアビリティは必ずしも高くはないという現状が反映されているのではないだろうか。しかし，これまで圧倒的に女性比率の高かった専門職である看護師において，男性の外的エンプロイアビリティ知覚の方が高かった。男女間のサンプル数に大きな違いはあるが，男性看護師の職域が拡大している可能性が指摘される。今後，他の専門職で同様の傾向がみられるかどうか検討する必要性は高いだろう。

　これに対して，エンプロイアビリティ知覚の前提となるスキルについては，性別および年齢による明らかな差が認められた。わが国の多くの組織では，組織からの評価の高さを意味する管理職における男性の比率は高い。また，基幹業務をジョブローテーションという形で経験しながら，将来の幹部候補生として組織運営の中心となる総合職における男性の比率も高い。これらの点から，男性のスキル（ベースで測定したエンプロイアビリティ）の方が高かったのではないかと考えられる。また，年齢とエンプロイアビリティ・スキルとのポジティブな相関が認められた。わが国勤労者を対象にした労働政策研究・研修機構（2003）でも，40代の者は20代，30代の者より表現力，リーダーシップ，変化への対応などが高く，年齢が高い者ほどエンプロイアビリティ・スキルが高い

傾向が見出されている。ここには，加齢により向上のみられる職務能力の特徴がうかがえる。しかし，このことは少なくとも知覚という形で表されたエンプロイアビリティとはリンクしていないことが明らかにされた。中高年勤労者の変化への対応を含めた能力の向上を実際の雇用にどのように結びつけていくかが，エンプロイアビリティ知覚向上の課題かもしれない。もちろん，ここには賃金上昇の問題も考慮する必要がある。

　さらに，転職経験者においては，転職の誘いによる転職をした勤労者の平均年齢は誘いのなかった勤労者より高いという結果もみられた。転職におけるネットワークは，社会関係資本として先行研究でもエンプロイアビリティの重要な次元と考えられてきた（e.g. Fugate et al., 2004）。こうした組織内・組織外のネットワークは，年齢が高くなるほど充実してくる可能性が高い。少子高齢化が急速に進行しているわが国では，前述したスキルの高さと充実したネットワークを活かすことで，エンプロイアビリティを高めていく努力が個人，組織そして社会全体に求められよう。このように，全体として，個人属性との関係はエンプロイアビリティをどの側面でとらえるかによって大きく異なる可能性が示唆された。

2　人的資本に関連する個人的要因との関係

　人的資本に関連する個人的要因のなかでは，職位（管理・監督職であること），国際業務の経験と勤続期間がエンプロイアビリティ知覚に影響していた。

　第1が，管理・監督職のエンプロイアビリティ知覚が非管理・監督職のそれより高かったことである。そして，その差は内的エンプロイアビリティ知覚による差であることが明らかにされた。つまり，管理職への昇進が組織からの評価の高さととらえられていることは明らかである。それに対し，外的エンプロイアビリティでは差はみられなかった。この点には，勤労者の組織横断的なスキルの客観的評価基準が確立されておらず，また転職市場が十分整備されているとはいえないわが国の現状が，管理・監督職でも同様にみられていることが影響しているだろう。これに対して，イギリス人を対象とした調査結果は対照的であり，エンプロイアビリティ全体が日本人より高いだけでなく，管理・監

督職は非管理・監督職より外的エンプロイアビリティも高かった。すなわち，日本人管理・監督職のエンプロイアビリティは内的エンプロイアビリティのみが高い「片肺構造」であるのに対し，イギリス人管理・監督職のエンプロイアビリティは内的次元，外的次元がある程度バランスの取れた「両肺構造」といえる。この背景には，イギリスではわが国より転職率が高いことを背景として管理職の転職市場がより整備されていることに加え，後述するNVQなどの職業能力評価制度が充実していることが影響しているだろう。エンプロイアビリティは，境界のないキャリアの時代における将来への保険の側面をもつということは前に触れた。組合からの脱退が昇進の条件となる（管理職の場合）など，非管理職に比べ雇用調整への備えがある意味手薄な管理職にとっても，管理職としての組織横断的なスキルの客観的な判定基準が求められる。つまり，わが国でも，日本版NVQのような能力開発の意味だけではなく，採用・就職と直結した職業能力評価制度の導入が必要かもしれない。

　しかし，転職経験者は一般に，未経験者より外的エンプロイアビリティ知覚が高いことを前提に（第8章），加えて管理・監督職であるほど転職の誘いによる転職をしていた（表9-6-2）。つまり，管理・監督職全体でいえば，非管理・監督職より（内的エンプロイアビリティ知覚が高いこともあり）転職率は低く，外的エンプロイアビリティ知覚は高いとはいえない。しかし，転職した管理・監督職の客観的な質的エンプロイアビリティは高いことがうかがえる。実際，エグゼクティブ・サーチなど，転職者の入社ルートとして代表的な人材紹介会社における管理職をターゲットとしたスカウトは盛んに行われている。つまり，優秀で実績を上げてきた管理・監督職に対する転職市場におけるニーズは高いのである。

　また，内的エンプロイアビリティ知覚同様，管理・監督職のエンプロイアビリティ・スキルも非管理・監督職のエンプロイアビリティ・スキルより高かった。この点を，前述した管理職の転職事情から考えると，エンプロイアビリティ・スキルより内的次元と外的次元から成るエンプロイアビリティ知覚によって「エンプロイアビリティ」を測定していく方が，わが国の雇用の実態を反映しているということが示唆されたといえるかもしれない。

第2が，国際業務の経験のある従業員の方が，ない従業員よりエンプロイアビリティ知覚が高い傾向がみられた。そして，その差は日本人を対象とした調査では内的エンプロイアビリティ知覚による差である傾向が示された（調査1の傾向値含む）。このことは，グローバル化の進展により，わが国の組織でも国際業務の経験が組織内で評価されてきた傾向を示していると考えられる。この結果をイギリス調査と比較すると興味深い点がわかってくる。イギリス調査でも，国際業務の経験のある従業員の方がない従業員よりエンプロイアビリティ知覚が高かったが，その差は外的エンプロイアビリティ知覚による差であることが示された。すなわち，イギリスの組織では，国際業務の経験が組織内での評価ではなく，外部労働市場での評価に結びつきやすい可能性が指摘されたのである。イギリス企業では，一般にグローバル化がわが国企業より進展し，国際業務の経験自体が当たり前になり，それが必ずしも組織内での評価につながらないと言い切れるかどうかは定かではない。しかし，公用語が英語であるイギリスの勤労者が，アメリカ，カナダ，オーストラリアなど，同じく英語を公用語とする企業にわが国の勤労者よりも容易に就職していることは明らかである。このような文化圏やランゲージ・バリアの問題も関係している可能性は指摘できる。また，国際業務の経験はエンプロイアビリティ・スキルの高さとも関係しており，エンプロイアビリティ知覚の前提であるスキルレベルでも国際業務の経験の影響が確認されたといえる。

　それでは，欧米諸国などとのランゲージ・バリアのあるわが国組織では，イギリスのように，国際業務の経験は外的エンプロイアビリティの向上にはつながりにくいのであろうか。本書でも，その関係性が認められた結果もみられる（調査5）。さらに，実際の転職経験者においては，国際業務の経験をもっている者ほど，転職の誘いによる転職を果たしており，彼らの客観的な質的エンプロイアビリティは高いといえる（表9-7-2）。これらの点から，本書で測定した国際・輸出入業務をブレークダウンして，エンプロイアビリティに資する国際業務の経験とは何かを詳細に明らかにしていく必要があろう。わが国は，少子高齢化が一段と進行し，それにともなうグローバル化は組織における喫緊の課題となっており，国際業務がエンプロイアビリティに資することが求めら

れているからだ。

　第3が，勤続期間が外的エンプロイアビリティ知覚に対してネガティブに相関していたことである。年齢と外的エンプロイアビリティ知覚との同様の関係がいくつかの調査でみられたことと併せて考えると，わが国の多くの組織にみられる長期雇用の慣習や雇用の保障は，外的エンプロイアビリティを高める人的資源管理の施策としては機能しにくいのではないかということが示唆される[5]。人的資本理論の観点からは，勤続期間の長さはエンプロイアビリティの高さと関係すると考えられるが，それはあくまで組織横断的な専門性，スキルの取得に結びつく場合である。わが国の多くの組織では，勤続期間長期化にともない実施される能力開発の多くは，組織特殊的スキルの取得に関するものであり，組織横断的なスキルの取得にはつながらないという実態が影響していると考えられる。その点から，勤続期間とポジティブな相関のみられたエンプロイアビリティ・スキルは，組織特殊的スキルに関するものであることが示唆される。さらに，勤続期間は内的エンプロイアビリティにポジティブに相関すると考えられたが，その点は否定された。確かに，組織による従業員の評価は従業員間の比較に基づく相対評価の側面がある以上，長期勤続によって個々人のスキルの全体的レベルは向上するとしても，他の従業員と比較した相対的な位置づけは別の問題である。そのため，勤続期間と内的エンプロイアビリティとの明確な関係性がみられなかったのではないだろうか。

　以上と比較して，人的資本に関連する個人的要因でエンプロイアビリティとの予想された関係性が見出せなかったのが学歴である。高学歴化が進行し，大学・短大進学率が50％に達するユニバーサル段階にあるわが国では，いわゆる学歴のインフレ化が進んだ。つまり，高学歴者の増大によって一人ひとりの価値が低減する現象である。その結果，公務員を含む多くの業種，職種でこれまで大卒者以外の人々が担ってきた（場合によっては低賃金の）職務を大卒者が担当するようになってきた。この現象の広がりが，高学歴者のエンプロイアビリティの知覚を全体として低下させてきているのではないかと考えられる。これは，先行研究同様，学歴の高さと，エンプロイアビリティの高さの前提といえるエンプロイアビリティ・スキルとのポジティブな相関はみられていること

からも理解される。ただし，学歴の高さはいくつかの調査で内的エンプロイアビリティとはポジティブに相関している。すなわち，人的資本理論が想定しているように，（現在低下していると考えられる）専門知識を習得することによって人的資本を蓄積するという大学本来の機能を充実させることによって，外的エンプロイアビリティの向上に結びつけることが求められよう。

3 モチベーションに関連する個人的要因

仮説通り，職務関与の高さはエンプロイアビリティ知覚とポジティブに相関していた。モチベーションの態度的側面を示し，生活全体において仕事を重視する姿勢は，エンプロイアビリティと関係が深いことがわかった。先行研究では，職務関与が高いほど，日常の職務行動として自分の仕事の質を向上させようとする行動や上昇志向的行動を頻繁にとるということが明らかにされている（山本，1995）。こうした行動が組織での高い評価につながる可能性は高く，特に内的エンプロイアビリティの高さに結びついたのであろう。

4 エンプロイアビリティの影響の検討

内的エンプロイアビリティと外的エンプロイアビリティを比較しつつ分析した結果，ある程度の相関関係が想定された両者の従業員に及ぼす影響の違いが明らかにされた。まず，全体的に内的エンプロイアビリティの方が，本章で分析したどの職務態度に対しても大きな寄与を示した。そして，その寄与は，職務態度，長期的なキャリア意識，行動・業績すべてにおいて従業員に対しポジティブなものであった。前述した人的資本理論は，内的エンプロイアビリティに当てはまるということが見出された。わが国組織で重要と考えられる内的エンプロイアビリティの従業員に与える効果の大きさが示され，組織が内的エンプロイアビリティを高める必要性が見出された。言い換えると，組織による従業員の内的エンプロイアビリティ保障の重要性が示されたといえよう。

それに対して，外的エンプロイアビリティは従業員に対しネガティブな寄与とポジティブな寄与がともにみられた。つまり，職務満足，組織コミットメントへはネガティブな，退職意思にはポジティブな寄与を示した。それに対して，

第 9 章　エンプロイアビリティの要因とその影響についての実証分析 ｜ 193

キャリア展望および職務業績にはポジティブな寄与を示し，キャリア満足と収入に対しては統一的な結果はみられなかった。職務満足に対しては，想定通り「隣の芝生は青い」という心理が成立したと考えられる。組織に対する態度や行動にネガティブな寄与をした点は，予想通り自己決定理論を裏づける結果となった。しかし，有能で高業績を挙げる従業員のリテンションを図ろうとする観点からは，困難な課題が提示されたことになる。すなわち，高度な専門性が要求される職種や職務におけるほど，外部労働市場での評価の高さを意味する外的エンプロイアビリティの高い従業員はリテンションの重要な対象だからである。これは，外的エンプロイアビリティが職務業績の高さに寄与していたことからも示されている。この点は，エンプロイアビリティ保障を分析した章（第12章，第13章）で改めて考えていきたい。また，外的エンプロイアビリティは将来のキャリアの展望にはポジティブに寄与していた。外的エンプロイアビリティが将来のキャリア発達のための保険となることが示され，自己決定理論の観点が立証されたといえよう。

　それでは，エンプロイアビリティ全体の影響はどうだろうか。職務満足やキャリア満足のように，外的エンプロイアビリティのネガティブな寄与にも関わらず，内的エンプロイアビリティの強いポジティブな寄与によってエンプロイアビリティ全体もポジティブに寄与していた例がみられた。それに対し，組織コミットメントや退職意思の場合のように，外的エンプロイアビリティのネガティブな寄与と内的エンプロイアビリティのポジティブな寄与が相殺されたような形で，エンプロイアビリティ全体の寄与が小さくなるかまたはほとんどみられないという例もみられた。このように，内的次元と外的次元が考えられるエンプロイアビリティ全体の視点で考えると，どちらの寄与が勝るかというバランスによって従業員に与える影響が異なってくることが示唆される。なぜなら，境界のないキャリアの時代である現代，組織内のキャリア発達（内的エンプロイアビリティ），組織間のキャリア発達（外的エンプロイアビリティ）の両方をすべての勤労者が考えていかなければならないからだ。組織が両方の次元の高さを従業員に求めるとするなら，特に高業績を挙げる人材に対しては（必然的に高まるであろう）外的エンプロイアビリティのネガティブな影響を，内的エン

プロイアビリティの高さが補っていくという関係の促進も必要かもしれない。

5 エンプロイアビリティの影響の国際比較

エンプロイアビリティ知覚自体でみると，日本の勤労者の方が，イギリスの勤労者より低いことは既に明らかにされた（第6章）。しかし，本章での分析の結果，エンプロイアビリティの影響については日英間に全体として大きな差異はみられなかった。すなわち，組織の人的資源管理施策などを通して，エンプロイアビリティ知覚を高めることによる勤労者に及ぼす効果に差がないことが示唆されたといえる。言い換えると，文化の差異を超えたエンプロイアビリティ保障の可能性である。しかし，本章で対象にしたのは日英2か国である。今後は，日本と同じ東洋文化圏に属する国など他の国々の勤労者を対象とした国際比較研究が求められよう。

6 エンプロイアビリティの指標による影響の差異

本章では，エンプロイアビリティを知覚だけでなくスキルおよび客観的指標からとらえ，それらの影響を比較した。その結果，全体として指標間の異同が明らかにされた。まず，エンプロイアビリティ・スキルは職務満足，キャリア満足，キャリア展望および収入にポジティブに寄与していたが，組織コミットメント，退職意思にはほとんど影響していなかった（職務業績は測定していない）。このことから，エンプロイアビリティ・スキルは日常の職務や将来のキャリアについての態度や業績に関係する収入に寄与することが理解される。エンプロイアビリティ・スキルの基本が職務遂行能力であることから考えると，妥当な結果といえるだろう。それに比べて，エンプロイアビリティ・スキルは所属組織に対する態度や行動には影響しないことがわかった。すなわち，能力開発の自己主導の傾向が強まるなかで，スキルの向上は必ずしも所属組織の能力開発だけが原因とは考えられず，社会的交換理論が成立しなかったのではないだろうか。さらに，全体としてエンプロイアビリティ・スキルは，内的エンプロイアビリティ知覚と類似していることが示唆された。

外的エンプロイアビリティの客観的基準と考えられる転職の誘いによる転職

はどうだろうか。この基準は，同様に職務満足，キャリア満足，キャリア展望，収入，職務業績にポジティブに寄与していたが，退職意思にはほとんど影響していなかった（組織コミットメントは測定していない）。つまり，転職の誘いによる転職も所属組織における行動には影響しないことがわかった。そして，この客観的基準による影響は従業員へのネガティブな影響が多くみられた外的エンプロイアビリティ知覚とは相当異なっていることが示された。この違いには，将来の可能性としてのエンプロイアビリティを測定する外的エンプロイアビリティ知覚と，直近（過去5年以内）とはいえ，あくまでも過去の転職経験から測定した転職の誘いによる転職という差異がみられると考えられる。

【注】
1) 経済発展が著しいブラジル（Brazil），ロシア（Russia），インド（India），中国（China），南アフリカ（South Africa）の5か国の総称である。
2) α 係数の表示は，ここまでで掲げていない尺度についてのみ算出した。
3) 調査3は，5年以内の転職経験がある人を対象としているため，分析から除外した。そのため，転職の誘いによる転職の有無との関係も分析していない。
4) 解雇権濫用法理に基づき，企業が（正規）従業員を解雇することは，(A) 人員削減の必要性，(B) 解雇回避努力義務，(C) 被解雇者選定の妥当性・基準の公平性，(D) 労働者への説明義務・労働組合との協議義務という整理解雇の4要件と呼ばれる判例法理が存在し，困難である。
5) この点は，第13章で分析する。

第10章

雇用不安と従業員の職務態度などとの関係に及ぼすエンプロイアビリティの影響

　本章では，雇用不安と従業員の職務上の態度や行動・意思との関係に，彼らのエンプロイアビリティがどのように影響しているかを実証的に分析する。

第1節　雇用不安と職務態度などとの関係

　雇用不安は，「脅かされた雇用状況における望ましい継続雇用維持の知覚された無力感」（Greenhalgh & Rosenblatt, 1984, p.438）などと定義され，当面の雇用環境に対する従業員の知覚や判断を示し，潜在的な雇用（職務）の喪失に関する心理的概念である。その知覚や判断においては，個人の雇用状況に対する評価，主に所属組織内の（客観的な）出来事（リストラクチャリング，フラット化など）が重要な役割を果たす（Sverke & Hellgren, 2002）。そして，同様の客観的組織状況にあっても，高い雇用不安を感じる人もあればそれほど感じない人もみられ，個人差のある心理的概念であることもわかってきた。つまり，個々人の雇用不安自体より，それが個人の態度や行動に与える影響の方が問題だといえよう。

　雇用不安と（外的）エンプロイアビリティとはどのような関係があるだろうか。時間軸の観点から考えると，両者はともに現在より後の将来のことであるが，雇用不安は現在の雇用の将来に関わるのに対し，（外的）エンプロイアビリティは将来の代わりになる雇用に関わり対象が異なる。また，雇用不安は潜在的な雇用の喪失に関わるのに対し，（外的）エンプロイアビリティは新しい雇用の獲得に関わる。

　また，雇用不安と職務態度などとの関係は2つの理論的枠組みから考えられる。

第1がストレスの評価理論である（Lazarus & Folkman, 1984）。これによると，人々の環境およびその変化に対する感情的，行動的な反応は環境に対する解釈の仕方によって異なる。すなわち，人々の潜在的なストレッサーに対する反応は，彼らがそれを脅威，つまりまだ発生していないが損害や喪失が予想されるものと考えるかどうかによって説明される（p.32）。雇用の喪失がいまだ発生していないのにも関わらず，高い雇用不安を抱いた従業員は，将来彼らの雇用を失うことを恐れるのである。つまり，雇用不安は仕事上のストレッサーと知覚され，将来的な雇用喪失という予測は，喪失自体と同様に，無力感を通し不安の源として知覚される（e.g. De Witte, 1999）。先行研究でも，雇用不安は精神的疲労や職務に起因する緊張感の高さを高めていた（e.g. Silla, De Cuyper, Gracia, Peiro, & De Witte, 2009）。

第2が自己決定理論である（第4章第1節）。これによると，ものごとを自分でコントロールできているという経験は良好な健康状態と関連している。逆に，将来的な雇用喪失という予測は，コントロール不能性を通し幸福感の欠如として知覚される（e.g. De Witte, 1999）。

本章では，第7章にならい，雇用不安およびエンプロイアビリティが影響する代表的な職務態度として職務満足および組織コミットメントを，同じく，長期のキャリア意識としてキャリア満足およびキャリア展望を，職務行動として退職意思を採用した。

近年組織で重視されるようになってきた従業員満足（employee satisfaction）の観点からみても，雇用不安は従業員の組織に対する否定的な感情を高め，職務満足を低下させるだろう。先行研究でも，雇用不安は職務満足にネガティブに働いていた（e.g. De Cuyper et al., 2010）。雇用不安との関係をメタ分析[1]によって検討した2つの研究でも，ともに雇用不安と職務満足とは中程度以上のネガティブな相関がみられた（Cheng & Chan, 2008; Sverke, Hellgren, & Näswall, 2002）。以上から，雇用不安は職務満足にネガティブに影響すると考えられる。

組織コミットメントには，前述したように愛着的，継続的，規範的という3次元が想定されるが，先行研究では，特に組織への愛着感を示す愛着的コミットメントが，変化と不確実性からネガティブな影響を受けることが指摘されて

いる（Berntson et al., 2010）。実際，ストレス理論から想定されるように，雇用不安にともなうと考えられるさまざまなストレッサーと組織コミットメントとの間には，中程度以上のネガティブな相関が報告されている（Mathieu & Zajac, 1990）。すなわち，将来に渡って現在の組織での雇用に安心感をもてないことによる組織コミットメントへの効果は明らかである。実際，多くの先行研究で，雇用不安は組織コミットメントにネガティブに働いており（e.g. Sora et al., 2010），前述のメタ分析でも，両者間に中程度以上のネガティブな相関がみられた。雇用不安は，組織コミットメント，特にその中でも愛着的コミットメントにネガティブな影響を与えると考えられる。

しかし，これまで雇用不安との関係で分析されてきた職務態度は，いずれもカバーするタイム・スパンが短期的であり，現在の所属組織や日常の職務に限定されている。さらに，長期的なキャリア意識との関係は検討されてこなかった。雇用不安は，将来の自己のキャリアの見通しの低下等と関係すると考えられるため，長期的なタイム・スパンにおけるキャリア意識に影響することが想定される。London（1983）は，個人が自己のキャリアを巡る個人特性，状況特性およびキャリア上の決定・行動の相互作用のなかで，これまでのキャリアを回顧的に合理化し，将来のキャリアを合理的に展望することによって，キャリア展開上のモチベーションが高まるというキャリア・モチベーションモデルを提起している。このモデルによると，組織による雇用保障は，逆境においてキャリアが中断し混乱することに対する抵抗力や強さを意味するキャリアの強靱さ（career resilience）を支える重要な状況要因である。すなわち，組織の時代といわれ，人々のキャリア発達が多かれ少なかれ組織に依存している現代，雇用保障が失われた状態や雇用不安が高い状態は，キャリア展開上のモチベーションにネガティブに作用するだろう。

本章では，このモデルに基づくとともに，過去－現在－将来の時間軸における違いを考慮して，長期的なキャリア意識として，過去から現在にかけてのキャリア満足と，現在から将来にかけてのキャリア展望を取り上げた。キャリア満足は，これまでの自己のキャリアの回顧に基づくと考えられ，キャリアの回顧は，キャリアにおける転機（キャリア・トランジション）に応じてなされるこ

とが多い（平野，1999）。すなわち，雇用不安は，リストラクチャリング，M&A等従業員のキャリアにネガティブな影響を与えやすいトランジションの場合，深刻化することが予想される。雇用不安はキャリア満足を低下させることが予想される。

　キャリア展望は，将来の自分のキャリアや仕事で専門性や能力を発揮し，成長できるか，期待しているキャリアを実現できるかなどについての見通しを示す。実際，多くの勤労者のキャリア発達において組織の果たす役割は大きく，キャリア展望には，将来における自分と所属組織との関係性およびその強さの程度も関係がある（高橋，1996）。つまり，雇用不安は従業員のキャリア展望を低下させるだろう。

　また，本章でも，組織の人的資源管理上，本人の内面的な態度より重視されると考えられる職務上の意思・行動として退職意思を採用した。多くの先行研究で，雇用不安は退職意思を促進していた（e.g. Berntson et al., 2010）。前述のメタ分析でも，両者間に中程度以上のポジティブな相関がみられた。つまり，雇用不安は退職意思を促進すると考えられる。以上から，先行研究でも概ね，雇用不安が従業員の職務態度や意思・行動にネガティブな影響を与えていることがわかる。以上から，本章ではストレス理論，自己決定理論およびキャリア・モチベーションモデルに基づき，仮説10－1を設定した。

仮説10－1　雇用不安は，職務満足，組織コミットメント，キャリア満足，キャリア展望の低さに寄与し，退職意思を促進する。

第2節　雇用不安と職務態度などとの関係に及ぼすエンプロイアビリティの影響

　所属組織において，リストラクチャリングやM&Aなどを体験し，自身の雇用の安定に脅威を感じた従業員は，彼らのエンプロイアビリティによって異なった反応をすると考えられる。すなわち，労働市場で多くの機会をもつ勤労者の方が，より少ない機会しかない勤労者より雇用不安に影響されにくいだろう

(Fugate et al., 2004)。エンプロイアビリティは,「仕事に必要とされるスキルを獲得・維持し,仕事を獲得するため自身を売り込み,仕事を維持するため有能に働くこと」(Romaniuk & Snart, 2000, p.319) を意味するからである。この観点からみると,エンプロイアビリティの高い従業員は,自身のスキルや環境への適応性が高く,自信があり,結果として雇用の喪失をそれほど有害でないと考え,場合によっては成長の機会とさえ考えるという傾向が指摘されている (Fugate et al., 2004)。逆に,エンプロイアビリティの低い従業員は,高い従業員と比較して新しい職務を簡単に早く見つけられず,雇用不安をより危険な脅威と考え,それに対しより否定的に反応すると考えられる。つまり,エンプロイアビリティは雇用不安による好ましくない影響を緩和する可能性が指摘されるのである (Sverke & Hellgren, 2002)。

　雇用不安と職務態度などとの関係に及ぼすエンプロイアビリティの影響は,職業ストレスに関する理論モデルであるJob Demands-Resources Model (JD-Rモデル: Demerouti, Bakker, Nachreiner, & Schaufeli, 2001) の観点からも理解される。このモデルは,Job Demand Control Model (Karasek, 1979) を拡張したもので,すべての職種で適用可能と考えられている。JD-Rモデルでは,以下の二重のプロセスを前提としている。すなわち,従業員が負担と考える仕事の諸側面を意味し,雇用不安もこれに含まれると考えられる需要 (demand) 変数は,疲労やバーンアウト等の健康障害につながる。これに対し,(自身に対する) コントロール,個人的成長,発達,学習などを促進する仕事に関連したすべての側面を扱う資源 (resources) 変数は,モチベーションにつながる。さらに,資源変数は需要変数によって発生するであろう好ましくない効果を緩和するというモデルが提唱され,実証されてきた (Schieman, Milkie, & Glavin, 2009)。自己決定理論によれば,エンプロイアビリティは従業員の労働生活に対する自身のコントロールを向上させる重要なツールであるため,資源変数と考えられる。すなわち,JD-Rモデルに従えば,需要変数である雇用不安の結果変数に与えるネガティブな効果は,資源変数であるエンプロイアビリティによって緩和される。雇用不安に関するレビュー研究でも,雇用不安と結果変数との関係に影響する調整変数として,個人差,個人属性,公平性,ソーシャ

ル・サポートと並んでコントロールに関する資源変数の重要性が示されている（De Witte & Sverke, 2008）。

そして，雇用不安と職務態度などとの関係に及ぼすエンプロイアビリティの影響についての先行研究には，以下のようなものがある。

① パキスタンのリストラクチャリングを行った公的企業を調査した結果，エンプロイアビリティは，雇用不安が変化に対する情緒的コミットメントに及ぼすネガティブな影響を緩和したが，変化に対する継続的・規範的コミットメントとの関係には影響しなかった（Kalyal, Berntson, Baraldi, Näswall, & Sverke, 2010）。

② スウェーデンのサービス産業のホワイトカラーを対象とした研究では，エンプロイアビリティが高い従業員も低い従業員も，雇用不安が高いほど退職意思が高いが，その傾向はエンプロイアビリティが高い従業員の方が顕著だった。さらに，エンプロイアビリティの高い従業員も低い従業員も，雇用不安が高いほど組織に居残り自分の望ましいように組織に影響しようと試みる行動（voice）はとらなくなるが，その傾向は高い従業員の方が顕著だった。加えて，エンプロイアビリティが高い従業員は，雇用不安が高いほど情緒的コミットメントが低下するが，低い従業員はほとんど変わらなかった。ただし，組織における回避次元の対処戦略（neglect）に対する効果は認められなかった（Berntson et al., 2010）。

③ スペインの多様な業種の従業員を対象とした研究では，雇用不安と職務満足，情緒的コミットメント，退職意思に対するエンプロイアビリティの影響はみられなかった（Sora et al., 2010）。

このように，先行研究ではエンプロイアビリティ知覚の調整効果がみられた研究とみられなかった研究とに分かれ，必ずしも統一的結果はみられていない。そのため，JD-Rモデルの一般的な適用可能性は明らかにされていない。また，Kalyal et al.（2010）を除き，欧米文化圏の組織従業員の分析にとどまり，わが国のようなアジア文化圏にある組織従業員の分析がなされていない。

また，結果変数として長期的なキャリア意識が取り上げられていない。前述したように，境界のないキャリアの時代といわれる現代，勤労者に求められて

いるのはキャリアを自己管理することである。それは，転職の一般化により，勤労者本人のキャリアの全体像を把握することが，現在所属している組織では不可能となっていることからも理解される。さらに，自己決定理論によれば，雇用不安が自身のキャリアに対するコントロール不能性につながるのに対し，エンプロイアビリティは，コントロールを向上させるツールと考えられる。それを前提とすれば，コントロール可能性という観点から，エンプロイアビリティは，雇用不安によるコントロール不全を回復するという意味で，調整変数としての役割を果たすだろう。また，通常キャリアの発達やキャリア目標の達成は，日常の職務遂行より長期の過程を要することを考慮に入れれば，エンプロイアビリティ知覚は長期的なキャリア意識に対してこそ調整変数として機能すると考えられる。以上から，本章ではJD-Rモデルに基づき仮説10-2を設定した。

> 仮説10-2　エンプロイアビリティは，雇用不安と，(a) 職務満足，(b) 組織コミットメント，(c) キャリア満足，(d) キャリア展望，(e) 退職意思との関係を調整する。すなわち，雇用不安と職務満足（仮説10-2a），組織コミットメント（仮説10-2b），キャリア満足（仮説10-2c），キャリア展望（仮説10-2d）とのネガティブな関係は，エンプロイアビリティ知覚が高いほど弱まる。加えて，雇用不安と退職意思（仮説10-2e）とのポジティブな関係は，エンプロイアビリティ知覚が高いほど強まる。

以上の変数間の関係を図式化した（図10-1）。

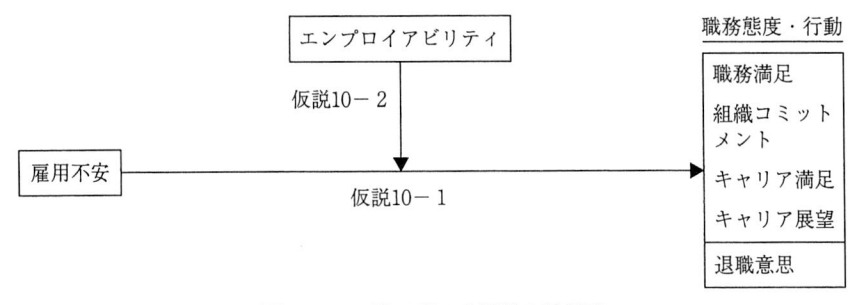

図10-1　第10章の変数間の関係図

第3節　実証分析の方法

1　調査対象・手続き

　本章は，2011年1月21日から1月26日に実施した，調査専門会社M社が保有するモニターに対するインターネットによる質問票調査（調査1）の結果に基づいている。対象は，正規従業員数30人以上で，病院，学校，農林・漁業，福祉・介護を除く民間企業に勤める正規従業員であり，433名から回答を得た（調査1：詳細は第5章第3節参照）。

2　調査項目

（1）雇用不安

　先行研究では，雇用不安を客観的基準（客観的雇用不安）と本人の主観的基準（主観的雇用不安）の両面からとらえてきた。例えば，非正規従業員であること（De Witte & Näswall, 2003）や，閉鎖が決まっている設備の古い高炉メーカーの従業員を新プラントへの配置転換が知らされていない段階で調査するなどの準実験的方法（Büssing, 1999）によって，客観的雇用不安を測定しようとしてきた。しかし，前者は妥当性が必ずしも高くないと考えられ，後者は特殊な環境での測定が必要になるなど，一般性に欠けるという欠点がある。一方，同様の状況でも，個人によって雇用不安が異なることは十分想定される。以上から，本章では主観的基準によることとした。先行研究の多くも，雇用不安を主観的基準でとらえてきた（e.g. Greenhalgh & Rosenblatt, 1984）。先行研究の主観的雇用不安尺度を検討した結果，Hellgren, Sverke, & Isaksson（1999）の3項目尺度を採用し，わが国組織の一般的状況と異なる1項目を削除した2項目の5段階リカート尺度とした（α=.81；具体的項目は表10-1参照）。この尺度は，本章と同様のフレームワークによって分析した先行研究でも採用されている（Berntson et al., 2010）。

（2）エンプロイアビリティ

本章では，第5章で妥当性，信頼性が確立されたエンプロイアビリティ知覚尺度を採用する。本章では，雇用不安と職務態度などとの関係に対する影響を分析する。その点，組織内での評価の高さを意味する内的エンプロイアビリティの高さは雇用不安が低いということと非常に類似しており，両者を区別して論じるという点に疑問が生じる。そこで，本章ではエンプロイアビリティを外的次元だけでとらえ，外的エンプロイアビリティに関する5項目を採用した（$α$=.87；表10－1参照）。

（3）職務態度，行動
① 職務満足

本章では，全般的職務満足の観点から「全体として現在の職務に満足している」という1項目尺度を採用した。

② 組織コミットメント

本章では，先行研究にならい，組織コミットメントの下位次元のなかから，変化と不確実性にネガティブな影響を受けるという点で，愛着的コミットメントを取り上げた（Berntson et al., 2010）。そして，多くの先行研究で採用されているMeyer et al.（1993）の尺度のうち，わが国組織の一般的状況と異なる項目を削除した3項目尺度を採用した（例：私は，この組織への強い"一体感"のようなものは感じていない（逆転項目））。

③ キャリア満足

先行研究で多く取り上げられているGreenhaus et al.（1990）の5項目尺度を採用した（例：これまでの経歴で達成した実績に満足している）。

④ キャリア展望

堀内・岡田（2009）を参考にした3項目尺度を採用した（例：これから先の，私のキャリアの展望は明るいと思う）。

⑤ 退職意思

Van Yperen et al.（1996）などを参考に，「現在と違う会社に転職したい」，「現在の会社をやめたい」という2項目尺度を採用した。

以上の職務態度などは，職務満足とキャリア満足や組織コミットメントとの間など，相関が高く，類似した対象を測定している可能性がある。そこで，第7章と同様，本章における職務態度，意思・行動を上記5変数で測定する妥当性を検証するため，確認的因子分析を行った。その結果，ある程度の水準で適合度が認められた（GFI=.92, CFI=.92, RMSEA=.08）。

（4）コントロール変数

雇用不安，エンプロイアビリティと職務態度などとの関係に影響すると考えられるコントロール変数として，先行研究にならい，性別，年齢，学歴を採用した（e.g. Berntson et al., 2010）。

第4節　雇用不安と職務態度などとの関係に及ぼすエンプロイアビリティの影響についての実証分析

1　尺度の妥当性

雇用不安尺度とエンプロイアビリティ尺度との弁別的妥当性を検証するために，因子分析を行った。各項目に天井効果，フロア効果ともみられなかったため，全項目を用いて最尤法による因子分析を行った。スクリーテストの結果，2因子が抽出され，累積寄与率は73.3％であった（表10－1）。その結果，第1因子がエンプロイアビリティ知覚，第2因子が雇用不安を構成する項目が，それぞれ高い因子負荷量を示した。これから尺度間の弁別的妥当性が検証されたといえる。太字の因子負荷量が0.4以上の項目を加算し，その平均値によって各尺度を構成する（以下の分析も同じ）。

表10-1　雇用不安とエンプロイアビリティ項目の因子分析

項　目	1	2	共通性
たいていの組織で今と似たような仕事を得るのは簡単だ	**.87**	.09	.72
もし解雇された場合は，すぐに同じ対価の仕事を見つけることができる	**.87**	.03	.74
必要になれば，似たような組織で現在と同じような仕事を得るのは簡単だ	**.75**	.12	.52
求職を開始したら，別の仕事が見つかると確信している	**.71**	-.08	.55
現在の組織を辞めた場合，新しい仕事を見つけるのは難しいだろう (R)	**.56**	.36	.56
近い将来に失業しないか不安を感じている	.05	**.90**	.79
望まずに退職しなければならなくなることがないか不安だ	.04	**.77**	.58
因子間相関		-.30	

注）n=433；因子負荷量は斜交プロマックス回転後のものである。太字は因子負荷量の絶対値0.40以上を示す。

2　仮説の検証

　仮説10-1および仮説10-2を検証するために，職務態度および退職意思を従属変数，雇用不安を独立変数とし，エンプロイアビリティを調整変数とする階層的重回帰分析を実施した（表10-2）。第1ステップでコントロール変数を投入し，第2ステップで雇用不安を，第3ステップでエンプロイアビリティを，最後に第4ステップで雇用不安とエンプロイアビリティとの交互作用項をそれぞれ追加投入した。仮説は，各ステップにおける決定係数の増分（$\triangle R^2$）のF検定とその正負の符号によって検証した。

　第2ステップの結果，雇用不安の追加による決定係数の増分は，職務満足，組織コミットメント，キャリア満足，キャリア展望および退職意思のすべてに対し有意であった。同時に，雇用不安は，職務満足，組織コミットメント，キャリア満足およびキャリア展望に対して有意にネガティブな，退職意思に有意にポジティブな影響を示した。そのため，仮説10-1は支持された。第3ステップの結果，エンプロイアビリティの追加による決定係数の増分は，職務満足，キャリア満足，キャリア展望および退職意思に対して有意であり，組織コミットメントに対して有意でなかった。同時に，エンプロイアビリティは，職務満足，キャリア満足，キャリア展望に対して有意にネガティブな，退職意思

に有意にポジティブな影響を示した。

　第4ステップの結果から，以下の点が明らかにされた。

　第1に，職務満足に対し，雇用不安とエンプロイアビリティ知覚との交互作用項の追加による決定係数の増分は有意でなかったため，仮説10－2aは否定された。

　第2に，組織コミットメントに対し，雇用不安とエンプロイアビリティ知覚との交互作用項の追加による決定係数の増分は有意であった。そこで，調整効果の詳細を明らかにするために，平均値＋1SD以上の高群と平均値－1SD以下の低群に分け，高低群別分析を行った。その結果，エンプロイアビリティ知覚高群も低群も，雇用不安が高まるほど組織コミットメントは低下するが，その程度は高群ほど緩やかな傾向がみられた（図10－2）。以上から仮説10－2bは支持された。

　第3に，キャリア満足に対し，雇用不安とエンプロイアビリティとの交互作用項の追加による決定係数の増分は有意であった。高低群別分析の結果，雇用不安が高まるほどエンプロイアビリティ低群はキャリア満足が低下するが，エンプロイアビリティ高群にはほとんど変化がみられない（図10－3）。以上から仮説10－2cは支持された。

　第4に，キャリア展望に対し，雇用不安とエンプロイアビリティとの交互作用項の追加による決定係数の増分は有意であった。高低群別分析の結果，エンプロイアビリティ高群も低群も，雇用不安が高まるほどキャリア展望はやや低下するが，その程度は高群ほど緩やかな傾向がみられた（図10－4）。以上から仮説10－2dは支持された。

　第5に，退職意思に対し，雇用不安とエンプロイアビリティ知覚との交互作用項の追加による決定係数の増分は有意ではなかったため，仮説10－2eは否定された。

　以上から，仮説10－2は部分的に支持されたといえる。

表10－2　雇用不安，エンプロイアビリティの職務態度などに対する重回帰分析

変数	職務満足 β				組織コミットメント β			
	Step1	Step2	Step3	Step4	Step1	Step2	Step3	Step4
性別	-.04	-.05	-.06	-.07	-.01	-.03	-.03	-.03
年齢	.09†	.09†	.11*	.11*	-.01	-.01	-.01	-.01
学歴	.06	.06	.05	.05	.02	.02	.02	.02
雇用不安		-.16**	-.12*	-.10*		-.28***	-.29***	-.27***
エンプロイアビリティ			.14**	.15**			-.04	-.03
雇用不安×エンプロイアビリティ				.09†				.11*
R^2	.01	.04**	.05***	.06***	.00	.08***	.08***	.09***
△R^2	.01	.02**	.02**	.01†	.00	.08***	.002	.01*

変数	キャリア満足 β				キャリア展望 β			
	Step1	Step2	Step3	Step4	Step1	Step2	Step3	Step4
性別	-.04	-.05	-.07	-.07	-.03	-.04	-.07	-.08†
年齢	.08	.08†	.12*	.12**	.03	.03	.08†	.08†
学歴	.13*	.13*	.11*	.11*	.08	.08	.06	.06
雇用不安		-.17***	-.08†	-.06		-.15**	-.03	-.01
エンプロイアビリティ			.33***	.34***			.46***	.47***
雇用不安×エンプロイアビリティ				.10*				.09*
R^2	.02*	.05***	.15***	.16***	.01	.03*	.23***	.23***
△R^2	.02*	.03***	.10***	.01*	.01	.02**	.20***	.008*

変数	退職意思 β			
	Step1	Step2	Step3	Step4
性別	.01	.03	.01	.01
年齢	-.17***	-.18***	-.14**	-.14**
学歴	.01	.01	-.01	-.01
雇用不安		.27***	.34***	.35***
エンプロイアビリティ			.30***	.30***
雇用不安×エンプロイアビリティ				.05
R^2	.03**	.10***	.18***	.18***
△R^2	.03**	.07***	.08***	.002

注）n=433；VIF：1.04-1.13；†p<.10　*p<.05　**p<.01　***p<.001

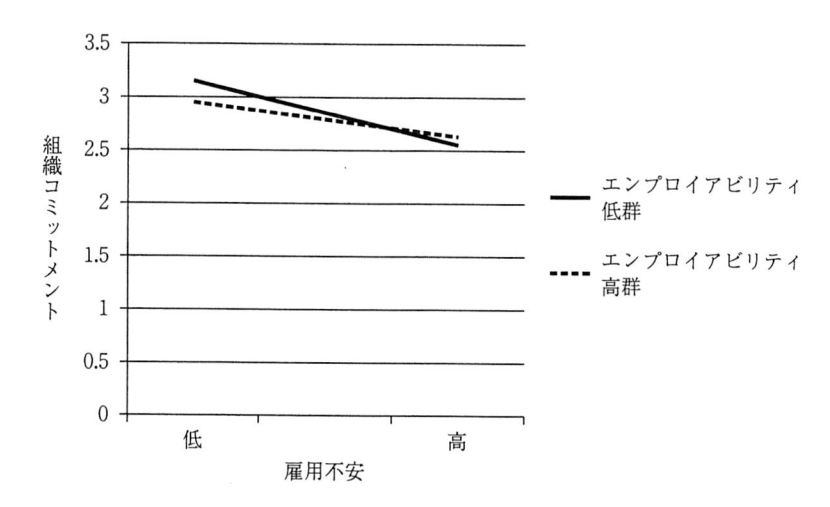

第10章　雇用不安と従業員の職務態度などとの関係に及ぼすエンプロイアビリティの影響 | 209

図10－2　雇用不安と組織コミットメントとの関係に対するエンプロイアビリティの調整効果

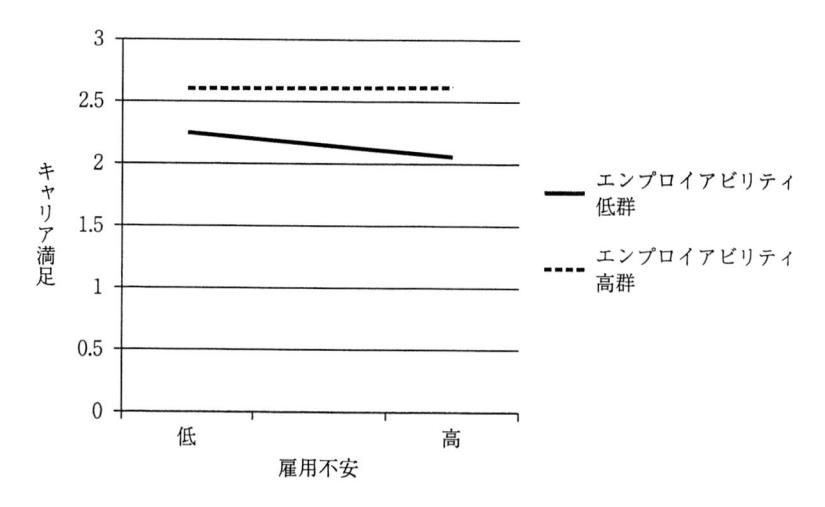

図10－3　雇用不安とキャリア満足との関係に対するエンプロイアビリティの調整効果

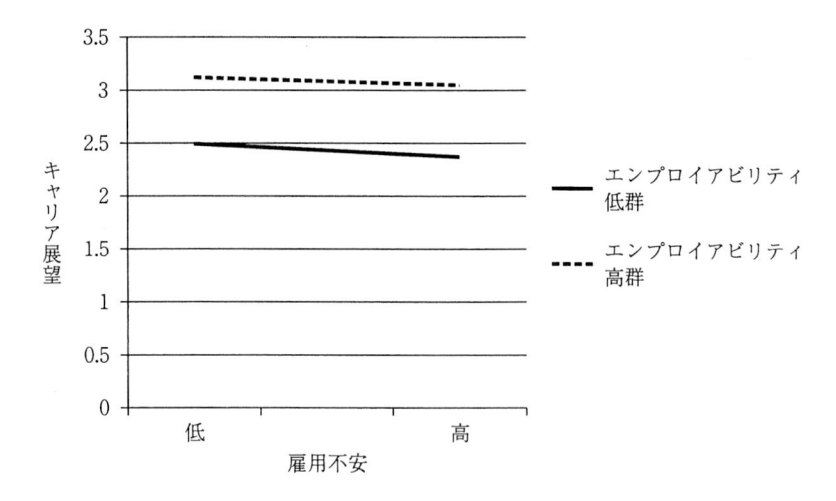

図10−4　雇用不安とキャリア展望との関係に対するエンプロイアビリティの調整効果

第5節　調査結果が示唆すること——考察と展望

1　雇用不安と職務態度・行動との関係

　わが国では，雇用不安の従業員に対する影響についての実証研究はほとんど行われてこなかった。しかし，本章の結果から，雇用不安は代表的な職務態度である職務満足および組織コミットメントにネガティブに作用し，同じく，代表的な職務行動を示す退職意思を促進することが明らかにされた。これらの反応は，従業員が自身を雇用不安というストレッサーから遠ざけようとすることから生じるというストレス理論から想定される結果となった（Chirumbolo & Hellgren, 2003）。また，将来の見通しの不全感を示す雇用不安が現在の職務態度や行動に影響したという結果は，勤労者は「過去の実績や現在の力関係よりも，未来への期待に寄り掛かって意思決定を行う」という未来傾斜原理（高橋，1996, p.62）からも理解されるだろう。多くの勤労者のキャリア発達は所属組織に依存するところが大きい。雇用不安は，人々にとって重要な位置づけにある組織というキャリアのプラットフォームを揺るがし，それを通して将来のキ

ャリアの不透明感を増大させる。本章では、そのような意味合いをもつ雇用不安が現在の職務態度にネガティブな影響を及ぼし、組織からの離脱行動を促進することが明らかにされた。

　また、この結果は心理的契約（序章第1節）の観点からも説明できるだろう。終身雇用が心理的契約となってきたわが国の企業で広く行われるようになった正規従業員の雇用調整は、まさにその契約の不履行であり、それは従業員の意識にネガティブな影響を与えたといえる。本章の結果から、実際の雇用調整に至る前の雇用不安の段階でも、従業員にネガティブな影響があることが実証されたといえる。

　同時に、雇用不安の長期的なキャリア意識に対するネガティブな影響も認められた。すなわち、自己のキャリアを回顧的に合理化し（キャリア満足）、将来のキャリアを合理的に展望する（キャリア展望）ことによってキャリア展開上のモチベーションが高まるという（本章で参考にした）キャリア・モチベーションモデルにおいて、雇用不安がキャリア意識にネガティブに働く要因であることが明らかにされた。

2　雇用不安と職務態度等との関係に及ぼすエンプロイアビリティの影響

　エンプロイアビリティが、雇用不安と職務態度などとの関係にある程度影響を与えることが明らかにされた。これは、雇用不安に対しすべての従業員が同じ反応をすると考えることは不合理であるという、先行研究の主張を支持する結果となった（King, 2000）。ストレス理論の枠組みでいうと、組織が予測困難な変化にさらされているとき、従業員は不可避的に発生するストレッサーに対処すること（coping）が求められる。エンプロイアビリティが高い従業員は、そうした状況においてより多様で有効な行動をとれるチャンスをもっているため、より有効な反応を示すことができる。つまり、エンプロイアビリティの高い従業員は、そのことをcopingのための重要な資源とすることで、雇用不安の状況から過度の悪影響を受けないということが示された（Fugate et al., 2004）。また、JD-Rモデルによって、雇用不安、エンプロイアビリティ知覚および職務態度などとの関係を説明することの妥当性がある程度認められた。需

要変数である雇用不安が与えるネガティブな影響が，資源変数であるエンプロイアビリティ知覚によって緩和されるというモデルが，いくつかの職務態度で明らかにされたのである。

　また，本章の結果，雇用不安の長期的なキャリア意識へのネガティブな関係に対するエンプロイアビリティの緩和効果が初めて示された。雇用不安による自己のキャリアのコントロール不全から回復するという，エンプロイアビリティの「保険」としての役割が明らかにされたといえる。勤労者のキャリアは，偶然の出来事に影響されるとともに，長い間には逆境にさらされ，中断や目標がなかなか達成できないなどの事態に陥ることも多く，そうした逆境にどのように対処するかが重要である。エンプロイアビリティのコントロール可能性という機能は，前述したキャリアの強靱さに結びつく。本章の結果は，典型的な逆境を示す雇用不安への本人の対処に必要な条件が示されたといえる。

　さらに，エンプロイアビリティ知覚の高い人は雇用不安を経験すると，関心を組織から彼ら自身のキャリアに向けるというわけではないことが見出された。これは，エンプロイアビリティを高めることが，必ずしも自分のキャリアだけを考え，転職を繰り返すようなjob hopperやcareerist（出世第一主義者）を生むことにつながるわけではないことを意味している。境界のないキャリアが一般化すると，他の組織でのキャリア成功に自信をもっているエンプロイアビリティ知覚が高い人は，雇用不安を経験した場合，組織コミットメントなどを低下させる傾向があるとも指摘されてきた（Sverke & Hellgren, 2002）。しかし，本章の結果から，こうした労働生活の不確実性に対する個人主義的な反応パターンはみられなかった。わが国では，境界のないキャリアの前提となる転職市場の整備は進んでいるとはいえず，また，組織をまたがってキャリアを発達させるという組織間キャリア発達の経験も乏しい。加えて，欧米と比較して集団主義的思考が比較的強いことが影響していると考えられる。

　しかし，退職意思に対しては，雇用不安とエンプロイアビリティの直接の影響とは別の，エンプロイアビリティによる調整効果はみられなかった。これには，退職意思を促進する効果は同じでも，その背景にある動機や理由が大きく異なっていることが関係しているのではないかと考えられる。すなわち，雇用

不安は，組織の柔軟性戦略によるかどうかは別としても，従業員からみると他律的な「やむを得ず」する退職を促進する。それに対し，エンプロイアビリティは，現在以上の処遇での転職が可能であることがベースにあるため，自発性が高い，自律的な退職を促進する。つまり，同じ退職促進でも意味が異なる。そのため，両者の相乗効果がみられなかったのではないだろうか。

第6節　本章の限界と今後の課題

　第1に，本章では雇用不安を多くの先行研究にならい，本人の知覚によって測定した。しかし，本章の結果を組織の人的資源管理に活かしていくには，実際の雇用調整との関連を調査していく必要があろう。すなわち，組織が雇用調整をせざるを得なくなった場合，それが従業員の職務態度・行動にどのような影響を与えるかを検討する必要がある。わが国で雇用調整が広く実施されていた頃，雇用調整の対象にならず組織に残留することを選択した人々が示す特有の心理的反応が，サバイバー・シンドロームと呼ばれた。次は自分が退職しなければならないのではないかという不安感，自分だけ雇用され続けていることへの罪悪感，経営陣に対する不信や怒りなどが報告されている（坂爪, 1999）。また，雇用調整が企業に及ぼすネガティブな影響として，残留を希望する従業員まで退職してしまうという例もみられた。これらは，まさに欧米の先行研究で指摘されてきた雇用不安の影響そのものである。これらの企業，個人に及ぼすネガティブな影響を最小限にするために，個人のエンプロイアビリティの高さがどのような機能を果たしたのか，果たさなかったのかなどについての詳細なケーススタディの実施が求められる。

　第2に，本章の対象が日本国内で勤務する正規従業員に限定されている点である。確かにこれは，本章の結果の一般化を妨げる可能性がある。しかし，少なくとも本章の結果は，アジアという研究文脈における雇用不安，エンプロイアビリティの知覚と職務態度などの関係の解明に結びつくものである。将来，文化的背景の異なる欧米での調査，さらにはアジアと欧米との間の比較調査の実施が望まれる。

第3に，組織の人的資源管理との関係の探究である。エンプロイアビリティは，もともと本人以外の組織，上司，労働市場がそれを評価することが想定されてきた。エンプロイアビリティ保障の面から考えると，従業員にスキルや知識を習得する仕組みを保障するという組織の人的資源管理の役割は重要である。経営環境の変動に対応するための組織の柔軟性戦略が不可避だとすれば，それにともない雇用不安自体が発生することは避けられないだろう。本章の結果から，雇用不安が高まっても，エンプロイアビリティ知覚を高めることによって職務態度などへのネガティブな影響が低減される可能性が示唆された。その場合，（必要であることが示唆された）エンプロイアビリティを高めるための人的資源管理をいかに実施していくかを探求することは，境界のないキャリアの時代におけるキャリア発達を一人一人の従業員に保障していく上で有意義な研究となろう。

【注】
1）統計的分析がなされた独立した複数の研究結果を統合して，一般化可能性を検討する手法である。

第11章

雇用不安と従業員の職務態度などとの関係に及ぼすエンプロイアビリティの影響（2）
―量的雇用不安と質的雇用不安との比較の観点から

　本章では，雇用不安と勤労者の職務態度や行動との関係に対するエンプロイアビリティの影響を，量的雇用不安と質的雇用不安との比較の観点から実証的に分析する。

第1節　量的雇用不安と質的雇用不安

　勤労者が雇用に関して抱く不安は，前章で検討した雇用の量的側面すなわちその獲得（就職や採用）や喪失（退職や解雇）に関する不安だけだろうか。初期の研究では，雇用不安は専らその量的側面に注目した単一次元の概念として考えられてきた。しかし，その後雇用不安における質的な側面の研究の必要性が指摘されるようになった。例えば，「職務の価値的側面の喪失は雇用不安の重要だがしばしば見過ごされてきた側面である」（Greenhalgh & Rosenblatt, 1984, p.441）などの指摘である。

　質的な側面についての雇用不安の具体的状況を考える場合，近年わが国でも進行してきたといわれる雇用の劣化という現象が注目される（竹信, 2009）。雇用の劣化は，厳密な定義がなされている学術用語ではない。しかし，この概念は，先行研究では労働密度の強化，賃下げ，就業形態の正規から非正規への変更などを意味しており，何らかの形で雇用の質的側面の悪化（低下）を問題としている。実際，雇用の多様化などの影響で，30－34歳男性の世帯収入が1997年と2007年の比較で約200万円減少したことなどが現象として指摘され

ている（吉池・白石・本田，2010）。

また，雇用の劣化には表面的に見たのではわかりにくい側面がある。例えば，管理職としての十分な権限も報酬も与えられずに管理職扱いされ，残業手当を支給されない「名ばかり管理職」は，金銭的報酬などの側面からみた雇用の劣化を示している。加えて，定期昇給または賞与が保障されない周辺的正社員（木下，2012），すなわち「名ばかり正社員」がかなりの程度存在することがわかってきた（NPO法人POSSE, 2008）。さらに，管理職のプレイヤー化も，職務内容の観点からみた雇用の劣化といえる。すなわち，人員削減などにより，自らも部下と同様に担当をもち，プレイヤーとして個人目標の追求が求められるようになってきた現場の管理職は，必然的に部下を統率し育成するという管理職本来の職務に従事する時間が減少する。その他，（量的側面としての）雇用は確保されたとしても，本人が望まないような仕事，例えばキャリアの蓄積がまったく期待できないような職務に転換させられるなど，雇用の劣化につながる事例が数多くみられるようになってきた。このように，リストラクチャリングなどの実施によって，雇用自体が危険にさらされるだけでなく，キャリア発達，収入，地位，職務の自律性など，職務に関する価値的側面が危険にさらされる雇用の劣化が，多様な形態でみられ問題化している。

この点を，主に雇用の量的側面の縮小を意味する雇用調整の観点から考えてみよう。業績悪化などを原因とした人件費削減のために行われる雇用調整は，わが国の組織では段階的に実施されることが多い。具体的には，目標とする人件費削減効果を得るために，残業規制・労働時間短縮，非正規従業員削減，新卒者・転職者採用中止，自宅待機・配置転換・出向・臨時休業，希望退職者募集・退職勧奨・指名解雇などの順に雇用調整が行われる（労務行政研究所，1985）。つまり，雇用調整において，本人が望まぬ残業規制や配置転換などの雇用の劣化は，雇用自体の喪失へ段階的に進行していく途中過程で起こることが多い。つまり，雇用の劣化と雇用自体の喪失とは関連性がある。しかし，わが国を含む多くの国々の雇用政策で専ら問題とされ続けてきたのは，失業率などを指標とする雇用の量的側面であった。雇用の質的側面の悪化，すなわち雇用の劣化に対しては，非正規従業員の正規従業員への登用促進（トライアル雇用）などを

除けば二の次とされてきた。

　加えて、いくつかの調査結果にみられるように、現在雇用劣化状況になくても、将来そのような状態に陥るかもしれないという従業員の不安感も高まってきた（厚生労働省，2003）。例えば、課長職廃止などの組織階層のフラット化が予想されることで、従業員は将来の（特に昇進による）キャリア発達への脅威を感じるだろう。こうした雇用の劣化に対する不安は、先行研究で「従業員の職務または職務の諸側面の継続性についての不安」（Hartley, Jacobson, Klandermans, & Van Vuuren, 1991, p.32）と定義される質的雇用不安（qualitative job insecurity：以下質的不安）と重なる。実際、先行研究における質的雇用不安には、労働条件の悪化、キャリア上の機会の欠如、減給や昇給幅の縮小などに対する不安が含まれ、雇用劣化に対する不安とほぼ重複する概念である。近年の多くの研究では、もともとの量的側面の雇用不安を量的雇用不安（quantitative job insecurity：以下量的不安）とし、質的不安との二次元で雇用不安をとらえるようになってきた（e.g. Hellgren et al., 1999）。本章でも、広義の雇用不安を量的不安と質的不安の2つの下位概念に分けて検討することとする。

第2節　量的・質的不安と職務態度などとの関係

　雇用不安自体は、同様の客観的状況にあっても強く感じる人もそれほど感じない人もみられ、個人差のある心理的概念である。つまり、雇用不安自体よりそれが従業員の職務態度や行動（そしてそれらを通して業績）にどのような（特にネガティブな）影響を与えるかの方が、従業員本人および組織にとって問題となろう。それでは、質的不安と職務態度などとの関係を先行の理論的観点から検討してみよう。

　第1がストレス理論である。量的不安同様、将来の職務の諸側面の喪失についての不安は、従業員にネガティブな影響を与えることが想定される（De Witte, De Cuyper, Handaja, Sverke, Näswall, & Hellgren, 2010）。この背景には、近年自己実現やキャリア開発の重要性が叫ばれ、若年層を中心に仕事のやりがいを求める傾向が強くなってきていることが影響しているだろう（リクルートワー

クス研究所，2010）。学生の就職活動においてインテンシブな実施を求められる自己分析も，その傾向に拍車をかけていると推測される。すなわち，自己分析の結果高まることの多い仕事に求める質的水準と，就職後に担当した仕事の水準とのミスマッチも，将来の雇用の劣化に対する不安を高めていると考えられる。

　第2が，職務特性理論である（Hackman & Oldham, 1975）。この理論は，上司から部下への権限の委譲や裁量権の拡大などを通して職務の自律性，完結性，多様性などの充実をめざす職務充実化が，従業員のモチベーションと職務満足を高め，業績を向上させると推論する。そして，この推論は多くの実証分析で支持されてきた。逆に考えると，そうした職務の価値的側面の喪失への不安を示す質的不安は，職務満足等にネガティブに影響することが想定される。

　以上，質的不安についても，理論的観点から職務態度などとのネガティブな関係が推論されるが，先行研究では両者の関係はどのように分析されてきただろうか。量的不安ほど多くはないが，量的不安と比較しつつ質的不安の影響を検討している先行研究がいくつかみられる。例えば，質的不安は職務満足にネガティブに作用し（e.g. De Cuyper et al., 2010），退職意思にポジティブに寄与していた（e.g. Hellgren et al., 1999）。量的不安と同様に，質的不安も職務態度などに対して前述の理論的観点による想定を裏づけるネガティブな影響がみられた。そこで，ストレス理論および職務特性理論の観点から以下の仮説を設定した。

仮説11-1　質的不安は，職務満足，組織コミットメント，キャリア満足，キャリア展望にネガティブに寄与し，退職意思にポジティブに寄与する。

　それでは，量的不安と質的不安とで職務態度などへの影響に違いはあるだろうか。一般に，組織の一員であることが失われることと比較すれば，職務の価値的側面の喪失の影響はそれほど大きくないなど，量的不安の方が質的不安より従業員によりネガティブな結果をもたらすと考える研究は多い（e.g. De

Witte, 1999)。この見解は妥当だろうか。まず，この点を理論的フレームワークによって考察してみよう。

　第1が，前述した心理的契約の観点である。心理的契約は，雇用不安の態度などへのネガティブな影響を説明する変数として考えられてきた（De Cuyper & De Witte, 2008）。前述したように，これまでわが国の企業は，相当の理由がない限り従業員を解雇しないという終身雇用が心理的契約となってきた。そのため，量的不安は雇用者による心理的契約の破棄と知覚されることで，従業員の裏切られ感を高め，職務態度等にネガティブな影響を与える。同様に，質的不安も心理的契約の破棄の知覚と裏切られ感の原因となると考えられる。なぜなら，若年層を中心に自己実現ややりがいが重視されるようになってきた現代では，その見通し不全のネガティブなインパクトが大きくなってきたと考えられる（例　衝動的離職）。つまり，雇用喪失だけでなく，雇用の劣化つまり職務の価値的側面喪失への不安も，職務態度・行動に大きな影響を与えるだろう。すなわち，質的不安も量的不安と同様に，職務態度等にネガティブな影響を与えると考えられる（De Witte et al., 2010）。

　第2が，潜在的剥奪モデル（latent deprivation model: Johada, 1984）である。このモデルによると，量的不安は，雇用による（意図せざる）副産物である以下の5つの状況の潜在的喪失を意味する（De Witte et al., 2010）。すなわち，①時間の使用や展望をうまく組み立てる，②社会的地位の展望を高める，③役に立つと感じるような共通の事業に参加する，④社会で認められた地位を獲得する，⑤活動的になるなどの金銭的，社会的資源の獲得である。確かに，多くの勤労者にとって，雇用されることで金銭的資源はある程度確保されるだろう。また，組織における労働が生活の中心となることで，生活時間の配分や組み立てもメリハリがつく。これらの仕事以外の生活基盤に関係するメリットは，雇用され職に就いているということから主に得られる副産物であり，雇用の価値的側面の喪失ではこれらの状況が失われる程度は低いと考えられる。つまり，従業員への影響全体は，量的不安の方が質的不安より大きいと考えられるが（Greenhalgh & Rosenblatt, 1984），量的不安と質的不安とで従業員に影響する方向性が異なっていることが示唆される。すなわち，量的不安は職業生活以外にも

深刻な影響を与えるのに対し，質的不安は基本的には職業生活への影響にとどまるだろう。言い換えると，一般的な幸福感や健康への影響は量的不安の方が質的不安より大きいが，職務態度などへの影響には両者間で大きな差異はみられないことが想定される。

　先行研究では，量的不安と質的不安とで職務態度などへの影響に違いはみられただろうか。量的不安と質的不安は，職務満足（e.g. De Cuyper et al., 2010），バーンアウト（De Witte et al., 2010），退職意思（e.g. Hellgren et al., 1999）にみられるように，職務態度などに対し，同程度にネガティブに影響したという結果が多い。しかし，量的不安は質的不安より組織コミットメント，（組織への）信頼，職務探索行動にネガティブに作用した（Reisel & Banai, 2002），逆に，質的不安の方が量的不安より仕事上のコミットメントにネガティブに影響した（Roskies & Louis-Guerin, 1990）などの結果もみられ，見解の統一がみられたとはいえない。

　以上，理論的考察および先行研究の検討から，量的不安と質的不安とで，職務態度などへの影響には大きな差異がみられないことが想定されるが，仮説の設定までは至らないと考えられる。そこで，本章で改めて，両者の職務態度などへの影響の大きさを比較する。

第3節　量的・質的不安と職務態度などとの関係に及ぼす　　　　エンプロイアビリティの影響

　エンプロイアビリティは，量的不安同様質的不安による望ましくない影響を緩和するだろう。なぜなら，エンプロイアビリティの高い従業員は，組織や職務の状況変化に対応するため自身を変革する意欲と能力をもっていると考えられるからだ。一般に，職務やキャリアにおいてより良い地位を占めている従業員は，雇用の劣化や質的不安がみられるような状況においてもより影響力を行使し，対処できると考えるだろう。しかし，先行研究では，量的不安との比較の観点から質的不安と職務態度などとの関係に与えるエンプロイアビリティの影響を分析した研究は行われていない。言い換えると，雇用の劣化が進行した

第11章 雇用不安と従業員の職務態度などとの関係に及ぼすエンプロイアビリティの影響 (2) | 221

現代の多様な雇用不安状況を踏まえた関係は検討されていない。

　本章では，前章同様分析フレームワークとして，JD-Rモデルを応用した，資源変数は需要変数によって発生するだろう望ましくない効果を緩和するというモデルを採用した。JD-Rモデルは，質的不安の職務態度などへのネガティブな関係をエンプロイアビリティが緩和するという関係にも，基本的に適用可能と考えられるからだ。以上から，本章では，JD-Rモデルに基づき質的不安に関する仮説11－2を設定するとともに，量的不安との比較を行う。

仮説11－2　エンプロイアビリティは，質的不安と，(a) 職務満足，(b) 組織コミットメント，(c) キャリア満足，(d) キャリア展望，(e) 退職意思との関係を調整する。すなわち，質的不安と職務満足（仮説11－2a），組織コミットメント（仮説11－2b），キャリア満足（仮説11－2c），キャリア展望（仮説11－2d）とのネガティブな関係は，エンプロイアビリティが高いほど弱まる。加えて，質的不安と退職意思（仮説11－2e）とのポジティブな関係は，エンプロイアビリティが高いほど強まる。

　以上の変数間の関係を図式化した（図11－1）。

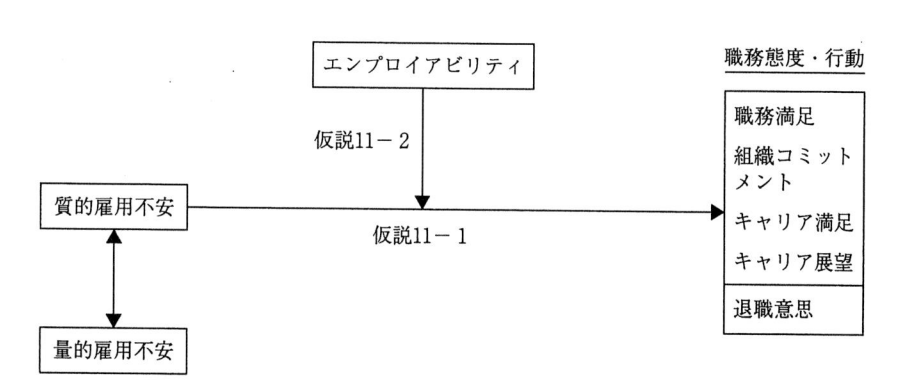

図11－1　第11章の変数間の関係図

第4節　実証分析の方法

1　調査方法・対象

　本章は，2012年2月9日から2月24日に実施した，調査専門会社M社が保有するモニターに対するインターネット調査の結果に基づいている。対象は，正規従業員数30人以上で，病院，学校，農林・漁業，福祉・介護を除く民間企業に勤める正規従業員である。状況が異なることが予想される零細規模の組織や業種を除くためである。配信数433件で回収308票（回収率71.1％），308票が有効回答票だった（有効回答率100.0％）。

　対象者の平均年齢は，45.9歳（標準偏差8.2），平均勤続期間は16.1年（10.7），男性が86.0％，女性が14.0％だった。学歴は，高校卒23.1％，短大・専門学校卒14.6％，大学卒53.9％，大学院修了8.4％であった。職種は，研究・開発14.3％，営業（販売・セールス）14.0％，営業（管理・事務）12.0％，情報処理9.7％，製造9.1％などの比率が高かった。職位は，部長クラス以上7.1％，（部）次長クラス4.2％，課長クラス16.9％，課長代理（補佐）クラス3.9％，係長・主任クラス23.1％，役職なし39.0％，専門職その他5.8％だった。

2　調査項目

（1）雇用不安

　量的不安は，前章と同じ2項目の5段階リカート尺度とした（α =.76）。具体的項目は，「望まずに退職しなければならなくなることがないか不安だ」および「近い将来に失業しないか不安を感じている」である。

　また，先行研究における質的不安尺度の多くは，量的不安とは異なるカテゴリーで測定している。量的不安における雇用の喪失はすべての従業員にとってネガティブな意味をもつのに対し，質的不安における職務の価値的側面はすべての従業員にとって同様の意味をもつとは限らない。そのため，各側面の本人における重要性などの意味づけをきくワーディング（言い回し）やカテゴリーで測定する必要がある。本章では，先行研究で代表的な職務の価値的側面（の

喪失への不安）として採用されてきた，部署におけるリストラクチャリング，減給，キャリア上の機会の減少，異動，労働時間の短縮，労働負荷の増大，職務上の変化に及ぼす自身の影響の低下という7つを取り上げた。そして，<u>近い将来，（本人が）望まないかまたは同意しないようなそれらの変化が起こることに対する心配の程度</u>を，「全く心配していない」（1）から「非常に心配している」（5）までの5段階できいた7項目尺度（Arnold & Staffelbach, 2011：α=.86）を採用した。全項目で因子分析（最尤法）を行った結果，全項目の因子負荷量が高い1因子が抽出され，一因子性が確認された。

（2）外的エンプロイアビリティ（α=.83），（3）職務態度・行動，（4）コントロール変数については，前章と同じである。

第5節 量的不安・質的不安と職務態度などとの関係に及ぼすエンプロイアビリティの影響についての実証分析

仮説11-1および仮説11-2を検証するために，職務態度などを従属変数，量的および質的不安を独立変数とし，エンプロイアビリティを調整変数とする階層的重回帰分析を実施した。同時に，量的不安でも同じ分析を実施した（表11-1）。第1ステップでコントロール変数を投入し，第2ステップで質的および量的不安を，第3ステップでエンプロイアビリティを追加投入した。加えて，第4ステップで量的不安とエンプロイアビリティとの交互作用項を投入し，第5ステップでは第4ステップで投入した交互作用項を削除した後，質的不安とエンプロイアビリティとの交互作用項を追加投入した。仮説は，各ステップにおける決定係数の増分（$\triangle R^2$）のF検定とその正負の符号によって検証した。

第2ステップの結果，量的不安は組織コミットメント，キャリア満足およびキャリア展望に対しネガティブに寄与し，退職意思にポジティブに寄与していた。同じく，質的不安は職務満足およびキャリア満足に対しネガティブに寄与し，退職意思にポジティブに寄与していたが，組織コミットメントおよびキャリア展望に寄与していなかったため，仮説11-1は部分的に支持された。

表11－1　雇用不安，エンプロイアビリティの職務態度などに対する重回帰分析

変数	職務満足 β					組織コミットメント (α=.81) β				
	Step1	Step2	Step3	Step4	Step5	Step1	Step2	Step3	Step4	Step5
性　別	.11†	.12*	.11†	.10†	.08	.00	-.03	-.02	-.02	-.04
年　齢	.08	.04	.04	.04	.05	.09	.05	.04	.04	.05
学　歴	.12*	.14*	.14*	.13*	.14*	-.06	-.04	-.04	-.05	-.04
量的不安		-.04	-.02	-.01	-.01		-.32***	-.34***	-.34***	-.33***
質的不安		-.24***	-.23***	-.21**	-.23***		-.09	-.10†	-.10	-.10†
エンプロイアビリティ			.08	.08	.10†			-.10†	-.10†	-.09
量的不安×エンプロイアビリティ				.17**					.06	
質的不安×エンプロイアビリティ					.17**					.11†
R²	.03**	.09***	.09***	.12***	.12***	.00	.13***	.14***	.14***	.15***
△R²	.03*	.06***	.00	.03**	.02**	.00	.13***	.01	.00	.01

変数	キャリア満足 (α=.85) β					キャリア展望 (α=.74) β				
	Step1	Step2	Step3	Step4	Step5	Step1	Step2	Step3	Step4	Step5
性　別	.13*	.12*	.08	.08	.06	.14*	.13*	.09	.09	.06
年　齢	.09	.04	.07	.07	.08	-.11†	-.14*	-.11*	-.11*	-.10†
学　歴	.09	.11*	.11*	.10†	.11*	.10†	.12*	.12*	.11*	.12*
量的不安		-.16**	-.10†	-.09	-.09		-.15*	-.08	-.07	-.07
質的不安		-.19**	-.16**	-.15	-.16**		-.12†	-.08	-.07	-.08
エンプロイアビリティ			.31***	.31***	.32***			.35***	.35***	.37***
量的不安×エンプロイアビリティ				.15**					.10†	
質的不安×エンプロイアビリティ					.09†					.14**
R²	.03**	.12***	.21***	.23***	.21***	.04**	.08***	.20***	.20***	.21***
△R²	.03*	.09***	.09***	.02**	.01	.04**	.05***	.11***	.01	.02*

変数	退職意思 (α=.77) β				
	Step1	Step2	Step3	Step4	Step5
性　別	.04	.05	.01	.01	.01
年　齢	-.16**	-.12*	-.08	-.08	-.08
学　歴	.03	.01	.00	.00	.00
量的不安		.17**	.24***	.24***	.24***
質的不安		.17**	.21***	.22***	.21***
エンプロイアビリティ			.34***	.34***	.34***
量的不安×エンプロイアビリティ				.06	
質的不安×エンプロイアビリティ					.01
R²	.02†	.10***	.20***	.20***	.20***
△R²	.02	.08***	.10***	.00	.00

注）n=308；VIF：1.03-1.36；†p<.10　*p<.05　**p<.01　***p<.001

第11章　雇用不安と従業員の職務態度などとの関係に及ぼすエンプロイアビリティの影響 (2)　｜　225

　第3ステップの結果，エンプロイアビリティはキャリア満足，キャリア展望および退職意思にポジティブに寄与していたが，職務満足および組織コミットメントには寄与していなかった。

　第4ステップの結果，職務満足に対して，量的不安とエンプロイアビリティとの交互作用項の追加による決定係数の増分が有意だった。そこで，調整効果の詳細を明らかにするために，平均値＋1SD以上の高群と平均値－1SD以下の低群に分け高低群別分析を行った。その結果，エンプロイアビリティ高群は，量的不安が高いほど職務満足は高いが，低群は逆に量的不安が高いほど職務満足が低い（図11－2）。また，キャリア満足に対して，交互作用項追加による決定係数増分が有意だった。高低群別分析の結果，エンプロイアビリティ高群は，量的不安が高くても低くてもキャリア満足にほとんど差がみられないが，低群は量的不安が高いほどキャリア満足が低い（図11－3）。しかし，組織コミットメント，キャリア展望および退職意思に対して，交互作用項追加による決定係数の増分は有意ではなかった。

　第5ステップの結果，職務満足に対して，質的不安とエンプロイアビリティ

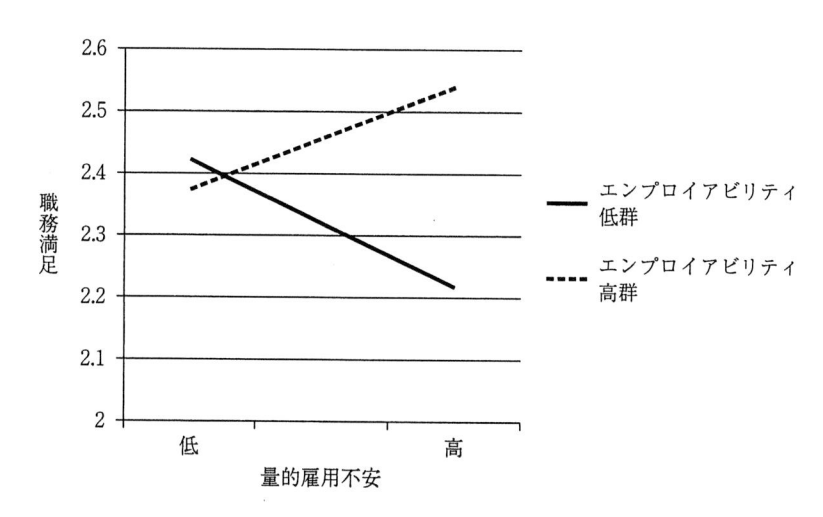

図11－2　量的不安と職務満足との関係に対するエンプロイアビリティの調整効果

との交互作用項追加による決定係数の増分が有意だった。高低群別分析の結果，エンプロイアビリティ高群も低群も，質的不安が高いほど職務満足は低いが，

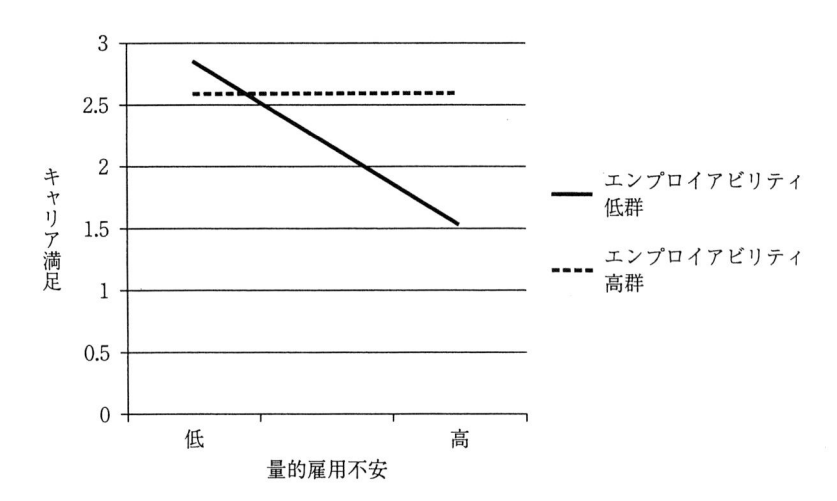

図11-3 量的不安とキャリア満足との関係に対するエンプロイアビリティの調整効果

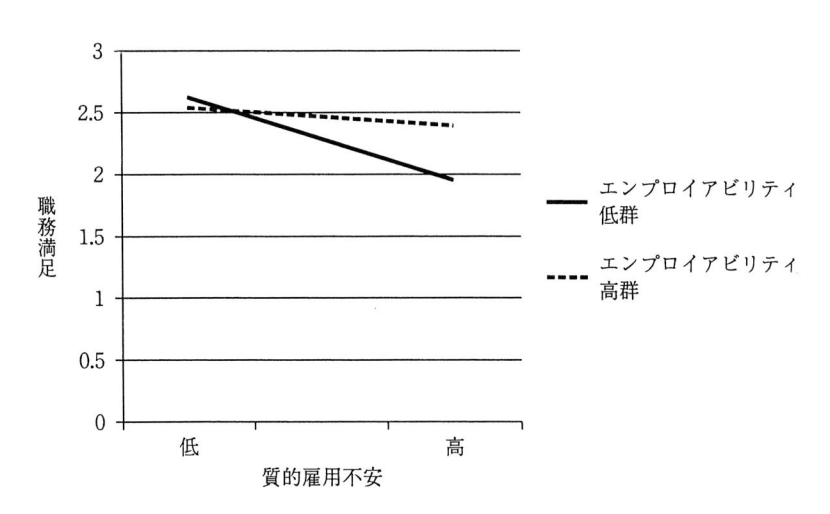

図11-4 質的不安と職務満足との関係に対するエンプロイアビリティの調整効果

その傾向は低群ほど顕著だった（図11－4）。以上から仮説11－2aは支持された。キャリア展望に対して，交互作用項追加による決定係数の増分が有意だった。高低群別分析の結果，エンプロイアビリティ高群は，質的不安が高くても低くてもキャリア展望にほとんど差はみられないが，低群は質的不安が高いほどキャリア展望が低い（図11－5）。以上から仮説11－2dは支持された。組織コミットメント，キャリア満足および退職意思に対して，交互作用項追加による決定係数の増分は有意ではなかったため，仮説11－2b，仮説11－2cおよび仮説11－2eは否定された。仮説11－2は部分的に支持されたといえる。

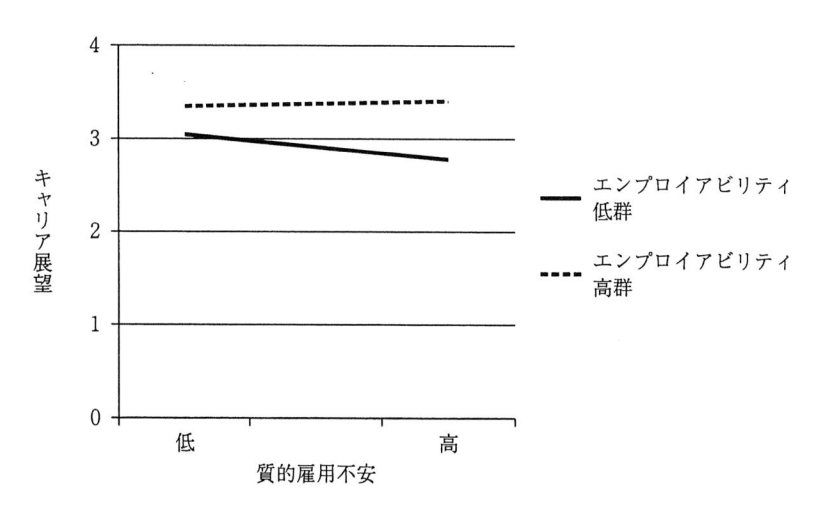

図11－5　質的不安とキャリア展望との関係に対するエンプロイアビリティの調整効果

第6節　調査結果が示唆すること──考察と展望

1　雇用不安と職務態度などとの関係

本章の結果，雇用不安は全体として職務態度・行動にネガティブに寄与し，欧米の多くの先行研究の結果を裏づけたといえる。これまで量的不安と質的不安の影響を比較した先行研究では，単一のまたは少数の職務態度への影響しか

分析しなかったため，影響の差異についての検討は困難だった。本章では，5つの職務態度などを対象としたため，対象による雇用不安の影響の違いをかなりの程度検討することができた。

　それでは，量的不安と質的不安の影響を比較してみよう。職務満足に対しては，質的不安の方が量的不安より強いネガティブな影響を，逆に組織コミットメントに対しては，量的不安の方が質的不安より強いネガティブな影響を与えていた。心理的契約の観点からみると，雇用喪失の不安が心理的契約の破棄と従業員に知覚され，それによる従業員の裏切られ感が直接の対象である所属組織に愛着の低下という形で向けられたという関係が明らかにされた。逆に，日常の職務に対する満足感には，職務の価値的側面の喪失の方が影響することが示唆された。仕事の価値の高さややりがいの喪失の不安も心理的契約の破棄として知覚されるが，それによるネガティブなインパクトは所属組織より，その直接の対象である仕事に向かうことが示された。この点は，対象を共通にする組織行動概念間の関係は，対象を異にする組織行動概念間の関係より強いという「対象の共通性優位仮説」（山本，1996）で説明可能である。この仮説を，本章の雇用不安と職務態度との関係に適用すると，<u>組織</u>（での雇用）を対象とした不安である量的不安は，<u>組織</u>を対象とした職務態度である組織コミットメントとの関係の方が，<u>職務</u>を対象とした職務態度である職務満足[1]との関係より強い。逆に，<u>職務</u>（の価値的側面）を対象とした不安である質的不安は，<u>職務</u>を対象とした職務満足との関係の方が，<u>組織</u>を対象とした組織コミットメントとの関係より強いと考えられる。本章では，この仮説通りの結果がみられたといえる。

　それに対し，量的不安と質的不安は，キャリア満足とキャリア展望という長期のキャリア意識に対して類似したネガティブな影響を示した。量的不安のキャリア意識に対する影響は前章で認められたが，質的不安の影響は本章で初めて明らかにされた。London（1983）のキャリア・モチベーションモデルでは，キャリア展開上のモチベーションであるキャリア・モチベーションを高めるには，自己のキャリアを回顧的に合理化すること（キャリア満足）と将来のキャリアを合理的に展望すること（キャリア展望）の両方が必要とされている。こ

のモデルでは，組織による雇用保障や挑戦的職務の付与がそれらを向上させる有力な状況要因である。本章の結果，その逆の状況である量的不安や質的不安がキャリア・モチベーションにネガティブな影響を与えることが初めて明らかにされた。これらの点は，長期的なキャリア目標達成意欲などへのネガティブな影響を通して，組織の目標管理にネガティブな影響を与えることも考えられよう。

　また，量的不安も質的不安も，退職意思にほぼ同程度のポジティブな寄与を示した。わが国の転職者を対象としたいくつかの公的調査では，会社の将来への不安（量的不安と類似）とともに，労働条件や仕事内容への不満（質的不安と関連）が転職理由として挙げられており，勤労者の退職に雇用不安が深く関わっていることが理解される（e.g. 厚生労働省，2007）。また，組織の雇用保障がリテンションを促進することが多くの研究で明らかにされてきた（山本，2009）。しかし，本章の結果，それに加え雇用の劣化を防止するための職務充実化，権限委譲やキャリア開発などの施策が必要であることが示唆された。

　以上から，雇用不安は全体として職務態度などにネガティブに寄与する。しかし，キャリア意識や退職意思のように，量的不安と質的不安とで類似した影響を受けるものと，職務満足や組織コミットメントのように異なった影響を受けるものとがあることが示された。今後は，対象とする職務態度の範囲を広げた調査を行うことで，雇用不安と職務態度との関係において，対象の共通性優位仮説の一般化など統一的な見解を導き出すことを課題としたい。

2　雇用不安と職務態度などとの関係に及ぼすエンプロイアビリティの影響

　エンプロイアビリティが雇用不安と職務態度などとの関係にある程度影響することが，量的不安だけでなく質的不安でも明らかにされた。多くの勤労者が量的・質的不安の状況にあるなか，そのネガティブな影響を低減させる効果がエンプロイアビリティにみられたのである。

　ストレス理論のフレームワークでは，組織が予測困難な変化にさらされているとき，従業員は不可避的に発生するストレッサーに対処すること（coping）が求められる。エンプロイアビリティの高い従業員は，それをcopingのため

の重要な資源とすることで，量的不安の状況から過度の悪影響を受けない（Fugate et al., 2004）ということが，質的不安に対しても示された。また，JD-Rモデルによって雇用不安，エンプロイアビリティおよび職務態度との関係を説明することの妥当性が，質的不安でもある程度認められた。つまり，需要変数である質的不安が与えるネガティブな影響が資源変数であるエンプロイアビリティによって緩和されるというモデルが，いくつかの職務態度で明らかにされたのである。

　まず，量的不安と質的不安とで共通してエンプロイアビリティの効果がみられたのは，職務満足に対してであった。つまり，雇用喪失の不安が職務満足に与えるネガティブな効果も，職務の価値的側面喪失の不安が与えるネガティブな効果も，エンプロイアビリティが高いことで緩和されることが明らかにされた。質的不安は，業績不振と結びつきやすい量的不安よりも一般に多くの組織でみられるだろう。同時に，職務満足は日常の職務遂行レベルでの従業員満足（employee satisfaction）を示し，その向上は，組織の人的資源管理の目的として挙げられることが多い（森, 1989）。これらの点から考えると，組織のエンプロイアビリティ保障は，広範囲の雇用不安による短期的だが日常の職務に密接に関連するネガティブな影響を緩和する可能性が指摘できるだろう。

　さらに，本章の結果，雇用不安と長期的なキャリア意識との間のネガティブな関係に対するエンプロイアビリティの緩和効果が認められた。また，職務満足の場合と同様，この効果が量的不安だけでなく質的不安にも認められた。多くの組織で幅広く認められる多様な形態の雇用不安が，従業員の長期的なキャリア意識に与えるネガティブな影響をも，組織のエンプロイアビリティ保障が低減する可能性が明らかにされた。

　しかし，量的不安と質的不安とを比較すると，エンプロイアビリティの緩和効果が認められたキャリア意識が異なっていた。まず，量的不安とキャリア満足とのネガティブな関係に対するエンプロイアビリティの緩和効果が認められた。現代は，多くの勤労者が組織に雇用され，自身のキャリア発達を組織に依存している。その状況で，所属組織での雇用不安に加えエンプロイアビリティが低ければ，雇用を通した自身のキャリア発達における満足感が生まれにくい

ことは十分想定できる。逆に，エンプロイアビリティが高ければ，所属組織での雇用不安は高くても転職して雇用が確保されるという安心感がある。つまり，キャリア発達のプラットフォームともいえる雇用を揺るがされることは少なく，キャリア満足の低下を防げるだろう。質的不安の場合は，雇用自体への不安ではなく所属組織での雇用は確保されるため，緩和効果は量的不安ほど高くなかったと考えられる。

　次に，質的不安とキャリア展望とのネガティブな関係でエンプロイアビリティの緩和効果が認められた。エンプロイアビリティは，（他の組織で）現在と同等以上の価値をもつ職務に従事できる能力を示す。所属組織で職務の価値が低下するという不安が将来のキャリア上の展望を暗くしているという状況は，以下の状況と近いだろう。例えば，若年勤労者が将来のキャリア上の機会の減少の不安から，ロールモデルを組織内に見出せなかったり，5年後，10年後の自分のキャリアを組織内で見通せないという状況である。そうした場合，エンプロイアビリティが低ければ，組織でのキャリア発達の展望は開けない。逆に，エンプロイアビリティが高ければ，他の組織でのキャリア発達の展望は開けやすいだろう。つまり，職務の価値的側面喪失の不安のキャリア発達の展望に対するネガティブな効果を，同等以上の価値をもつ職務に従事可能であることが軽減したと解釈できるのである。

　しかし，退職意思に対しては前章の量的不安と同様，質的不安でも，エンプロイアビリティによる緩和効果はみられなかった。減給，異動，労働時間短縮などに対する不安も，量的不安同様，経営側の他律的な施策による不安を示す。それに対し，エンプロイアビリティは，現在以上の処遇での転職が可能であることを基盤に，自発性が高い，自律的な退職を促進する。つまり，同じ退職促進でも意味が異なるため，両者の相乗効果がみられなかったのではないだろうか。

　本章によって，雇用不安におけるエンプロイアビリティの役割の重要性が明らかにされた。今後，量的・質的不安はどのような組織でも発生することが考えられる。当然勤労者にとっても，そうした状況に備えておけなければならないだろう。そのためには，組織には能力開発を中心としたエンプロイアビリテ

ィ保障の充実が，勤労者には自身のエンプロイアビリティの把握と自己啓発を積極的に行うことによるその向上が求められる。

第7節　本章の限界と今後の課題

　本章では雇用不安，エンプロイアビリティが影響する対象を従業員の職務上の態度，行動に限定した。しかし，雇用不安，特に量的不安は，一般的幸福感や健康などで測定される仕事以外の生活に影響することが想定される。この点は，本章で参考にしたJD-Rモデルがもともと疲労や健康障害等を対象としているように，ストレス理論の観点からも検討されてきた。実際，いくつかの先行研究でも分析されてきた（e.g. De Witte et al., 2010）。今後それらも分析することによって，生活基盤や人生全体も視野に入れた雇用不安の影響，さらにはそれに対するエンプロイアビリティの効果を探究していきたい。

【注】
1）本章では，職務満足を「全体として現在の職務に満足している」という1項目尺度で測定しており，職務を対象とした職務態度と解釈されたと考えられる。

第12章

エンプロイアビリティ保障の実証的研究

　本章では，欧米の組織で雇用保障に代わって注目されてきたエンプロイアビリティ保障とわが国の組織におけるその有効性を，組織の能力開発の観点から分析する。

第1節　エンプロイアビリティ保障の重要性

　序章で述べたように，エンプロイアビリティを組織的観点から組織従業員のものとしてみた場合，内的エンプロイアビリティおよび外的エンプロイアビリティが高い勤労者ほど意に添わず辞めさせられることも少なく，仮に辞めさせられても転職が可能となる。これが，欧米の組織を中心に，従来の雇用保障に替わりエンプロイアビリティ保障が重視されるに至った背景である。本章では，エンプロイアビリティ保障を，内的エンプロイアビリティを高める内的エンプロイアビリティ保障と，外的エンプロイアビリティを高める外的エンプロイアビリティ保障とに分けて考える。組織の時代といわれ，人々のキャリア発達が多かれ少なかれ組織に依存している現代，エンプロイアビリティ向上には，組織の役割が欠かせない。そこで，序章で述べたように，エンプロイアビリティ保障のためには能力開発に関する制度を組織が整備・拡充していくことが必要となろう。エンプロイアビリティを，労働力の教育訓練に関するすべての最新の議論の目標と考えている論者もいるくらいである（Sheckley, 1992）。

　エンプロイアビリティ保障による勤労者のメリットとして，境界のないキャリアの時代といわれる現代，組織外での雇用可能性の向上は，将来に向けての

安心した「保険」となることが挙げられる。また，組織間キャリアの発達につながることが挙げられる（第2章第6節）。組織側のメリットとしては，エンプロイアビリティ保障が組織と従業員との間の心理的契約として成立することにより，（社会的交換理論により）組織へのコミットメント向上につながることが考えられる。これは，雇用主の魅力度を示す組織のエンプロイメンタビリティ（高橋，1999）向上と言い換えることもできる。すなわち，それによって高業績人材の定着（リテンション）の促進も期待できる。このようなメリットが長年指摘されてきたにも関わらず，先行研究では，エンプロイアビリティ保障に関する実証分析は最近までほとんど行われてこなかった。その理由の1つが，エンプロイアビリティの捉え方の変化であろう。過去10年の間に，エンプロイアビリティは個人の単なる能力概念としてだけでなく，雇用可能性実現のプロセス（を含んだもの）としてとらえられるようになってきた（Camps & Majocchi, 2010）。すなわち，エンプロイアビリティにつながる能力やスキルのリスト化の研究がほぼ出尽くし，エンプロイアビリティ自体を人的資源管理など経営管理に応用する研究が，近年数多く行われるようになってきたのである。

第2節　組織の能力開発によるエンプロイアビリティ保障

わが国組織を対象としたいくつかの調査では，正規従業員に対しても非正規従業員に対しても，従業員の能力開発は，企業主体で決定すべきであると考えている企業の比率は，個人主体で決定すべきであると考えている企業の比率より一貫して高くなっている（厚生労働省能力開発基本調査など）。つまり，自己啓発支援の重視など，能力開発の主体が企業主導から個人主導へ移行する傾向もみられる一方（山本，2000），わが国企業には従業員の能力開発を重視しようとする傾向は根強いと考えられる。しかし，わが国の組織では，欧米諸国とは異なりエンプロイアビリティ保障を目的に能力開発を実施している組織はほとんどみられないだろう。そこで，本章は，組織の能力開発によるエンプロイアビリティ保障成立の可能性およびその有効性の解明の2点を目的とする。

第1に，エンプロイアビリティ保障の成立について，わが国の組織でも能力

開発がエンプロイアビリティ向上に結びつくかどうかという観点から検討する。前述したように，エンプロイアビリティ保障は従業員が人的資本（資格，専門知識，職務経験など）を蓄積する機会から生まれる。人的資本理論によると，組織による能力開発は人的資本に対する重要な投資であり，その投資に対して，労働市場は昇進や昇給という形で報いる。つまり，企業が雇用保障を約束できなくなった代わりに従業員にスキルや知識を習得する仕組みを保障していくことで，従業員の専門技能が高度化する。言い換えると，人的資本の蓄積によって従業員のエンプロイアビリティが高まるのである。先行研究でも，能力開発に対する組織のサポートやプログラムへの参加の知覚（De Vos et al., 2011），キャリア開発・スキル開発への組織のサポートの知覚（Wittekind et al., 2010）や，現在の職務または近接領域の職務に関する能力開発プログラム受講日数の多さ（Van der Heijden, Boon, Van der Klink, & Meijs, 2009a）は，従業員のエンプロイアビリティの知覚を高めていた。また，好況期だけでなく不況期でも，過去1年間における能力開発プログラムの受講はエンプロイアビリティの知覚を高めていた（Berntson et al., 2006）。以上から，人的資本理論に基づきエンプロイアビリティ保障成立に関する仮説12－1を設定した。

> 仮説12－1　組織による能力開発は従業員のエンプロイアビリティにポジティブに影響する。

第3節　能力開発によるエンプロイアビリティ保障の有効性

　本章の第2の目的は，組織有効性の観点からみたエンプロイアビリティ保障の有効性の解明である。エンプロイアビリティ保障は，成立するだけでなく，組織や従業員にポジティブな効果をもたらすだろうか。これが明らかにされることで，エンプロイアビリティ保障によって高いスキルを獲得した従業員がより高い業績を生むことを目的に，組織は従業員に投資することになるだろう。本章では，能力開発が従業員のエンプロイアビリティ保障を通して彼らの職務態度・行動にポジティブに影響するかどうかの検証によって，有効性を検討する。

エンプロイアビリティ保障の有効性における第1の前提となるのは，能力開発が従業員の職務態度などにポジティブに影響するという点である。能力開発は，現在または将来の従業員の業績に対する投資であり，組織のニーズに合致する従業員を生み出すことでもある。従業員にとっても，組織による能力開発は組織の自分達に対する直接的なコミットメントと知覚されるだろう。人的資本理論からみても，企業特殊的な技能を修得した勤労者は，転職によって限界生産力が低下するため転職へのインセンティブが働かないと考えられる (Becker, 1994)。また，能力開発が収入増に結びつくという研究結果が数多くみられており (e.g. Leuven, 2005)，能力開発のポジティブな影響は，人的資本理論の観点からみて成立するだろう。先行研究でも，能力開発に対する組織のサポートはキャリア満足を高め (De Vos et al., 2011)，充実度の高い教育訓練は退職意思にネガティブに作用していた（竹内・竹内・外島，2007）。同様に，公式の能力開発プログラムの導入は退職率にネガティブに影響していた (e.g. Ghebregiorgis & Karsten, 2007)。

　エンプロイアビリティ保障の有効性における第2の前提は，エンプロイアビリティが職務態度などにポジティブに影響するという点である。これは，自己決定理論，人的資本理論，社会的交換理論などから理論的に推論され，多くの先行研究で検討されるとともに（第4章），本書でも特に内的エンプロイアビリティを中心に実証されてきた（第9章・第10章・第11章）。

　エンプロイアビリティ保障の考え方に基づいた雇用関係においては，従業員は，経営者が彼らのエンプロイアビリティを高めるために必要な援助を提供してくれることを期待でき，その見返りに自身の職務業績の向上にコミットするという関係が社会的交換理論の観点から仮定されることは既に述べた。また，組織学習論の観点から，類似したフレームワークで実証分析した研究では，組織学習プロセスを促進する組織的・管理的な特性や要因を意味する組織学習能力（organizational learning capability）の高さは，従業員のエンプロイアビリティの知覚向上を通じて情緒的コミットメントを高めていた (Camps & Majocchi, 2010)。しかし，組織学習能力自体は，エンプロイアビリティ保障のための組織現場における人的資源管理施策そのものではない。本章では，組織学習能力

向上と密接に関係する組織による能力開発を，エンプロイアビリティ保障の中核として分析することによって，分析結果を経営実践に活かしていくことを志向した。以上，社会的交換理論に基づき，エンプロイアビリティ保障の有効性に関する仮説12－2を設定した。

> 仮説12－2　組織による能力開発は，従業員のエンプロイアビリティ保障を通じ彼らの職務態度・行動にポジティブに影響する。すなわち，エンプロイアビリティは能力開発と従業員の職務態度・行動との関係を媒介する。

以上の変数間の関係を図式化した（図12－1）。

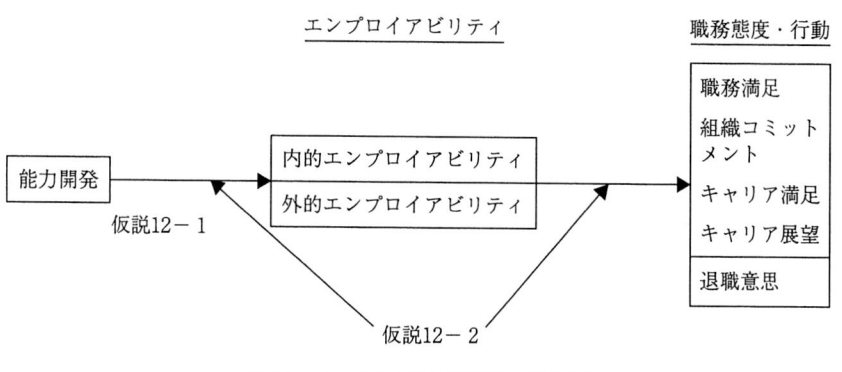

図12－1　第12章の変数間の関係図

第4節　実証分析の方法

1　調査対象・手続き

本章は，2011年1月21日から1月24日に実施した，調査専門会社M社が保有するモニターに対するインターネットによる質問票調査（調査1）の結果に基づいている。対象は正規従業員数30人以上で，病院，学校，農林・漁業，福祉・介護を除く民間企業に勤める正規従業員であり，433名から回答を得た（調査1：詳細は第5章第3節参照）。

2　調査項目

(1) 組織による能力開発

　本章では，能力開発を人的資源管理の知覚によって測定した。人的資源管理の知覚とは，組織で実施される人的資源管理施策がその対象である従業員によってどのように知覚されるかという態様を示す（山本, 2009）。Guzzo & Noonan (1994) は，組織の人的資源管理施策を「雇用主から従業員に向けたコミュニケーション」（p.447）と定義し，計画されたメッセージの集合体，意味が従業員に明確に伝わるような意図的な信号であるとした。そこでは，メッセージの受取方は従業員によって異なる。すなわち，実際の人的資源管理施策と従業員の反応との間に介在する人的資源管理の知覚によって，その後引き起こされる反応（態度）は異なると考えられる。人的資源管理の機能論の観点からも，施策が有効性をもつためには施策自体に加え，それが従業員にどのように受け入れられるかが重要だと考えられる（天谷, 1998）。

　それでは，能力開発に関する従業員の知覚をどのようにとらえたらよいだろうか。本章は，ある特定の人的資源管理と成果との関係が，どのような組織でも普遍的であるという戦略的人的資源管理のベストプラクティス・アプローチ（Delery & Doty, 1996）に基づく人的資源管理知覚と成果との関係を参考にした。そのなかで代表的なものが，ハイ・インボルブメントモデル（Arthur, 1994）や高業績を生む労働施策（Huselid, 1995）である。これらは，従業員のより高いコミットメントが業績向上を促すという前提に立ち，そのために従業員の経営参加を奨励する施策を含んでいる。能力開発に関する施策群として，幅広い社員教育（Pfeffer, 1998）や包括的技能訓練（e.g. Huselid, 1995）が指摘されてきた。以上の観点から，本章では，所属組織の能力開発施策に対する従業員の知覚で測定したGaertner & Nollen (1989) の「会社が提供する教育訓練」尺度から選択した2項目尺度を採用した（α =.71；現在の職務に対する訓練をよく受けている／自分のスキルを高める機会が与えられている）。

　(2) エンプロイアビリティ，(3) 職務態度・行動，(4) コントロール変数については，第7章と同である。

第5節　エンプロイアビリティ保障についての実証分析

1　仮説12−1の検証

　仮説12−1を検証するため，能力開発を独立変数，内的および外的エンプロイアビリティを従属変数とする階層的重回帰分析を行った（表12−1）。第1ステップでコントロール変数を投入し，第2ステップで能力開発を追加投入した。仮説は，第2ステップにおける決定係数の増分（$\triangle R^2$）のF検定とその正負の符号によって検証した。モデル1aと1b，モデル2aと2bの比較から，能力開発は内的および外的エンプロイアビリティの高さに寄与しており，仮説12−1は支持された。

表12−1　能力開発のエンプロイアビリティに対する重回帰分析

変数	内的エンプロイアビリティ β		外的エンプロイアビリティ β	
	モデル1a	モデル1b	モデル2a	モデル2b
性　別	.01	.04	.08	.08†
年　齢	−.01	−.05	−.11*	−.12*
学　歴	.10*	.03	.04	.03
R^2_1(Adj.)	.00		.01†	
能力開発		.55**		.11*
R^2_2(Adj.)		.30***		.02*
$\triangle R^2_{2-1}$		.30***		.01*

　注）n=433；$\triangle R^2_{2-1}$は第1ステップから第2ステップの決定係数の増分を示す
　　；VIF：1.02−1.13；†p<.10　*p<.05　**p<.01　***p<.001

2　仮説12−2の検証

　仮説12−2のエンプロイアビリティの媒介効果が認められるには，①能力開発のエンプロイアビリティへの有意な直接効果，②能力開発の職務態度などへの有意な直接効果，③エンプロイアビリティの職務態度などへの有意な直接効果，④職務態度などに及ぼす能力開発の直接効果が，エンプロイアビリティを重回帰式に追加投入した場合弱まるという関係の成立が前提とされる

(Baron & Kenny, 1986)。そこで，成立が確認された①（表12-1）に加え，能力開発を独立変数，内的および外的エンプロイアビリティを媒介変数，職務態度などを従属変数とする階層的重回帰分析を行った（表12-2）。第1ステッ

表12-2 能力開発およびエンプロイアビリティの職務態度などに対する重回帰分析

変数	職務満足 β			組織コミットメント β			キャリア満足 β		
	モデル1a	モデル1b	モデル1c	モデル2a	モデル2b	モデル2c	モデル3a	モデル3b	モデル3c
性 別	-.04	-.02	-.04	-.01	.00	-.00	-.04	-.02	-.04
年 齢	.09†	.06	.08†	-.01	-.03	-.02	.08	.04	.08*
学 歴	.06	.00	-.01	.02	-.01	-.02	.13*	.06	.04
R^2_1(Adj.)	.00			.00			.01*		
能 力		.45***	.20***		.25***	.11*		.50***	.20***
R^2_2(Adj.)		.20***			.05***			.26***	
△R^2_{2-1}		.20***			.06***			.25***	
内 的			.47***			.27***			.52***
外 的			-.05			-.09†			.11**
R^2_3(Adj.)			.34***			.09***			.50***
△R^2_{3-2}			.14***			.04***			.24***

変数	キャリア展望 β			退職意思 β		
	モデル4a	モデル4b	モデル4c	モデル5a	モデル5b	モデル5c
性 別	-.03	-.02	-.06	.01	-.00	-.02
年 齢	.03	-.00	.05	-.17***	-.15**	.13**
学 歴	.08	.03	.01	.01	.04	.04
R^2_1(Adj.)	.00			.02**		
能 力		.40***	.11*		-.25***	-.12*
R^2_2(Adj.)		.16***			.09***	
△R^2_{2-1}		.16***			.06***	
内 的			.49***			-.30***
外 的			.25***			.35***
R^2_3(Adj.)			.47***			.18***
△R^2_{3-2}			.31***			.10***

注）n=433；△R^2_{2-1}，△R^2_{3-2}はそれぞれ第2ステップ，第3ステップにおける決定係数の前のステップからの増分を示す。VIF：1.06-1.80；†p<.10 *p<.05 **p<.01 ***p<.001

プでコントロール変数を投入し，第2ステップで能力開発を，第3ステップで内的および外的エンプロイアビリティを追加投入した。

その結果，能力開発はすべての職務態度などに有意に寄与し，②の成立が確認された（モデル1b～5b）。ただし，職務態度にはポジティブに，退職意思にはネガティブに寄与していた。また，内的エンプロイアビリティはすべての職務態度などに有意に寄与し，外的エンプロイアビリティは職務満足および組織コミットメントを除き有意に寄与していた（モデル1c～5c）。そのため，③は上記2つの関係以外成立した。有意な関係の方向性を比較すると，内的，外的エンプロイアビリティとも，キャリア意識にはポジティブに寄与していたが，退職意思には内的エンプロイアビリティはネガティブに，外的エンプロイアビリティはポジティブに寄与していた。さらに，④については，内的および外的エンプロイアビリティ投入後，能力開発の効果は有意だが弱まっており，部分媒介効果が確認された（モデル1c～5c）。そこで，媒介効果についてソベル検定（Sobel, 1982）を実施した（表12－3）。その結果，キャリア満足との関係における外的エンプロイアビリティの効果を除き，エンプロイアビリティの媒介効果が認められた。以上から，仮説12－2は部分的に支持されたといえる。

表12－3　エンプロイアビリティの媒介効果（ソベル検定）

媒介変数	従属変数	Z_{Sobel}
内的エンプロイアビリティ	職務満足	5.93***
内的エンプロイアビリティ	組織コミットメント	3.41**
内的エンプロイアビリティ	キャリア満足	9.50***
内的エンプロイアビリティ	キャリア展望	8.61***
内的エンプロイアビリティ	退職意思	-3.53**
外的エンプロイアビリティ	キャリア満足	1.88†
外的エンプロイアビリティ	キャリア展望	2.22*
外的エンプロイアビリティ	退職意思	2.16*

注）†$p<.10$　*$p<.05$　**$p<.01$　***$p<.001$

第6節　調査結果が示唆すること——考察と展望

1　組織の能力開発によるエンプロイアビリティ保障の成立

　本章で調査したわが国の組織においても，エンプロイアビリティ保障の成立がある程度実証されたといえよう。また，これまでエンプロイアビリティを内的次元と外的次元に分けて分析した研究はなかったが，本章の結果，能力開発は内的エンプロイアビリティだけでなく外的エンプロイアビリティをも促進していた。言い換えると，わが国組織でも，これまでの雇用保障に代わりエンプロイアビリティ保障が，組織と従業員との間の心理的契約として成立する可能性が示唆されたといえよう。また，従来人的資源開発の議論では，能力開発は直接的には所属部署での従業員の能力・業績の向上を目的とする企業特殊的スキルの養成がその中心とされ，企業横断的でより汎用性の高い一般的スキル向上には結びつきにくいとされてきた。前者が内的エンプロイアビリティ（企業の視点），後者が外的エンプロイアビリティ（個人の視点）に基づくエンプロイアビリティ保障と言い換えられるだろう。しかし，本章の結果，企業の視点が優先されてきた人的資源開発を，エンプロイアビリティ保障の観点から従業員の一般的スキルの開発につなげることも可能になると考えられる。そして，能力開発によるエンプロイアビリティ保障は，内的エンプロイアビリティ保障の方が外的エンプロイアビリティ保障より高いことが示された。このことは，エンプロイアビリティ保障を目的とした投資を実際行うことへ向けての組織への説得材料となるだろう。

　他方，転職すると多かれ少なかれ組織文化が異なり，これまで勤務していた組織と異なったパラダイムで行動する必要性が高まる。M&Aによる組織変革においても同様である。すなわち，変化への対応が企業にも従業員にも求められる。この点から，能力開発が内的および外的エンプロイアビリティ保障につながるということは，異文化への対応能力を高めるということにもつながらなければならない。エンプロイアビリティ保障によって組織と勤労者が予測困難な変化に対応していくには，能力開発施策を実施していくだけではなく，変化

を積極的にチャンスと捉え，環境変化（異文化）にあわせて学び続けるという学習する組織（Senge, 2006）をつくり上げていくことが求められるだろう。そのための具体的な条件としては，システム思考，自己実現（マスタリー）など5つのディシプリン（学習領域）の充実が挙げられる。それらを通し，従業員の学習する能力，学習し続ける能力としてのエンプロイアビリティを高めることによって，組織の学習競争優位性（三木，2008）も高くなるであろう。

2　組織の能力開発によるエンプロイアビリティ保障の有効性

第1に，内的エンプロイアビリティ保障が，従業員にポジティブに影響することが明らかにされた。この点は，能力開発による従業員の能力向上は，彼らの内部環境への適応能力を高めるという人的資源開発における議論を，従業員のエンプロイアビリティの観点から裏づけたといえる。

第2に，外的エンプロイアビリティ保障は，長期的なキャリア展望を促進することが示された。雇用不安が常態化し，いつ自分が雇用調整の対象になるかもしれないという現状においては，能力開発による組織外での雇用可能性の向上は，将来に向けての安心した「保険」となり得る。この観点におけるエンプロイアビリティ保障は，組織間のキャリア発達につながるだけでなく，組織内のキャリア発達，例えば昇進におけるキャリア発達の停滞（キャリア・プラトー現象）の観点からも考えられる。すなわち，他の組織への転職の可能性が低いこと（外的なプラトー状態：第2章第6節）は，所属組織での昇進可能性の低さが従業員に与えるネガティブな効果（モチベーション低下など）を高める可能性が指摘されてきた（山本，2006）。本章で明らかにされた能力開発によるエンプロイアビリティ保障は，この問題に対処する可能性を指摘したとも考えられる。

第3に，能力開発は，内的エンプロイアビリティ保障による退職意思低下と外的エンプロイアビリティ保障による退職意思促進というエンプロイアビリティ保障によるパラドックス（終章で詳述する）を引き起こす可能性が示唆された。これは，能力開発は（ともに従業員のキャリア発達と考えられる）内的および外的エンプロイアビリティを促進するが，これらと退職意思との関係は逆であり，組織からすればキャリア発達が「諸刃の剣」であることを示している。結果的

に，退職しようとする意思を決定するのは，内的エンプロイアビリティ保障によるネガティブな効果と外的エンプロイアビリティ保障によるポジティブな効果を合算したものである。これは，特に高業績人材の完全なリテンションは不可能という点で組織に大きな影響を与えるだろう。実際，能力開発によりキャリアが発達した（高業績人材を含む）従業員が退職するという事例は，わが国を含む多くの国々で「人材輩出企業」と呼ぶべき企業群に多くみられる。そうした企業では，上記のパラドックスによる従業員レベルでの葛藤が企業全体の特徴となるまで拡大していると考えられる。すなわち，組織の能力開発費用の経済効果の観点からすると，収支のバランスをとることは上記のパラドックスの観点から考えても困難であることが指摘できる。

　企業における能力開発は，高度な能力をもった経営者・管理者の育成，正規従業員以外の人々に対するその必要性増大や，若年勤労者の高い自己開発意欲への対応などの観点から，その充実が強く求められている。一方，雇用の流動化，アウトソーシングの広がりによってその機能が縮小する傾向もみられる。それによって，能力開発が企業主導から，長期的な本人の興味とニーズに基づき，個人を単位として個別に行われる個人主導へ移行していくことも指摘されている（山本，2000）。具体的には，自己啓発援助の重視，すなわち個人が自主的に行う能力開発を企業が援助するという方向に徐々にシフトしていくことである。このような傾向は，雇用の流動化を背景として，個人が自己の外的エンプロイアビリティをより重視することに結びつくだろう。こうした状況において，企業内の能力開発および人的資源開発のグランドデザインをどのように描いていくかを，企業は真剣に検討する必要があろう。その点で，本章の結果はエンプロイアビリティ保障の観点から能力開発機能の重要性を示唆しているといえる。

第13章

エンプロイアビリティ保障の実証的研究（2）
――能力開発以外の観点から

　本章では，前章に続き，わが国の組織におけるエンプロイアビリティ保障の成立とその有効性を，能力開発以外の人的資源管理の観点から分析する。

第1節　能力開発以外の人的資源管理による　　　　　　エンプロイアビリティ保障

　エンプロイアビリティ保障につながるのは組織の能力開発だけだろうか。前述した，エンプロイアビリティ向上を通して組織の柔軟性を高めていくことをねらったエンプロイアビリティ志向の観点によれば，そのための組織の活動や施策は必ずしも能力開発に限られない。また，わが国組織の能力開発の課題として，①中途採用者の増大による社内での育成から即戦力の中途採用への移行，②業務のアウトソーシングの活発化，③技能の陳腐化の進行などが挙げられる（山本，2000）。実際，企業の労働費用に占める能力開発費の比率はバブル崩壊後低下しており，多くの企業が能力開発に潤沢に費用を投下できるような状況にはない（近年はやや上昇傾向にある。厚生労働省就労条件総合調査）。この点からも，エンプロイアビリティ保障においては，能力開発だけに依存することは困難であることがわかる。

　近年，人的資源管理施策間の協調や一貫性を重視し，施策群をシステムととらえる戦略的人的資源管理の考え方が広がりをみせている。これに基づけば，個々の人的資源管理施策の成果への影響は施策間に複雑な相互作用が働くため，他の施策の存在や欠如によって明確に異なってくる（Huselid, 1995）。すな

わち，他の次元との相互作用や比較優位が明らかにされなければならない。そこで，本章では人的資源管理を多領域から成るものとしてとらえ，個別領域のエンプロイアビリティ保障に与える影響にも注目して，下位次元に分割して分析するという多領域多次元型研究に立脚した（Wright & Boswell, 2002)。そして，確保・育成・活用という人的資源管理の主要機能を考慮した上で，組織に対する依存と自律の観点から次元を選択した。主に組織への依存につながる雇用保障およびワーク・ライフ・バランス（以下WLB）重視と，組織からの自律につながる自律性を重視したキャリア開発である。

　本章では，能力開発以外の人的資源管理によるエンプロイアビリティ保障成立の可能性およびその有効性の2点を検討する。第1に，エンプロイアビリティ保障成立について，当該施策がエンプロイアビリティ向上に結びつくかどうかという観点から検討する。

　雇用保障は，所属組織での雇用継続を促進し，日本的経営の特徴であった終身雇用慣行に関係する。終身雇用は，組織と従業員との安定した関係をつくりだす。すなわち，組織内の良好なコミュニケーションや長期的な人員計画策定を可能とするだけでなく，長期的視点に立った能力開発を促進する。また，雇用保障は，前章での積極的教育訓練と同様，組織成果との関係がどのような組織でも普遍的にみられるというベストプラクティス・アプローチに基づき探究されてきた，(従業員のより高いコミットメントを促す）ハイ・コミットメント労働施策（Pfeffer, 1998) などに含まれる。

　WLBの重視は，仕事（労働）と私生活との両立（バランス）を重視する施策である。男女雇用機会均等法の施行などにより，わが国でも女性の社会進出が進行してきた。すなわち，結婚，出産・育児，介護といったライフイベントによって退職する女性の比率が低下し，勤続年数が長期化してきた。さらに，組織によっては，事業所内託児施設，育児・介護サービス利用料の援助など，WLBを促進させる施策をきめ細かく実施している。これらの施策も，雇用保障同様，現在の所属組織で安心して仕事を続けられるという従業員へのメッセージでもある。

　自律性重視のキャリア開発（以下キャリア自律）は，個人がキャリア発達のた

めに自律的に行うキャリア・プランニングを，組織が重視し援助することを示す（高橋，2003）。境界のないキャリアの時代といわれる現代，終身雇用の崩壊，年功処遇の廃止により，組織は生涯にわたり安定的に発達し続けるキャリアを個々の従業員に約束できないし，従業員もそれを組織に期待することはできない。勤労者は自分のキャリアを組織に頼らず，自律的に展開する必要性が高まってきた。具体的には，勤労者自身が他者と異なるキャリアを設計し，それに基づきキャリア上の選択を行うことが求められている。そうした状況における組織の役割は，従業員が自分のキャリアを発達させていくことを側面から援助するというものである。具体的な施策としては，高い（専門的）能力を持ち，成果を期待できる人材を活かすための社内人材公募制度（社内FA制度）や，キャリアを自律的に形成，発達させていくための考え方や手法についてのキャリアデザイン研修などがある。

　これらの施策と内的エンプロイアビリティとの関係を考えてみよう。組織内キャリア発達の観点から考えると，従業員のキャリアにはある特定の志向性を持ち，集積されることで専門的に発達・分化するという特性がある（山本，2008）。これを前提とすれば，キャリアは長期に継続し，中断がない方がより発達し，また目標に到達しやすいだろう。一般に，組織や従業員自身による能力開発が成果を挙げるまでにはある程度の期間を要する。また，従業員が組織でその能力を発揮し成果が認められ，（組織での評価の高さを意味する）内的エンプロイアビリティの向上に結びつくまでにも，ある程度の期間，働き続けることが必要となる。所属組織での雇用の維持を目的とする雇用保障，それに加え職務の継続を前提とするWLB重視の施策は，内的エンプロイアビリティを促進するだろう。

　また，現代の組織では，組織のフラット化や労働生産性向上への要求の高まりを背景に，日常業務を上司の指示によらず自律的に行える人材，つまり自己管理のできる従業員が求められるようになってきた。さらに，目標管理制度[1]の普及にみられるように，そうした人材の評価が高くなってきた。これは，権限移譲の活発化によってますます促進されている。日常の業務遂行における短期的な職務の自律性と個人の職業生涯全体に渡る長期のキャリアの自律性は車

の両輪であり（高橋，2003），キャリア自律は（組織での評価の高さを示す）内的エンプロイアビリティに寄与するだろう。先行研究でも，キャリアの自律性重視は，（内的エンプロイアビリティの類似概念である）組織における評価を高めていた（山本，2008）。

　これらの施策と外的エンプロイアビリティとの関係はどうだろうか。雇用保障には，所属組織への依存と転職による自律的なキャリア発達機会の喪失という短所が指摘される。同様に，WLB重視の施策を含む（法定外）福利厚生施策には，転職した場合のポータビリティ（携帯可能性）が低いという特徴がある。これらの組織への依存という点から，雇用保障とWLB重視は企業横断的な専門性の高いスキル獲得とは必ずしも結びつかないだろう。つまり，雇用保障およびWLB重視と外的エンプロイアビリティとの関係性は低いと考えられる。

　他方，近年多くの国々で高学歴化が進行し，企業横断的に高い専門性をもつナレッジワーカーが増加してきた。また，在宅勤務を取り入れる組織が増加し，ホワイトカラー職種の多くが裁量労働制[2]の対象となり，成果を生み出すプロセスの自由度が高まってきた。さらに，学生，主婦を含め，企業横断的な高い専門性，資格を取得しようと考える人々が増加している。このように，自ら考え，意思決定し，問題解決するような高度な職務を志向する人々が増加している。つまり，自律性を尊重することが勤労者を動機づける場合重要になってきたのである（Pink, 2009）。キャリア自律は従業員の興味適性を尊重するため，彼らが市場横断的で高度な専門性を向上させる，すなわち，外的エンプロイアビリティ保障に寄与するだろう。先行研究でも，キャリア自律は外的エンプロイアビリティの類似概念である組織間キャリア効力を高めていた（山本，2008）。このように，キャリア自律は外的エンプロイアビリティを促進すると考えられる。以上から，エンプロイアビリティ保障成立に関する仮説13－1を設定した。

第13章　エンプロイアビリティ保障の実証的研究(2)　249

> 仮説13－1　雇用保障（a）およびWLB重視（b）は，従業員の内的エンプロイアビリティ保障を促進するが，外的エンプロイアビリティ保障には影響しない（仮説13－1a，仮説13－1b）。キャリア自律は，内的および外的エンプロイアビリティ保障を促進する（仮説13－1c）。

第2節　能力開発以外の人的資源管理によるエンプロイアビリティ保障の有効性

　本章の第2の目的は，組織有効性の観点からみたエンプロイアビリティ保障の有効性であり，エンプロイアビリティ保障による組織や従業員へのポジティブな効果である。ここでは，前章同様雇用保障などがエンプロイアビリティ保障を通して職務態度・行動にポジティブに影響することの検証によって，有効性を分析する。

　エンプロイアビリティ保障の有効性における第1の前提は，雇用保障などが従業員の職務態度などにポジティブに影響するという点である。雇用保障は，不況などによって不意に解雇される心配がないことから，従業員に結婚，出産による生活基盤を形成する心理的安定感をもたらす。また，長期雇用慣行は従業員のコミットメントを高め，集団凝集性[3]の高い組織であると従業員に知覚されると考えられる（Lincoln & Kalleberg, 1996）。関口（1996）も，終身雇用制の最大のメリットとして組織コミットメントの向上を挙げている。仕事（労働）と私生活との両立（バランス）を志向するWLB重視施策も同様である。この点から，雇用保障とWLB重視は組織コミットメント等の職務態度にポジティブに影響するだろう。前述したように，内発的動機づけに寄与すると考えられるキャリア自律も職務態度などにポジティブに影響するだろう。先行研究でも，ファミリー・フレンドリー施策（Yamamoto, 2011）やキャリアの自律性重視（山本，2008）の職務満足へのポジティブな効果，職務保障（Wong, Ngo, & Wong, 2002）やキャリア開発重視（Paul & Anantharaman, 2003）の組織コミッ

トメントへのポジティブな効果，雇用保障（山本, 2009）のキャリア満足へのポジティブな効果，雇用保障（Batt & Valcour, 2003），ファミリー・フレンドリー施策，福利厚生施策（Yamamoto, 2011）やキャリアの自律性重視（山本, 2008）の退職意思へのネガティブな効果が確認されている。

エンプロイアビリティ保障の有効性における第2の前提は，エンプロイアビリティが職務態度などにポジティブに影響するという点である。これは，前章と同様に自己決定理論などの観点から説明可能であり，本書や多くの先行研究によって確認されてきた。

エンプロイアビリティ保障の考え方に基づいた雇用関係では，従業員は，経営者が彼らのエンプロイアビリティを高めるために必要な援助を提供してくれることを期待でき，その見返りに自身の職務業績の向上にコミットするという関係が仮定される。前章同様，従業員のエンプロイアビリティの向上に投資している組織は面倒見が良いと知覚されることによる，従業員と組織間の社会的交換理論が成立するだろう。そこで，同理論に基づきエンプロイアビリティ保障の有効性に関する仮説13－2を設定した。

仮説13－2　雇用保障（a）およびWLB重視（b）は，内的エンプロイアビリティ保障を通じ，従業員の職務態度・行動にポジティブに影響する（仮説13－2a，仮説13－2b）。キャリア自律（c）は内的および外的エンプロイアビリティ保障を通じ，職務態度・行動にポジティブに影響する（仮説13－2c）。すなわち，内的エンプロイアビリティは雇用保障，WLB重視およびキャリア自律と職務態度・行動との関係を媒介し，外的エンプロイアビリティはキャリア自律と職務態度・行動との関係を媒介する。

以上の変数間の関係を図式化した（図13－1）。

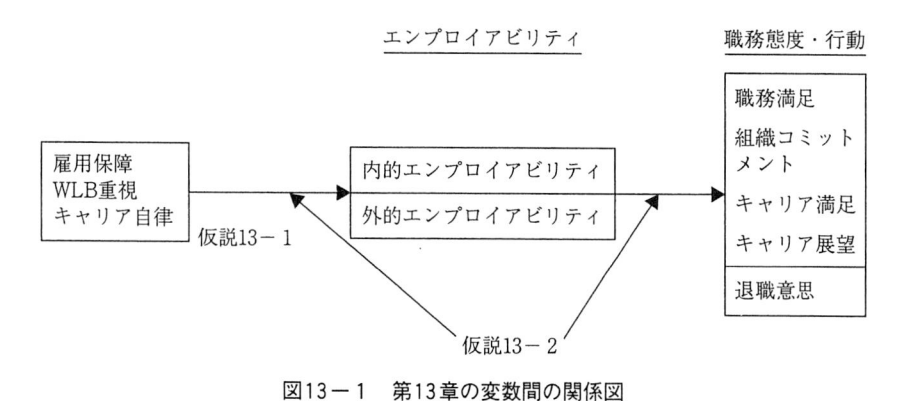

第13章 エンプロイアビリティ保障の実証的研究(2) | 251

図13－1 第13章の変数間の関係図

第3節 実証分析の方法

1 調査対象・手続き

本章は，2012年2月9日から2月24日に実施した，調査専門会社M社が保有するモニターに対するインターネットによる質問票調査（第11章）の結果に基づいている。対象は，正規従業員数30人以上の民間企業に勤める正規従業員308名である（詳細は第11章第4節参照）。

2 調査項目

（1）人的資源管理

本章でも，前章同様，人的資源管理を従業員の知覚（人的資源管理知覚）によって測定した。

① 雇用保障

Gaertner & Nollen (1989) の「雇用保障への会社の努力」尺度を修正した3項目の5段階リカート尺度（他も同様）を採用した（α =.82；具体的項目は表13－1参照）。

① WLB重視

先行研究では，ハイ・コミットメント労働施策などと同様のコミットメント型施策として，手厚い福利厚生が取り上げられてきた（Arthur, 1994）。しか

し，福利厚生管理は住宅，医療，育児支援，慶弔・災害，財産形成，レジャーなど包含する範囲が非常に広く，個別領域ごとの知覚を詳細に調査することは困難である。そのため，育児支援を中心とした近年の新しい動向であるワーク・ライフ・バランス重視の知覚に絞った。山本（2009）から選択した3項目尺度を採用した（α=.81；表13－1参照）。

③ キャリア自律

選択の機会を提供することは，広い意味でキャリアの自律性を支えるための主要な条件である（Deci & Flaste, 1995）。人は自ら選択することによって自分自身の行為の根拠を十分に意味づけることができ，納得して活動に取り組むことができると考えられるからである。そこで，多様性管理（ダイバーシティ・マネジメント）[4]，職務管理，配置管理などの人的資源管理において，選択の機会の提供を中心にキャリアの自律性がどの程度重視されているかを尋ねた山本（2008）の4項目尺度を採用した（α=.85；表13－1参照）。

（2）エンプロイアビリティ，（3）職務態度・行動，（4）コントロール変数は，前章と同じである。

職務態度・行動を職務満足・組織コミットメント・キャリア満足・キャリア展望・退職意思の5変数で測定する妥当性を検証するため，確認的因子分析を行った。その結果，モデルの適合度は許容範囲にあると判断された（GFI=.91, CFI=.92, RMSEA=.08）。

第4節 能力開発以外によるエンプロイアビリティ保障についての実証分析

1 尺度の検討

（1）人的資源管理

人的資源管理尺度の構造を明らかにするために，因子分析を行った（表13－1）。各項目に天井効果，フロア効果ともみられなかったため，全項目を用いて最尤法による因子分析を行った。スクリープロットによる固有値の減衰状況から3因子解が適当であると考えられ，累積寄与率は72.5％であった。その

第13章　エンプロイアビリティ保障の実証的研究(2) | 253

表13-1　人的資源管理項目の因子分析

項目	因子1	因子2	因子3	共通性
多様な就業形態を用意するなど，一人ひとりの従業員の働き方についての意向を尊重している	.90	.10	-.11	.81
人事異動において従業員の意思が尊重されている	.77	-.02	-.06	.53
仕事の進め方には従業員の個性を尊重しようという風土がある	.75	-.04	.11	.63
パートなど正社員以外に対しても，個人の貢献度や働きぶりを適切に処遇に反映させている	.57	.05	.12	.45
育児や介護等によって一時的に仕事から離れた従業員に対し，復帰をスムーズにするための支援を行っている	.07	.75	-.05	.59
育児や介護による一時的な勤務形態の変更（短時間勤務等）を認めている	-.05	.75	.10	.61
育児休暇もしくは介護休暇の取得を促進させる取り組みを行っている	.05	.72	.01	.57
長期的な雇用が保障されている	-.12	.02	.98	.87
社員が長期に勤続することを前提にしている	-.02	.20	.62	.55
いわゆるリストラをしないようにあらゆる手段を講じている	.33	-.15	.62	.57
因子間相関				
第2因子	.54	—		
第3因子	.52	.55	—	

注）n=308；因子負荷量は斜交プロマックス回転後のものである。太字は因子負荷量の絶対値0.40以上を示す。

結果，第1因子がキャリア自律（4項目），第2因子がWLB重視（3項目），第3因子が雇用保障（3項目）と解釈された。太字の因子負荷量が0.4以上の項目を加算し，その平均値によって各尺度を構成する（以下同じ）。

(2) エンプロイアビリティ

エンプロイアビリティ尺度の構造を検証するために，因子分析を行った結果を巻末付表13に示す。各項目に天井効果，フロア効果ともみられなかったため，全項目を用いて最尤法による因子分析を行った。スクリープロットによる固有値の減衰状況から2因子解が適当であると考えられ，累積寄与率は57.6％であった。その結果，第1因子が内的エンプロイアビリティ（8項目），第2因子が外的エンプロイアビリティ（5項目）と解釈され，当初想定した項目が2つの下位次元に分かれた。

2 仮説の検証

(1) 仮説13－1

仮説13－1検証のため、人的資源管理を独立変数、内的および外的エンプロイアビリティを従属変数とする階層的重回帰分析を行った（表13－2）。第1ステップでコントロール変数を投入し、第2ステップで人的資源管理を追加投入した。仮説は、第2ステップにおける決定係数の増分（$\triangle R^2$）のF検定とその正負の符号によって検証した。

表13－2　人的資源管理のエンプロイアビリティに対する重回帰分析

変　数	内的エンプロイアビリティ β		外的エンプロイアビリティ β	
	モデル1a	モデル1b	モデル2a	モデル2b
性　別	.14*	.14**	.14*	.14*
年　齢	-.06	-.07	-.07	-.05
学　歴	.05	-.01	-.01	-.01
R^2_1(Adj.)	.02*		.01	
雇用保障		.19**		-.13†
WLB重視		-.08		-.11
キャリア自律		.45***		.30***
R^2_2(Adj.)		.30***		.06***
$\triangle R^2_{2-1}$		.28***		.05**

注）n=308；$\triangle R^2_{2-1}$は第1から第2ステップの決定係数の増分を示す；
　　VIF：1.04-1.60；†p<.10　*p<.05　**p<.01　***p<.001

モデル1aと1b、モデル2aと2bの比較から、人的資源管理は内的および外的エンプロイアビリティに寄与しており、全体としてエンプロイアビリティ保障は成立したといえる。その上で、仮説13－1aは、雇用保障は内的エンプロイアビリティのみに寄与していたため、支持された。仮説13－1bはWLB重視が内的エンプロイアビリティに寄与していなかったため、否定された。仮説13－1cはキャリア自律が内的および外的エンプロイアビリティに寄与していたため、支持された。仮説13－1は雇用保障およびキャリア自律において支

持された。

（2）仮説13－2

　仮説13－2のエンプロイアビリティの媒介効果が認められるには，前章と同様に①人的資源管理のエンプロイアビリティへの有意な直接効果，②人的資源管理の職務態度などへの有意な直接効果，③エンプロイアビリティの職務態度などへの有意な直接効果，④職務態度などに及ぼす人的資源管理の直接効果が，エンプロイアビリティを重回帰式に追加投入した場合弱まるという関係の成立が前提とされる。そこで，①（表13－2）に加え，人的資源管理を独立変数，内的および外的エンプロイアビリティを媒介変数，職務態度等を従属変数とする階層的重回帰分析を行った（表13－3）。第1ステップでコントロール変数を投入し，第2ステップで人的資源管理を，第3ステップで内的および外的エンプロイアビリティを追加投入した。

　その結果，雇用保障は職務満足と退職意思に，WLB重視はキャリア展望に，キャリア自律は退職意思を除くすべての職務態度に有意に寄与し，その範囲で②の成立が確認された（モデル1b～5b）。また，内的および外的エンプロイアビリティはすべての職務態度に有意に寄与していたため，③は成立した（モデル1c～5c）。さらに，WLB重視を除き，内的および外的エンプロイアビリティ投入後，人的資源管理の効果は弱まっており（④成立），その範囲で媒介効果が確認された（モデル1c～5c）。そこで，媒介効果についてソベル検定を実施した（表13－4）。

　その結果，仮説13－2aは，雇用保障が内的エンプロイアビリティ向上を通じ職務満足を高め，退職意思を低下させていたため，部分的に支持された。仮説13－2bは，WLB重視が①および④の条件を満たさなかったため，否定された。仮説13－2cは，キャリア自律が内的エンプロイアビリティ向上を通じすべての職務態度を高め，外的エンプロイアビリティ向上を通じ長期的なキャリア意識を高めていたため，部分的に支持された。いくつかの関係でエンプロイアビリティの媒介効果が認められたため，仮説13－2は部分的に支持されたといえる。

表13-3 人的資源管理およびエンプロイアビリティの職務態度などに対する重回帰分析

変数	職務満足 β			組織コミットメント β			キャリア満足 β		
	モデル1a	モデル1b	モデル1c	モデル2a	モデル2b	モデル2c	モデル3a	モデル3b	モデル3c
性 別	.11†	.11*	.04	.00	.00	-.02	.13*	.13**	.03
年 齢	.08	.06	.10*	.09	.09†	.10†	.09	.08	.12**
学 歴	.12*	.05	.05	-.06	-.09	-.09	.09	.01	.02
R^2_1(Adj.)	.03**			.00			.03**		
雇用保障		.19**	.05		.06	-.02		.12†	.01
WLB重視		.05	.09		-.10	-.09		.06	.12*
キャリア自律		.32***	.08		.37***	.29***		.42***	.11*
R^2_2(Adj.)		.26***			.12***			.29***	
△R^2_{2-1}		.23***			.12***			.26***	
内 的			.63***			.30***			.61***
外 的			-.13**			-.16**			.11**
R^2_3(Adj.)			.49***			.17***			.61***
△R^2_{3-2}			.23***			.05***			.32***

変数	キャリア展望 β			退職意思 β		
	モデル4a	モデル4b	モデル4c	モデル5a	モデル5b	モデル5c
性 別	.14*	.15**	.05	.04	.05	.04
年 齢	-.11†	-.13*	-.08†	-.16**	-.14*	-.14**
学 歴	.10†	.03	.03	.03	.06	.06
R^2_1(Adj.)	.04**			.02†		
雇用保障		.08	-.01		-.34***	-.24***
WLB重視		.17*	.24***		.03	.05
キャリア自律		.18**	-.14*		-.124†	-.117†
R^2_2(Adj.)		.15***			.17***	
△R^2_{2-1}		.11***			.15***	
内 的			.58***			-.25***
外 的			.19***			.35***
R^2_3(Adj.)			.49***			.27***
△R^2_{3-2}			.34***			10***

注) n=308；△R^2_{2-1}, △R^2_{3-2}はそれぞれ第1から第2ステップ, 第2から第3ステップの決定係数の増分を示す。VIF：1.05-1.83；†p<.10 *p<.05 **p<.01 ***p<.001

表13－4　エンプロイアビリティの媒介効果（ソベル検定）

独立変数	媒介変数	従属変数	Z_{Sobel}
雇用保障	内的	職務満足	4.14***
雇用保障	内的	退職意思	-2.27*
キャリア自律	内的	職務満足	6.26***
キャリア自律	内的	組織コミットメント	3.27**
キャリア自律	内的	キャリア満足	7.50***
キャリア自律	内的	キャリア展望	7.02***
キャリア自律	外的	職務満足	-2.13*
キャリア自律	外的	組織コミットメント	-2.20*
キャリア自律	外的	キャリア満足	2.61**
キャリア自律	外的	キャリア展望	3.28**

注）*p<.05　**p<.01　***p<.001

第5節　調査結果が示唆すること―考察と展望

1　能力開発以外によるエンプロイアビリティ保障の成立

　人的資源管理全体によるエンプロイアビリティ保障は成立したが，次元による違いが見出された。キャリア自律は，内的および外的エンプロイアビリティ保障を成立させており，エンプロイアビリティ保障のプラットフォームとなる重要な施策であることが明らかにされた。また，キャリア自律によるエンプロイアビリティ保障において，内的エンプロイアビリティ保障の方が外的エンプロイアビリティ保障より高いことが示された。このことは，前章同様，エンプロイアビリティ保障を目的とした投資を実際行うことへ向けての組織への説得材料となるだろう。これに対し，学習する組織であることが求められている現代，内的エンプロイアビリティ保障だけが成立した雇用保障によって，企業横断的な高い専門性を獲得していくことの困難性が示唆された。

　また，WLB重視によるエンプロイアビリティ保障は成立しなかった。WLB重視は，女性を中心とする<u>従業員全体</u>の就業継続を促進するが，モチベーション向上やその結果としての<u>個々の従業員</u>の組織での評価の高さ（内的エンプロイ

アビリティ）と結びつかないことが示唆された。しかし，本章で測定したWLB重視は育児・介護に限定されている。より広範囲の施策に広げて，WLB重視とエンプロイアビリティとの関係を探索する必要があろう。また，本章の結果から全体として，組織への依存より自律の観点による施策の方がエンプロイアビリティ保障を成立させることが明らかにされたといえよう。

2　能力開発以外によるエンプロイアビリティ保障の有効性

　第1に，キャリア自律によるエンプロイアビリティ保障の有効性が最もみられたのは，長期的なキャリア意識だった。キャリア自律による現在の所属組織における雇用継続可能性と組織外での雇用可能性の向上は，将来に向けての安心した「保険」となり得るということである。自律性と有能感は，内発的動機づけを高める車の両輪であるとされてきた（Deci & Flaste, 1995）。自律性をキャリア自律，有能感をエンプロイアビリティと読み替えると，本章はこの効果が長期的なキャリア意識に及ぶことを初めて明らかにしたといえよう。

　第2に，対照的に前章と同様，現在の所属組織，職務における（短期的な）態度である職務満足と組織コミットメントに対し，（キャリア自律によって促進される）内的エンプロイアビリティ保障はポジティブに，外的エンプロイアビリティ保障はネガティブに影響するというパラドックスがみられた。結果的に，キャリア自律が内的エンプロイアビリティを高めることによって職務満足，組織コミットメントを促進させる（間接）効果は，外的エンプロイアビリティを高めることによって職務満足などを低下させる（間接）効果より高く，キャリア自律自体によるポジティブな影響（直接効果）と併せ，職務満足などに及ぼす（総合）効果はポジティブであることが明らかにされた。しかし，組織としては，従業員によっては外的エンプロイアビリティの高まりによる間接効果の方が高く，職務態度の悪化に至るケースも十分考える必要があろう。この点は，職務の標準化が進み，横断的労働市場（転職市場）が確立されているIT技術者などの専門職で多くみられることが予想される。今後検討が必要な課題である。

　第3に，雇用保障による内的エンプロイアビリティ保障が職務満足を高め，

退職意思にネガティブに働いていた。すなわち，これまでわが国の多くの組織で慣行とされてきた雇用保障による内的エンプロイアビリティ保障には，従業員のリテンション効果があることが明らかにされた。しかし，長期的なキャリア意識の向上効果はみられず，エンプロイアビリティ保障の有効性は，キャリア自律と比較し限定的であることが明らかにされた。この点からも，組織への依存より自律の観点による施策の方が，エンプロイアビリティ保障による有効性を高めることが見出されたといえよう。

【注】
1) 従業員自身が具体的な業務目標を設定し，その達成度で評価する制度である。自身が目標を設定することで，達成に向けたモチベーションを高めるとともに，部署や組織全体の目標との連動性を図ることで，組織目標の達成を図る。
2) 実際の労働時間に関わらず，従業員と経営者との間の協定で設定した時間だけ働いたとみなして，賃金を支払う制度である。原則として，労働時間管理は従業員が行い，企業は行わない。
3) 成員が企業などの集団に長く留まるように作用する力の強さを示す。
4) 性別，年齢，国籍，価値観など，個人や集団間のさまざまな違い（多様性）を競争優位の源泉として活かすために，組織の文化や制度を構築することである。

第14章

専門職のキャリアの停滞と退職との関係に及ぼすエンプロイアビリティと専門性コミットメントの影響
――キャリア・プラトー現象の観点から

　本章では，専門職のキャリアの停滞と退職との関係に及ぼすエンプロイアビリティと専門性コミットメントの影響を分析する。

第1節　専門職のキャリアの停滞と退職との関係

　近年，看護師，保育士や介護士などの専門職において人材不足が深刻化している。これらの背景には，医療の高度化のため設けられた看護配置基準見直し（看護師）[1]，待機児童解消のための保育所の増加（保育士），高齢化社会の到来による多様な社会福祉施設の増加（介護士）など，わが国が構造的に抱えている諸問題があり，早急な解決が求められている。そして，この問題に対しては，養成する教育機関の増設，外国人の受け入れ，潜在的に資格をもつ者の復職などの参入者増加のための施策だけでは限界があり，現職者の定着（リテンション）の促進が大きな課題になっている。リテンションがうまくいかなかった場合，特に高業績人材の退職は，組織に大きなネガティブな影響を与える。短期的には採用，教育訓練に使ったコストが無駄となり，別の従業員の採用・配置転換や教育訓練，生産性の低下に係るコストを増大させ，長期的には長期勤続従業員のもつ組織特有の知識・技能やノウハウの喪失につながる（山本，2009）。実際，上記専門職の離職率は低いとはいえない。

　他方，専門職は，業務分野における専門分化が進行し，専門職業人としての高い専門性獲得という形での不断のキャリア発達が求められている。すなわち，

現職者のリテンションのためには，施設内保育所の開設等のワーク・ライフ・バランス施策や短時間正職員制度等の雇用管理施策と併せ，職員のキャリアの発達を促進していく施策が重要となる。もともと，専門職においては，専門職となった後もキャリア発達のための機会が比較的豊富である[2]。そうした機会を通して専門職としてのキャリア発達が図られれば，またそれが実感できれば，所属組織で長く勤務したいと考えるようになるだろう。

　本章では，専門職のキャリア発達の指標として，発達と逆の停滞を示すキャリア・プラトー現象を採用した。勤労者のキャリアに関する計画的偶発性理論によれば，キャリアは事前の計画に基づいて継続的に発達し続けるというものではない (Mitchell, Levin, & Krumboltz, 1999)。キャリアは，偶然の出来事に影響されるとともに，長い間には逆境にさらされ，中断してしまう，すなわち「山あり谷あり」というのが多くの勤労者の実態と考えられるからだ。前述したように，キャリア・プラトー現象は，将来の昇進可能性の停滞，すなわち垂直的キャリア発達の停滞を示し，階層プラトー現象 (e.g. Bardwick, 1986) とも呼ばれる（第2章，第5章）。加えて，先行研究では職能次元の水平的キャリア発達の停滞も概念化された。それが内容プラトー現象であり，長期間同一の職務を担当することによってその職務をマスターし，新たな挑戦や学ぶべきことが欠けている状態と定義され，職務の挑戦性の停滞を示す (Bardwick, 1986)。専門性が求められる一方，実際は一部の高度な職種を別にすると，ほとんどの勤労者はその担当職務をわずか3年でマスターするという傾向は否めないからだ (Bardwick, 1986)。さらに，Bardwickは，特に管理職志向の低い専門職や自営業の人々には階層プラトー化は無縁だが，内容プラトー化に陥る危険性は十分あるとしている。すなわち，内容プラトー化は専門職のキャリア発達に密接に関係する。最近の研究では，組織従業員のキャリア・プラトー化は以上2つの概念で構成されることが多い (e.g. Salami, 2010)。さらに，先行研究では，階層プラトー化は規模・組織構造に関わらずどのような組織でも発生する可能性が高いことが示されている（山本, 2006）。内容プラトー化も，所属，部署の移動による職務変更の停滞の影響を受けることから，どのような組織の従業員にも起こり得るのである。先行研究では，半分以上の組織従業員が自身を階層あ

るいは内容プラトー化していると感じているという（Allen, Russell, Poteet, & Dobbins, 1999）。以上から，階層プラトー化と内容プラトー化とからなるキャリア・プラトー化は，専門職を含む勤労者のキャリア発達の指標として使えるだろう。

　組織の観点からみると，従業員のキャリア・プラトー化自体が問題ではなく，それが従業員にネガティブに作用し，業績の低下や退職に結びつくことの方が問題だろう。先行の理論的研究では，勤労者のキャリア・プラトー化と退職との関係はどのようにとらえられてきただろうか。勤労者の転職過程モデルの嚆矢といえるMarch & Simon（1958）モデルでは，既に組織従業員の「組織を移動する認知された願望」（退職意思に該当）は職務満足と「認知された組織内移動の可能性」の関数であるとして，階層プラトー化と退職との関係をモデル化している。また，勤労者は勤労生活において何らかの形で自身のキャリア発達を追求し続けるという前提のもと，「勤労者は組織内におけるキャリア発達の停滞および偏りを組織間のキャリア発達によって補おうとするため，転職を志向するという」という組織におけるキャリア発達に関する補償モデルが，昇進について実証されている（山本，2006, p.213）。これらの結果から，階層プラトー化は退職意思にポジティブに影響すると考えられる。

　内容プラトー化と退職との関係はどうだろうか。職務特性理論（Hackman & Oldham, 1975）では，職務充実化は従業員のモチベーション，職務満足を高め，業績向上に結びつくなど，ポジティブな影響を与えると推論し，多くの実証研究で支持されてきた。職務の充実化は，権限の付与・増大（エンパワーメント），責任の付与や専門的知識を要する職務の割り当てを意味し，内容プラトー化の防止につながる。そこで，内容プラトー化は退職意思上昇につながると考えられる。専門職対象の研究を含む最近の先行研究でも，階層プラトー化も内容プラトー化も，ともに退職意思や行動にポジティブに影響していた（Heilmann, Holt, & Rilovick, 2008; Lentz & Allen, 2009; Salami, 2010；山本，2006 etc.）。以上，組織におけるキャリア発達に関する補償モデルや職務特性理論の観点から，以下の仮説を設定した。

> 仮説14－1　階層プラトー化は，専門職の退職にポジティブに影響する。
> 仮説14－2　内容プラトー化は，専門職の退職にポジティブに影響する。

第2節　専門職のキャリア・プラトー化の退職に対する影響モデル

　キャリア・プラトー化は，従業員の退職に直接（ポジティブに）影響するだろうか。キャリア・プラトー化がどのような従業員にも発生する可能性があり，その上で，もしその影響を緩和することができる要因が見出されれば，従業員のリテンション・マネジメント上有益だろう。近年のキャリア・プラトー化の従業員への影響に関する実証研究でも，キャリア・プラトー化と退職意思との間を媒介し，またはその関係に影響する要因が分析され，キャリア・プラトー化の影響モデルが検討されるようになってきた（e.g. Lentz & Allen, 2009）。例えば，男性では階層プラトー化は退職意思にポジティブに影響していたが，女性では影響していなかった（Foster, Lonial, & Shastri, 2011）。また，職務の自律性，多様性や重要性が高いことが階層プラトー化の退職意思に対するポジティブな影響を抑制した（山本, 2006）。このように，先行研究では，キャリア・プラトー化と退職意思との関係に影響するいくつかの媒介要因や調整要因が見出されたが，影響する要因が統一的に明らかにされたわけではない。また，一部を除きキャリア・プラトー化として階層プラトー化のみを取り上げており，内容プラトー化は分析されていない。

　本章では，組織に勤務する専門職のキャリアの停滞と退職との関係に影響する要因を考えるに当たって，専門技能を重視するコスモポリタンと所属組織を重視するローカルの分類（Gouldner, 1957）を参考にした。そして，専門職業人としての側面を示す専門性コミットメントと，組織人として組織での雇用継続を示すエンプロイアビリティを取り上げた。これによって，キャリア・プラトー化の影響を組織に所属する専門職の「専門性」と「組織」という両面からとらえることが可能となる。また，以下に述べるように，専門性コミットメン

トはキャリアの停滞と退職との関係における抑制要因，エンプロイアビリティは促進要因と考えられるため，その両面からとらえた。

　第1が，本書全体のテーマであるエンプロイアビリティである。もともと，本章の対象である専門職は，資格や専門性をもとにした外部労働市場（転職市場）が比較的整備されていると考えられる。そのため，他の組織で現在と同等以上の条件で雇用を見つけられる（外的エンプロイアビリティが高い）ことと，組織内での評価が高いことで雇用が維持される（内的エンプロイアビリティが高い）こととが一致しやすいだろう。（外的）エンプロイアビリティが高い専門職は，専門職中心の組織からみて長期勤続して欲しい人々であり，リテンション・マネジメントの重要な対象でもある。

　他方，自己決定理論によれば，雇用可能であることは自分のキャリアをコントロールできているという感覚をともなう傾向があり，現在の組織に残留するか転職するかという選択において，個人により大きな行動の自由を与える。そのため，エンプロイアビリティが高いことは，どちらかといえば退職にポジティブに働くことが想定される。先行研究のレビュー（第4章）でも，また本書の分析（第9章など）でも，エンプロイアビリティは退職意思を高めることが示されている。そこで，キャリア・プラトー化という形でキャリア発達の停滞がみられれば，（組織にとって重要な）エンプロイアビリティが高い専門職の退職意思は高まると考えられる。

　第2が，専門性コミットメントである。企業間競争が激化している今日，組織は，大企業を中心に従業員の知識や専門性を重視する方向に転換しつつある（Drucker, 1988）。従業員の側も，高学歴化の進行にともなうやりがい志向や自己実現志向の高まりによって，また望まずして現在の仕事を失ったり他の仕事に転換させられたりしないため，高度の専門性を身につけたいとする人々が増加している。このことは，専門職においても同様だろう。すなわち，専門職の特徴である高い専門性，そして専門性の重視に関わるキャリア意識の重要性はますます高まっていると考えられる。

　専門性とは，一般に特定の領域に関する高度な知識や経験を指し，「職業において，特定の分野をもっぱら研究・担当する，という傾向」（森田, 2006,

p.252）や「（労働）市場横断的に評価される，特定領域に関する高度な知識と経験に基づく能力」（山本，2009，p.118）と定義されている。そこから，「看護師の専門性」，「公認会計士の専門性」など，職業・職種ごとの専門性が分析されてきた。つまり，特定の領域における専門性を考えていくと，際限のない細分化が生じ，それらを対象が限定された調査で把握することは困難である。そこで，職業・職種ごとの個別具体的な知識や経験の違いに関わらず，「専門性」一般を検討するためには，それを勤労者自身の意識，つまり専門性意識の観点からとらえることなどが考えられる。専門性意識とは，自己の「専門性」に対する意識であり，その内容や高低に関わらず，それ自体を他者と比較することが可能である。先行研究で専門職の専門性意識として代表的な概念が，専門職コミットメント（professional commitment）である。これは，「自身の（専門）職業や（専門）分野に対するコミットメント」と定義され，専門職の目標・価値の信仰，専門職の利益のための努力や専門職の一部として留まりたいという願望を示す（Morrow & Wirth, 1989）。本章では，専門性を専門職だけのものではなく，専門職以外の勤労者も高低に関わらず保持していると考える。そこで，「自己の専門性の認知的，情緒的，行動的側面に対するコミットメント」と操作的に定義した「専門性コミットメント」を，専門性意識として分析する。先行研究でこの概念に近いと考えられるのが，仕事上の専門領域に対するコミットメントを示す「専門領域コミットメント」である（石山，2011）。専門領域コミットメントは，専門職が最も高く，業務の裁量性が高い職種ほど高くなっている。

　専門性コミットメントは，キャリア・プラトー化と退職との関係にどのように影響しているだろうか。専門性コミットメントは，仕事における個人的成長，発達や学習を促進するため，勤労者のモチベーションを高めると考えられる。先行研究でも，類似概念である専門領域コミットメントの高さは退職意思を弱める効果を示した（石山，2011）。また，専門職が現在の職務が内容プラトー化しているとしても，退職せず現在の職場でモチベーションを維持し続けていくには，以下のことが必要であろう。すなわち，自己の職務を①（発展し続ける）専門分野の先端に位置づける，②職務遂行方法の高度化を図る，③徐々により

困難な仕事を付け加える，④仕事に対する見方を変え，変化を見つけて挑戦するなどである。これらは，自身の専門性を明確化し，それを向上させようという意欲を示す専門性コミットメントの高さを示している。この点は，階層プラトー化においても同様だろう。すなわち，前述のキャリア発達に関する補償仮説を応用すれば，組織内におけるキャリア発達の停滞による退職意思の上昇は，専門性コミットメントによって抑制されると考えられる。

さらに，本章では，キャリア・プラトー化と退職との関係を促進するエンプロイアビリティと，両者の関係を抑制する専門性コミットメントの影響を統合して，以下のようなキャリア・プラトー化の影響モデルを設定し，それが成立するかどうかを分析する。つまり，（組織においてリテンションの重要な対象である）エンプロイアビリティの高い専門職においては，キャリア・プラトー化と退職とのポジティブな関係は，専門性コミットメントが高いほど弱まるというモデルである。本章では，以上の自己決定理論とキャリア発達に関する補償モデルを応用して構築したモデルをもとに，以下の仮説を設定した。

仮説14－3　専門職のエンプロイアビリティおよび専門性コミットメントは，階層プラトー化と退職意思との関係を調整する。すなわち，エンプロイアビリティの高い専門職では，階層プラトー化と退職意思とのポジティブな関係は，専門性コミットメントが高いほど弱まる。

仮説14－4　専門職のエンプロイアビリティおよび専門性コミットメントは，内容プラトー化と退職意思との関係を調整する。すなわち，エンプロイアビリティの高い専門職では，内容プラトー化と退職意思とのポジティブな関係は，専門性コミットメントが高いほど弱まる。

以上の変数間の関係を図式化した（図14－1）。

第14章　専門職のキャリアの停滞と退職との関係に及ぼすエンプロイアビリティと専門性コミットメントの影響 | 267

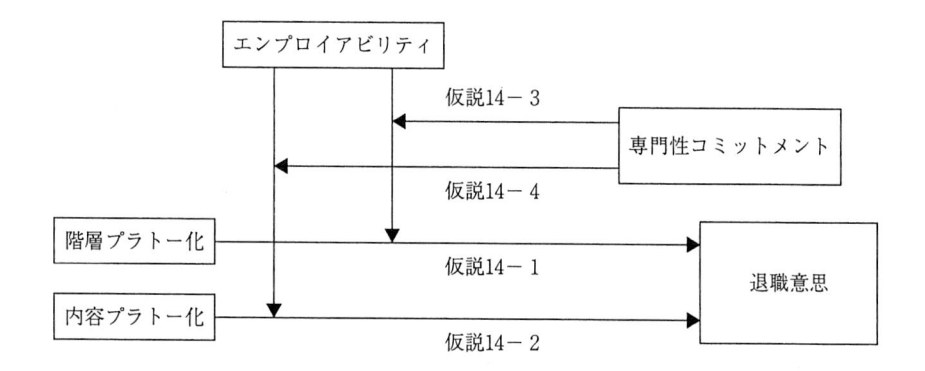

図14-1　第14章の変数間の関係図

第3節　実証分析の方法

1　調査対象，手続き

　本章では，看護師（准看護師を除く）を対象とした調査4の結果を分析した。看護師は，医師，弁護士などの古典的専門職ではないが，長期的な専門的教育により獲得される知識，専門職能団体による自治，倫理的な綱領や規範の保持，教育訓練機関の保持，公益性，職務の独占性，公的資格による裏づけといった専門職として一般的に考えられる基準を満たしている。同時に，ほとんどの看護師は病院などの組織に所属しているため，本章で前提とする組織における階層プラトー化やエンプロイアビリティの対象となる。

　2012年9月1日から9月21日まで，A県内の，診療所を除く国公立病院，公的病院，民間病院計60病院（の看護部門責任者）に事前に調査協力を依頼し，応諾した28病院の臨床経験3年以上の看護師（准看護師，助産師および保健師除く）を対象に留め置き法による質問票調査を実施した（看護部長対象および（副）看護師長対象の調査も実施したが，本章では分析しない）。一般に，3年未満の初期キャリアの看護師は直近の昇進の対象ではない。また，彼らの退職には合理的判断をともなわず，何らかの感情に基づき比較的短期の意思決定で行われる自発的退職を意味する衝動的離職（Mobley, 1977）が多く含まれると考えられたた

め，対象としなかった。質問票は，各病院の看護部へ郵送し，看護部を介し対象者に配布された。質問票は，記入後各対象者が厳封した上で看護部が回収し，調査者宛返送された。1,437票配布し，26病院から1,204票回収し（回収率83.8％），有効回答票は921票だった（有効回答率76.5％）。

調査対象者のプロフィールは，以下の通りである。対象者の平均年齢は36.14歳（標準偏差8.63），看護師としての平均経験期間は13.11年（8.11），平均勤続期間は8.99年（6.31），平均部署配属期間（病棟などの部署に配属されてからの年数）は4.08年（3.12）であった。性別は，男性が9.6％，女性が90.4％だった。職位は，看護スタッフ76.7％，看護主任・副看護師長17.9％，その他5.4％であった。看護専門学歴は，専修学校（各種学校含む）69.6％，短期大学15.0％，大学8.8％，大学院1.1％，その他5.5％であった。（看護職としての）転職経験は，なしが57.1％，ありが42.9％であった。所属する施設での配置転換の有無は，ありが60.5％，なしが39.5％だった。

2 調査項目

以下は，コントロール変数を除き5段階リカート尺度の平均値で測定した。

(1) キャリア・プラトー化

近年のキャリア・プラトー化の実証研究では，階層プラトー化と内容プラトー化という下位次元を明らかにしたMilliman（1992）の尺度をもとにする例がほとんどであり，標準的尺度と考えられる。そこで，彼の各6項目の尺度を採用した（具体的項目は表14-1参照：以下同じ）。

(2) エンプロイアビリティ

組織内での評価の高さを意味する内的エンプロイアビリティ（の高さ）は，キャリア・プラトー化していないことと類似している。そこで，第10章などと同様，キャリア・プラトー化と退職意思との関係に及ぼすエンプロイアビリティの影響を分析する本章では，エンプロイアビリティを外的エンプロイアビリティととらえた。そして，Rothwell & Arnold（2007）などを参考にした外的

エンプロイアビリティの5項目を尺度として採用した（表14－2参照）。

(3) 専門性コミットメント

キャリア・コミットメント（Blau, 1985），プロフェッショナル・コミットメント（Morrow & Wirth, 1989）や専門領域コミットメント（石山, 2011）など，専門性意識を測定する尺度は，OCQ（Organizational Commitment Questionnaire: Mowday et al., 1979）に代表される組織コミットメント尺度の対象である「組織」を「職業」，「キャリア」や「専門領域」に変更して作成されたものが多い。しかし，本章で使用する専門性コミットメント尺度を作成する場合，その方法ではワーディング等に難がみられた。そこで，本章では専門性コミットメントをキャリア意識に含まれると考え，キャリア意識の包括的概念であるキャリア・モチベーションの尺度（Noe, Noe, & Bachhuber, 1990）をもとに作成した。キャリア・モチベーションとは，自分のキャリアを展開していく上でのモチベーションであり，専門性はそのなかのキャリア上のアイデンティティ（career identity）次元に含まれる。同次元のなかの4項目を，対象を「キャリア」や「キャリア目標」から，「専門性」，「専門能力」に変えて設定した（表14－2参照）。

(4) 退職意思

第7章などと同様，Van Yperen et al.（1996）を参考にした2項目尺度を採用した（例：私は現在の病院を辞めたい）。

(5) コントロール変数

性別，年齢，学歴を採用した。

第4節 キャリア・プラトー化と退職との関係に及ぼすエンプロイアビリティと専門性コミットメントの影響についての実証分析

1 尺度の妥当性などの検討
(1) キャリア・プラトー化

キャリア・プラトー化尺度の構造を明らかにするために、因子分析を行った（表14－1）。各項目に天井効果、フロア効果ともみられなかったため、全項目を用いた因子分析（最尤法、斜交プロマックス回転）を行った。スクリープロットによる固有値の減衰状況から、2因子解が適当であると考えられた。さらに、どの因子にも高い負荷量を示さない項目や複数因子に同程度負荷していた項目を削除した最終的な結果が、表14－1に示される。累積寄与率は46.2％であった。第1因子が階層プラトー化（α=.710），第2因子が内容プラトー化（α=.671）を構成する項目が、それぞれ高い因子負荷量を示したため、先行研究と同様のキャリア・プラトー化尺度の構造が示された。太字の因子負荷量が高

表14－1　階層プラトー化と内容プラトー化項目の因子分析

項目	1	2	共通性
私はより高い地位を獲得する見込みはない	.697	.003	.487
私は近い将来より高い地位に昇進することが予想される (R)	.693	.002	.481
私は将来頻繁に昇進することが予想される (R)	.623	.037	.398
私の昇進の機会は限られている	.495	-.021	.242
私が昇進する可能性は限られている	.378	-.085	.138
私の仕事はやりがいがある (R)	-.048	.727	.517
私は現在の仕事で、多くのことを学び成長する機会がある (R)	.049	.681	.479
私の仕事では能力や知識を引き続いて伸ばしていくことが必要である (R)	-.129	.500	.243
私の仕事上の責任は明らかに高まってきた (R)	.131	.460	.250
私の仕事における作業や活動は、私にとってマンネリ化してきた	-.037	.379	.140
因子間相関		.18	

注) n=921；因子負荷量は斜交プロマックス回転後のものである。太字は因子負荷量の絶対値0.378以上を示す。

い項目を加算し、その平均値によって各尺度を構成する(以下同じ)。

(2) エンプロイアビリティと専門性コミットメント

調整変数であるエンプロイアビリティと専門性コミットメントとの弁別的妥当性を検証するために、因子分析を行った(表14-2)。各項目に天井効果、フロア効果ともみられなかったため、全項目を用いて因子分析(最尤法、斜交プロマックス回転)を行った。スクリープロットによる固有値の減衰状況から2因子解が適当であると考えられ、累積寄与率は57.4％であった。その結果、第1因子がエンプロイアビリティ、第2因子が専門性コミットメント(α =.705)を構成する項目が、それぞれ高い因子負荷量を示したため、エンプロイアビリティと専門性コミットメントの弁別的妥当性は検証された。

表14-2 エンプロイアビリティと専門性コミットメント項目の因子分析

項　目	1	2	共通性
この病院をやめても、すぐに同じ対価の仕事を見つけることができる	**.795**	-.052	.636
たいていの病院で今と似たような仕事を得るのは簡単だ	**.770**	-.046	.595
必要になれば、似たような病院で現在と同じような仕事を得るのは簡単だ	**.712**	.028	.507
求職を開始したら、別の仕事が見つかると確信している	**.666**	-.015	.444
現在の病院を辞めた場合、新しい仕事を見つけるのは難しい(R)	**.590**	.066	.351
深めていきたいと思う専門分野が明確に決まっている	.082	**.785**	.621
自分の専門性を高めて行くための明確な計画がある	.023	**.655**	.429
自分の専門性を高めるためなら、最大限の努力を惜しまない	-.067	**.563**	.322
自分の専門能力を活かすことが仕事のやりがいにつながる	-.061	**.455**	.212
因子間相関		-.01	

注)n=921；因子負荷量は斜交プロマックス回転後のものである。太字は因子負荷量の絶対値0.40以上を示す。

2　仮説の検証

仮説を検証するために、退職意思を従属変数、階層および内容プラトー化を独立変数とし、エンプロイアビリティおよび専門性コミットメントを調整変数とする階層的重回帰分析を実施した(表14-3)。第1ステップでコントロール変数を投入し、第2ステップで階層および内容プラトー化、エンプロイアビ

表14−3 キャリア・プラトー化，エンプロイアビリティ，専門性コミットメントの退職意思に対する重回帰分析

変数	β Step 1	Step 2	Step 3	Step 4
性別	.046	.055†	.053†	.054†
年齢	-.231***	-.253***	-.257***	-.254***
高学歴	-.012	.027	.029	.029
階層プラトー化		.188***	.191***	.178***
内容プラトー化		.285***	.296***	.301***
エンプロイアビリティ		.213***	.204***	.211***
専門性コミットメント		-.018	-.016	-.029
階層プラトー化×エンプロイアビリティ			.022	.013
内容プラトー化×エンプロイアビリティ			-.036	-.001
階層プラトー化×専門性コミットメント			-.038	-.026
内容プラトー化×専門性コミットメント			.046	.029
エンプロイアビリティ×専門性コミットメント			.019	.031
階層プラトー化×エンプロイアビリティ×専門性コミットメント				-.073*
内容プラトー化×エンプロイアビリティ×専門性コミットメント				.065†
R^2	.050***	.231***	.233***	.239***
$\triangle R^2$	.050***	.181***	.002	.006*

注) n=921；VIF：1.034-1.491；†p<.10 *p<.05 ***p<.001.

リティおよび専門性コミットメントを，第3ステップで2要因の交互作用項（階層プラトー化×エンプロイアビリティ，内容プラトー化×エンプロイアビリティ，階層プラトー化×専門性コミットメントおよび内容プラトー化×専門性コミットメント）を追加投入した。加えて，第4ステップで3要因の交互作用項（階層プラトー化×エンプロイアビリティ×専門性コミットメントおよび内容プラトー化×エンプロイアビリティ×専門性コミットメント）を追加投入した。各変数の値は多重共線性の問題を回避するため，中心化を行った。

　第2ステップの結果，階層プラトー化，内容プラトー化とも退職意思に有意にポジティブに寄与しており，仮説14−1と仮説14−2は支持された。この結果によって，仮説14−3と仮説14−4検証の前提となるキャリア・プラトー化の退職意思への影響も確認された。

第14章 専門職のキャリアの停滞と退職との関係に及ぼすエンプロイアビリティと専門性コミットメントの影響 | 273

　第4ステップの結果，階層プラトー化，エンプロイアビリティ，専門性コミットメントの3要因の交互作用項の追加による決定係数の増分が有意だった。そこで，調整効果の詳細を明らかにするために，平均値＋1SD以上の高群と平均値－1SD以下の低群に分け高低群別分析を行った（図14－2）。

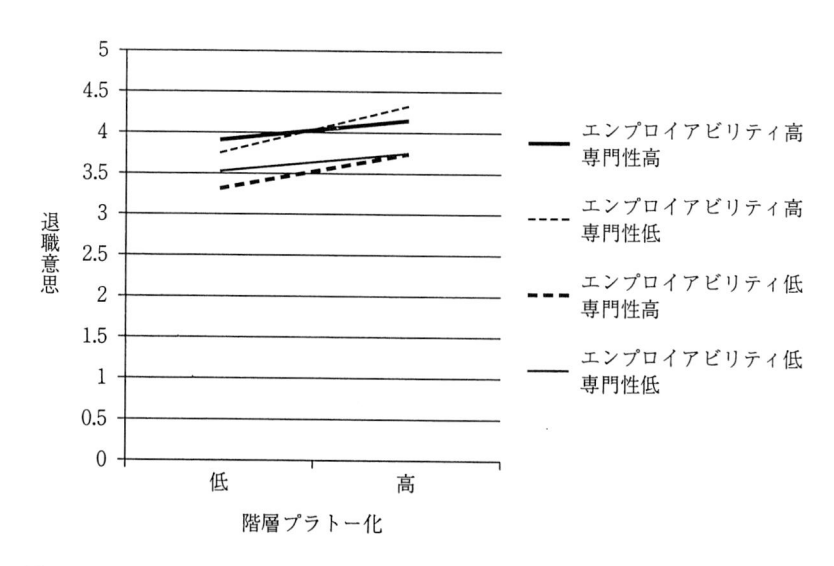

図14－2　階層プラトー化と退職意思との関係に対するエンプロイアビリティと専門性コミットメントの調整効果

　エンプロイアビリティ高群の場合，専門性コミットメント高群も（$\beta=.11$, $p<.05$），低群も（$\beta=.27$, $p<.001$），階層プラトー化しているほど，退職意思が高い。そして，階層プラトー化×専門性コミットメントの交互作用が有意だったため（$\beta=-.11$, $p<.05$），その傾向は専門性コミットメント低群ほど顕著だった。エンプロイアビリティ低群の場合も同様に，専門性コミットメント高群も（$\beta=.20$, $p<.001$），低群も（$\beta=.14$, $p<.05$），階層プラトー化しているほど退職意思が高いが，その傾向に専門性コミットメントによる差はみられなかった（$\beta=.04$, ns）。このことから，エンプロイアビリティが高いだけでなく，それに加えて専門性コミットメントが高い方が，階層プラトー化による退職意思の高ま

りが低減することが示唆された。そのため，仮説14－3は支持された。しかし，内容プラトー化，エンプロイアビリティ，専門性コミットメントの3要因の交互作用は有意でなかったため，仮説14－4は支持されなかった。

第5節　調査結果が示唆すること——考察と展望

1　専門職のキャリア・プラトー化と退職との関係

　本章の結果，キャリア・プラトー化が専門職の退職意思にポジティブに影響していることが見出され，先行研究と同様の結果を示した。組織内におけるキャリア発達の停滞が全体として従業員の退職を促進する可能性が，専門職においても示されたといえる。そのなかでも，内容プラトー化の影響の方が，階層プラトー化の影響より大きい傾向がみられた。階層プラトー化は，組織の昇進管理に基づく。固定した組織構造に個人が影響を及ぼす可能性が低いということから，どちらかといえば他律的で，不可避的な現象と考えられやすいだろう。そのため，内容プラトー化の影響の方が大きいととらえられたのだろう（Lentz & Allen, 2009）。しかし，業績悪化やコミュニケーション促進のため，組織階層のフラット化を進めている組織では，階層プラトー化が進行することは十分考えられる。専門職中心の組織でも，権限移譲などの階層プラトー化を防止していく施策（櫻田，2010）が求められる。

　内容プラトー化防止には，ジョブローテーションなどによる実際の職務の変更が必要だと考えられてきた。すなわち，組織の配置管理や職務管理が重要となる。特定の職務に長期間従事することは，専門性向上に結びつく一方，職務の挑戦性低下という内容プラトー化の進行につながる。この状況は，専門職中心の組織で，加えて（現在の部署への）囲い込みの対象となりやすい有能な人材ほど起こりやすいだろう。いわゆる塩漬け人事である。しかし，これを避けるために，組織の事情で本人のキャリアの蓄積につながらないような移動が繰り返されることも，特に専門職では望ましくないだろう。配置部署の種類や配置期間については，本人の希望や適性を考慮した適性配置が理想であり，また実際の担当職務についても上司のきめ細かな配慮が求められる。先行研究でも，

第14章　専門職のキャリアの停滞と退職との関係に及ぼすエンプロイアビリティと専門性コミットメントの影響

組織全体および上司のサポート（Allen et al., 1999）やメンタリング（Foster et al, 2011）が内容プラトー化にネガティブに影響しており，組織の人的資源管理として，本人の事情を考慮した個別管理が求められる。以上のような施策によるキャリア・プラトー化の防止が，専門職組織におけるリテンション・マネジメントとして重要となるだろう。

2　専門職のキャリア・プラトー化と退職との関係に及ぼすエンプロイアビリティと専門性コミットメントの影響

　本章の結果，エンプロイアビリティが高い専門職のうち，階層プラトー化により高い退職意思を示す人々は，専門性コミットメントが低いことが明らかにされた。キャリア・プラトー化の退職に対する影響の研究において，組織内専門職に特徴的なキャリア意識の複合的な影響が初めて明らかにされたといえる。エンプロイアビリティ，専門性コミットメントそれぞれ単独での有意な影響はみられなかったからである（表14－3第3ステップ参照）。階層プラトー化の原因が組織的プラトー化（Ference et al., 1977），すなわち高水準の職務をこなす能力があるにも関わらず，組織の管理職位不足によることが多いと考えると，有能な専門職に対して常に潤沢に昇進の機会が与えられるとは限らない。そうしたキャリア発達の停滞状況において，エンプロイアビリティが高い専門職のリテンション施策として考えられるのが，自身の専門性が明確でそれを向上させる意欲を示す専門性コミットメントを高める施策であることが明らかにされた。

　組織のなかで専門職の専門性コミットメント向上を図っていくには，専門性を高めるための長期研修への参加や職務経験を促進していくことはもちろんである。しかし，それらを専門職一人ひとりの専門性コミットメント向上に結びつけていくには，それらの蓄積が一人ひとりの専門性の明確化や専門性向上意欲増大につながるよう手助けしていくことが求められる。そのためには，研修参加後の上司によるきめ細かなフォローや研修の成果を活かせるような職務の変更が必要となろう。さらに，専門職では，看護職におけるクリニカル・ラダーシステム[3]にみられるように，彼らのもつ専門性を客観的に測定しようと

する試みがなされている。これらを活性化していくこと，例えばシステムを導入するだけではなく，レベル認定の仕組みを取り入れる，職位・職務・給与と関係づけるなどの工夫によって，専門性をより客観的に評価するようにシステムを充実させることが求められよう。認定看護師・専門看護師制度[4]の活用もそれに含まれる。これらによって，看護職の専門性向上意欲を全体として高めることが可能となろう。看護職以外の専門職でも，クリニカル・ラダーシステムと同様に，キャリア発達のパス（経路）とそのための能力開発システムを意味するキャリア・ラダーシステムを構築することで，専門性の客観的な測定とその向上が図れるだろう。

　次に，エンプロイアビリティの観点からみてみよう。前述したように，欧米企業では従業員のエンプロイアビリティを積極的に向上させていこうとするエンプロイアビリティ保障の考え方が広がっている（Kanter, 1989）。わが国でも，専門職において資格や専門性をもとにした転職市場が比較的整備されていることを考えると，組織でキャリア発達のために実施される能力開発は（結果的にしろ），（外的）エンプロイアビリティの向上に結びつきやすいだろう。わが国の民間企業従業員を対象とした第12章，第13章の結果，組織の積極的な能力開発や自律性を重視したキャリア開発は，エンプロイアビリティ保障を通してキャリア満足やキャリア展望を高めたが，逆に退職意思を高めることが欠点として挙げられた。専門職を対象とした本章の結果から，エンプロイアビリティ保障によってエンプロイアビリティが高まった専門職は，階層プラトー化したとしても，専門性コミットメントの向上が見込めれば，退職につながりにくい可能性が示された。つまり，キャリアが停滞する状況で，結果的にエンプロイアビリティ向上に結びつくような専門職組織における努力が退職を促進するという，諸刃の剣とならないための条件が示唆されたとも考えられる。

　さらに，仮説では設定しなかったが，エンプロイアビリティ，専門性コミットメントとも低群の場合も，階層プラトー化しても退職意思が比較的高くならないことが示された。彼らは，キャリア発達の見込みが低くても同等以上の条件で転職できる可能性が高いと感じず，自己の専門性へのこだわりも低いため，現在の所属組織に居続けようとしていると考えられる。そのため，彼らは，場

合によっては専門性の蓄積が期待しにくいような部署・職務への度重なる配置転換にも比較的応じてくれるかもしれない。しかし，彼らが昇進可能性も業績も低いdead wood（「枯れ木」：Ference et al., 1979）の状態に陥らないためには，専門性向上につながる研修をただ単に受講してもらうだけではなく，その結果をきちんと振り返り，自己のキャリア発達に結びつけていくための個人単位のきめ細かなカウンセリングなどが必要だろう。

　最後に，本章では内容プラトー化と退職意思との関係に対するエンプロイアビリティと専門性コミットメントの影響は明らかにされなかった。内容プラトー化自体の防止に職務変更などの配置管理や職務管理が資する可能性を考えれば，内容プラトー化と退職との関係を検討していく際には，職務担当期間の平均といった，職務自体に関する客観的要因を取り入れ，分析する必要があるかもしれない。

　以上，本章で設定されたモデルは，エンプロイアビリティ保障などの人的資源管理の観点から，優秀な専門職にもいつ訪れるかわからないキャリアの停滞による人材喪失に結びつかないためのリテンション・マネジメント上の処方箋を得る試みだといえよう。

第6節　本章の限界と今後の課題

　第1に，客観的（キャリア・）プラトー化との関係を分析する必要がある。本章では，個人の退職意思との関係ということで，階層プラトー化，内容プラトー化とも主観的な側面で測定した。しかし，組織の人的資源管理の観点からは，現在の職位における在任期間の長さなどで測定される客観的プラトー化の方が，明確に把握可能という点でより重要なプラトー化指標である。設置主体，病床数，診療科などの組織の状況も影響要因に加えることによって，客観的プラトー化との関係をより詳細に分析する必要がある。

　第2に，本章におけるエンプロイアビリティや専門性コミットメントは本人の知覚によるものであり，客観的に測定した基準ではない。今後は，それぞれの専門職ごとに求められるエンプロイアビリティなどを，客観的に測定してい

く必要があろう。その点では，前述したクリニカル・ラダーシステムにおけるレベルなどは参考になろう。

　第3に，本章で対象とした専門職は，看護師に限定されている。今後は，他の専門職を調査対象とすることによって，本章のモデルがどの程度一般化されるかを検討していきたい。さらに，近年勤労者一般に，職務における専門性がますます重視されるようになってきている。いわば，専門性重視社会の到来である。非専門職にも本章のモデルが適用できるかどうか分析することを課題としたい。

【注】
1) 一つの病院に看護師が何人勤務するかという基準であり，医療法で定められている。人数が多く，手厚い看護が提供可能な病院ほど，高い診療報酬を得られるシステムである。多くの病院が患者7名に看護師1名という基準を満たすための採用増加により，人材不足が深刻化している。
2) 看護師を例にとると，プリセプター制度や固定チームリーダーなどのキャリア発達に役立つ経験・役割に加え，実習指導者講習や認定看護管理者養成研修などの長期研修の機会が数多くある。
3) 看護師の臨床での実践的看護能力を段階的に示したもので，個人の実践の状況をレベルごとの到達目標と照合することによって，現在の能力を把握し，自分の目標を明らかにすることが可能となる。
4) 認定看護師とは，認定看護師認定審査に合格し，特定の認定看護分野で熟練した看護技術と知識を有することが認められた者をいう（日本看護協会，1997）。特定の看護分野での①高水準の看護実践，②看護実践を通した指導，③コンサルテーションを行う。専門看護師とは，専門看護師認定審査に合格し，ある特定の専門看護分野で卓越した看護実践能力を有することが認められた者をいう（日本看護協会，1996）。専門看護分野で，①卓越した看護実践，②コンサルテーション，③保健医療福祉関係者間の調整，④倫理的問題や葛藤の解決，⑤教育的機能，⑥研究活動を行う。両者とも，専門性の客観的評価指標であり，客観的基準による認定の更新が規定され，専門性の水準の維持が図られている。

---　終　章　---

本書の意義と今後の研究課題

　序章で述べた通り，本書が目的とした点は次の3点であった。
（1）エンプロイアビリティ自体の定義，現状，構造などを分析する。
（2）エンプロイアビリティの発生した原因や，それに影響を与えた要因を分析する。
（3）エンプロイアビリティによって生じた，またはそれに影響を受けた状況や結果を分析する。

　この分類に基づき，本章では第1節で第Ⅱ部の実証分析結果をまとめた上で，第2節では本書の結果から導き出された組織の人的資源管理への提言を，第3節では政策的な提言を試みた。さらに，第4節では本書の理論的フレームワークの1つであるキャリア発達論における本書の意義について，第5節ではグローバルな観点からのエンプロイアビリティ研究における本書の意義について触れた後，第6節で今後の研究課題についてまとめた。

第1節　実証分析結果のまとめ

　本書における分析結果から従業員のキャリアや組織の人的資源管理に対する実践的提言を試みる前に，実証分析の結果によって明らかにされた点を，以下項目別に要約する[1]。

1　エンプロイアビリティの知覚尺度の開発とその妥当性（第5章）
（1）勤労者のエンプロイアビリティの知覚には，内的労働市場（内的エンプ

ロイアビリティ）と外部労働市場（外的エンプロイアビリティ）による区別が明確にみられた。
（2）エンプロイアビリティの知覚尺度の妥当性を検証した結果，内的エンプロイアビリティと昇進可能性とは強い相関がみられないことから弁別的妥当性が，職務業績と強いポジティブな相関がみられたことから併存的妥当性が確認された。また，外的エンプロイアビリティと組織間キャリア効力との強いポジティブな相関がみられたため併存的妥当性が，職務業績とは強い相関がみられないことから弁別的妥当性が確認された。

2　エンプロイアビリティの構造の日英比較（第6章）
（1）イギリス人勤労者のエンプロイアビリティの知覚にも，内的エンプロイアビリティと外的エンプロイアビリティによる区別が明確にみられた。
（2）日本人勤労者の内的および外的エンプロイアビリティの知覚は，イギリス人勤労者の内的および外的エンプロイアビリティの知覚より低かった。
（3）日本でもイギリスでも，内的エンプロイアビリティの知覚の方が外的エンプロイアビリティの知覚より高かった。

3　エンプロイアビリティ・スキルとエンプロイアビリティ知覚との関係（第7章）
（1）エンプロイアビリティ・スキルは，内的および外的エンプロイアビリティ知覚の高さに寄与していた。
（2）エンプロイアビリティスキルと職務態度などとの関係に対するエンプロイアビリティ知覚の媒介効果が部分的に認められた。すなわち，内的エンプロイアビリティ知覚は，エンプロイアビリティ・スキルが職務満足，キャリア満足およびキャリア展望を高める関係を促進した。また，外的エンプロイアビリティ知覚は，エンプロイアビリティ・スキルが職務満足を高める関係を抑制した。

4　エンプロイアビリティの客観的基準（第8章）

（1）一般民間企業の転職経験のある従業員はない従業員より，外的エンプロイアビリティ知覚が高いことが示された。

（2）転職の誘いによる転職の場合は，そうでない場合と比較して転職時の評価，すなわち外部労働市場における評価が高かった。

（3）転職の誘いによる転職の場合は，そうでない場合と比較して転職後の処遇が良くなる。

5　エンプロイアビリティの要因とその影響についての実証分析（第9章）

（1）性別および年齢とエンプロイアビリティとの間に明確な関係性は認められず，個人属性との関係性は全体として低かった。しかし，男性で年齢が高いほどエンプロイアビリティ・スキルは高く，年齢が高いほど転職の誘いによる転職がみられた。

（2）管理・監督職の内的エンプロイアビリティは非管理・監督職より高かったが，外的エンプロイアビリティには差はみられなかった。それに対し，イギリス人は全体としてエンプロイアビリティが日本人より高いだけでなく，管理・監督職は非管理・監督職より外的エンプロイアビリティも高かった。また，管理・監督職のエンプロイアビリティ・スキルは非管理・監督職より高く，転職の誘いによる転職をしていた。

（3）国際業務の経験のある従業員は，日本人では内的エンプロイアビリティが高いのに対し，イギリス人では外的エンプロイアビリティが高かった。国際業務の経験はエンプロイアビリティ・スキルにもポジティブに相関していた。

（4）先行研究と同様，勤続期間は外的エンプロイアビリティにネガティブに相関していたが，内的エンプロイアビリティとの明確な関係性はみられなかった。

（5）学歴の高さは，エンプロイアビリティ・スキルとポジティブな相関がみられたが，エンプロイアビリティ知覚との間には明確な関係性はみられなかった。

（6）職務関与の高さはエンプロイアビリティ知覚とポジティブに相関していた。
（7）内的エンプロイアビリティは，外的エンプロイアビリティより職務態度などに対して大きくポジティブな寄与を示した。
（8）外的エンプロイアビリティは，職務態度などに対しネガティブな寄与とポジティブな寄与がともにみられた。すなわち，職務満足および組織コミットメントへはネガティブな寄与を，退職意思にはポジティブな寄与を示した。逆に，キャリア展望および職務業績にはポジティブな寄与を示し，キャリア満足と収入には統一的結果はみられなかった。
（9）日英間でエンプロイアビリティの影響に大きな差異はみられなかった。
（10）エンプロイアビリティの指標による影響の違いについて，エンプロイアビリティ・スキルは，内的エンプロイアビリティ知覚と類似していた。それに対し，転職者における転職の誘いによる転職は，外的エンプロイアビリティ知覚とはかなり異なっていた。

6　雇用不安と従業員の職務態度・行動との関係に及ぼすエンプロイアビリティの影響（第10章）

（1）雇用不安は，職務満足，組織コミットメント，キャリア満足およびキャリア展望に対し有意にネガティブな，退職意思には有意にポジティブな寄与を示した。
（2）エンプロイアビリティ高群も低群も，雇用不安が高いほど組織コミットメントおよびキャリア展望は低かったが，その程度は高群ほど緩やかだった。また，雇用不安が高いほどエンプロイアビリティ低群はキャリア満足が低かったが，エンプロイアビリティ高群では雇用不安の高低でほとんど違いがみられなかった。しかし，雇用不安と職務満足および退職意思との関係に対して，エンプロイアビリティは寄与していなかった。

終　章　本書の意義と今後の研究課題 | 283

7　雇用不安と従業員の職務態度・行動との関係に及ぼすエンプロイアビリティの影響（2）―量的雇用不安と質的雇用不安との比較の観点から（第11章）
（1）量的不安は，組織コミットメント，キャリア満足およびキャリア展望にはネガティブに寄与し，退職意思にはポジティブに寄与した。質的雇用不安は，職務満足およびキャリア満足にはネガティブに寄与し，退職意思にはポジティブに寄与した。
（2）エンプロイアビリティ高群は，量的不安が高いほど職務満足は高かったが，逆に低群は量的不安が高いほど職務満足が低かった。また，エンプロイアビリティ高群は量的不安が高くても低くてもキャリア満足にほとんど差がみられなかったが，低群は量的不安が高いほどキャリア満足が低かった。さらに，エンプロイアビリティ高群も低群も，質的不安が高いほど職務満足は低かったが，その傾向は低群ほど顕著だった。エンプロイアビリティ高群は，質的不安が高くても低くてもキャリア展望にほとんど差はみられなかったが，低群は質的不安が高いほどキャリア展望が低かった。

8　エンプロイアビリティ保障の実証的研究（第12章）
（1）組織の能力開発は，従業員の内的および外的エンプロイアビリティに寄与した。
（2）組織の能力開発は，従業員の内的エンプロイアビリティ向上を通して，職務満足，組織コミットメント，キャリア満足およびキャリア展望にポジティブに寄与し，退職意思にネガティブに寄与した。それに対し，能力開発は外的エンプロイアビリティ向上を通して，キャリア展望および退職意思にポジティブに寄与した。

9　エンプロイアビリティ保障の実証的研究（2）―能力開発以外の観点から（第13章）
（1）雇用保障は，従業員の内的エンプロイアビリティに寄与したが，外的エンプロイアビリティには寄与しなかった。キャリア自律は，内的および外的エンプロイアビリティに寄与した。WLB重視は，内的および外的エン

プロイアビリティに寄与しなかった。
（2）雇用保障は，内的エンプロイアビリティ向上を通して職務満足にポジティブに寄与し，退職意思にネガティブに寄与した。キャリア自律は，内的エンプロイアビリティ向上を通してすべての職務態度にポジティブに寄与し，外的エンプロイアビリティ向上を通して長期的なキャリア意識にポジティブに寄与した。

10 専門職のキャリアの停滞と退職との関係に及ぼすエンプロイアビリティの影響（第14章）
（1）階層プラトー化（将来の昇進可能性の低下）および内容プラトー化（職務の挑戦性の低下）は，専門職の退職意思にポジティブに寄与した。
（2）エンプロイアビリティの高い専門職では，階層プラトー化と退職意思とのポジティブな関係は，専門性コミットメント（自分自身の専門性に対するコミットメント）が高いほど弱まった。しかし，内容プラトー化と退職意思とのポジティブな関係にはエンプロイアビリティも専門性コミットメントも影響しなかった。

第2節　組織の人的資源管理への提言

　本書の分析結果から，能力開発管理を中心とした組織の人的資源管理に関する実践的な提言を試みたい。

1　エンプロイアビリティ・パラドックス

　本書の分析の結果，エンプロイアビリティ保障として当初から考えられていた積極的な能力開発（第12章）だけでなく，雇用保障や，境界のないキャリアの時代である現代求められている自律性重視のキャリア開発によるエンプロイアビリティ保障の有効性が認められた（第13章）。エンプロイアビリティ保障は，組織が従業員のエンプロイアビリティを向上させることによって，組織の生産性や利益を高めようとすることを意味する。わが国では，エンプロイアビ

リティは概念としては使われているが，組織の人的資源管理施策としてそれを高めるという考え方は広がっていないのが現状である。貴重なコストを払って従業員の転職スキルを高めるなど，もってのほかと考える経営者もいるだろう。また，組織内で配属された部署・職務ごとに短期的に業績を上げてもらうために行う能力開発に比べ，他社でも使え汎用性の高いスキル養成につながるが，より長期に渡るような能力開発の実施は荷が重いと感じる組織も多いだろう。これらが組織が直面するパラドックス，すなわちエンプロイアビリティ・パラドックスである（Gaspersz & Ott, 1996）。このパラドックスは，他社に移転可能な従業員のスキルを高めることを通して，結果的に従業員に転職され，能力開発投資が無駄になることを示している。すなわち，場合によっては，高業績者の定着（リテンション）にマイナスとなってしまうことである。これは，組織の能力開発投資が諸刃の剣になってしまうことを意味するという点で，わが国の企業を含め，これからエンプロイアビリティ保障に取り組もうとする企業で考えざるを得ないパラドックスである。本書の実証分析でも，このパラドックスが能力開発と退職意思との間でみられた（第12章）。また，キャリア自律と職務満足および組織コミットメントという職務態度との間でもみられた（第13章）。特に本書の分析では，このパラドックスが内的エンプロイアビリティ保障と外的エンプロイアビリティ保障との比較を通して明確に浮き彫りにされたといえる。

　しかし，世界でも例のない速度で少子高齢化が進行し，市場が縮小しつつあるわが国では，グローバル化と雇用の流動化も同時に進んでいる。こうした状況では，結果的に多くの従業員の終身雇用が達成されたとしても，当初からそれを保障していくことは徐々に困難になってきている。そこで，わが国の組織でも欧米の組織同様に，エンプロイアビリティ保障を図っていく必要は年々高くなってきている。

　今後，組織はエンプロイアビリティ・パラドックスをどのように考えていくべきだろうか。本書では，分析結果から考えて，むしろこのパラドックスを組織のマネジメントにおいて積極的に活かすべきだと考える。実際，高業績人材の完全なリテンションは不可能ということを考えると（山本，2009），従業員の

能力開発を積極的に行うことで，人的資本を高めることに投資してくれるような組織はすばらしいというイメージを従業員にもってもらうということである。それによって，高業績人材を引き留める（リテンション）という評判管理（reputation management）に則った姿勢を組織に求めたい（Fombrun, 1996）。自社を，「人を育てる会社」にしていくということである。リテンションという点では異なるが，人材輩出企業といってもよいかもしれない。これは，有効なコーポレート・アイデンティティ（CI）[2]やインターナルブランディング[3]の手法として考えられ，優秀な人材の採用にも資するだろう。この背景には，近年の若年勤労者の心理的特徴がある。すなわち，やりがいや自己実現を求め仕事内容にこだわる，貢献への即時的報酬や時価評価を求める，短期間で身につき，他社でも使える市場価値の高いスキルを求めるなどが彼らの特徴として挙げられている。前述したように，この傾向には入社前の就職活動で多くの学生がインテンシブな自己分析を行っていることも拍車をかけている。このような若年従業員の旺盛な自己開発意欲に応えるためにも，即戦力としての人材を求めるだけではなく，入社後市場価値の高いスキルを習得してもらう必要が高まっているのである。逆に，所属企業でその展望がもてない場合，モチベーション低下や転職に結びつく可能性が高い。

さらに，わが国の企業には欧米企業より，エンプロイアビリティ保障のための土台が整っているといえる。それは，多くの組織で一般に行われているジョブローテーションや多能工化である。つまり，それらが一般化しているわが国の企業では，エンプロイアビリティが向上するかどうかは別として，仕事の内容，職種や部署を変え，研修プログラムに参加することは，欧米より当然のこととして従業員に求め，従業員にも受け入れられてきたのである。加えて，エンプロイアビリティ保障の広がりに向けて今後より改善が求められる点として，以下が考えられるだろう。

2　エンプロイアビリティ保障としての能力開発管理に必要とされる方向性

第1に，外部労働市場で求められているスキルを常に意識したプログラム開発である。例えば，客観的指標としての公的資格取得は内的・外的エンプロイ

アビリティ保障の目標として重要である。しかし，それだけではない。相対的エンプロイアビリティの観点からすれば，公的資格も雇用可能性の観点から常にスクリーニングしていく必要がある。つまり，エンプロイアビリティ向上に結びつかないような資格の取得は，エンプロイアビリティ保障の対象から除外していくということが求められる。

　第2が，成果に結びつく行動特性を意味するコンピテンシーの修得である（第2章第6節）。それは，内的エンプロイアビリティの観点では重要ではあるが，外的エンプロイアビリティの観点では，同一業界でも組織による差異があるなどの点が指摘されるだろう。しかし，だからといって多くの組織，職種で汎用性の高いジェネリック・コンピテンシーだけを考えていくことには，必ずしも水準が高くないなどの問題がある。このように，エンプロイアビリティ保障において外部労働市場で求められているスキルを常に意識していくことには困難さをともなう。しかし，労働市場における採用基準のきめ細かなウォッチ（外的エンプロイアビリティ保障）や組織業績とある程度リンクした評価基準の策定（内的エンプロイアビリティ保障）などが求められるだろう。

　第3が，能力開発の時期である。エンプロイアビリティ保障の観点からいうと，従業員のキャリアのどの時期に行う能力開発が重要かという点である。先行研究では，入社当初の教育訓練が勤労者のエンプロイアビリティの基礎を形づくる可能性が高い（International Labour Organization, 2000）など，一部研究で触れられているだけである。継続学習の観点からいうと，いつどのような能力開発の実施がエンプロイアビリティ向上に資するかという点の解明が求められよう。

　このような点の改善を通して，理想的なエンプロイアビリティ保障とは，ある意味以下のようなものになるかもしれない。勤労者は自身のエンプロイアビリティの向上によって，組織に雇用されているとしても，心理的に閉じ込められているわけではない。すなわち，いつでも他社に転職できることから，心理的に自営（self-employed）ととらえられるような状態である。組織と従業員との雇用関係の観点からいえば，両者が適度な距離を保った関係ともいえる。

第3節　勤労者のエンプロイアビリティ向上に向けた政策的提言

　本書の分析結果から，エンプロイアビリティ向上のための政策的提言を以下で試みたい。

1　職業能力評価システムとエンプロイアビリティ

　個人の能力がエンプロイアビリティを決定する要因として重要であることが多くの研究で指摘されてきたが，その能力を直接測定する試みはほとんど行われてこなかった。そのため，シグナリング理論を応用して，学歴や職務担当期間がエンプロイアビリティに影響する要因，またはエンプロイアビリティの指標である能力の代替として使われてきた。しかし，それらシグナルと将来の労働市場における可能性との関係には議論の余地が多いため，シグナルによって能力を考えることの妥当性は確立されてこなかった。確かに，IT化などのイノベーションやグローバル化の進展によって，必要とされる能力は変動し，その能力獲得後の雇用を必ずしも約束するものではなくなってきた。しかし，その能力要件が明確になることで，企業や政府におけるエンプロイアビリティ向上のための能力開発プログラムの予測妥当性が高くなり，「役に立たない」研修が減るであろう。そのため，困難であることを前提とした上で，能力の直接的測定に向けた努力が各方面で必要とされる。わが国でいえば，現職のホワイトカラー勤労者向けのビジネス・キャリア制度や（主に）就職を希望する学生向けの社会人基礎力の測定である。

　能力を測定していく上での一つの方向性としては，資格化があるだろう。わが国の資格については，弁護士，医師といった高度な専門資格を除いては，欧米ほど就職に直結しないという欠点がある。そこで，イギリスの職業能力評価制度であるNVQ，そしてそれを発展させたQCF（Qualifications and Credit Framework）が参考になる（谷口，2010）。NVQは，政府が一定の基準で職業に関係する能力のレベル付けを行い，職務を効果的に遂行する上で必要とされる知識やスキルを持っていることを示す職業資格である。イギリスの職業全体

が統一的枠組みで明確にレベル付けされており，相互の関連性が明確にされていることが特徴である。また，その基準は資格取得のための職業訓練プロセスとしても機能している。QCFはNVQの欠点として指摘された水準等級間の粗さを解消した，より柔軟な学習・資格認証の仕組みである。QCFは，ヨーロッパ全体の生涯学習推進のための欧州資格枠組みEQF（European Qualifications Framework for Lifelong Learning）との連携も意図している。わが国でも日本版NVQの策定が模索されており，今後の展開が注目される。

2 フレキシキュリティ政策とエンプロイアビリティ

近年，エンプロイアビリティを国家的観点からみた場合注目されるのが，フレキシキュリティに関する政策である。フレキシキュリティ[4]（flexicurity）とは，まえがきで触れた柔軟性戦略の柔軟性（フレキシビリティ：flexibility）と，（雇用における）安定性・安全性（セキュリティ：security）を組み合わせた合成語である。勤労者の雇用の柔軟性を確保すると同時に，手厚い失業保障によって勤労者の生活の安定を図る政策を意味する（European Commission, 2007）。フレキシキュリティ政策のモデルとなったのは，1990年代中盤以降，柔軟な労働市場と安定した雇用を両立させたデンマークである。欧州委員会は，フレキシキュリティ政策の柱として，柔軟で信頼性の高い契約の約定，近代的な社会保障制度と並び，エンプロイアビリティと関連の深い包括的な生涯教育戦略および効果的な積極的労働市場戦略の2つを挙げている（European Commission, 2007）。積極的労働市場政策とは，失業給付等の消極的労働市場政策と異なり，勤労者には職業訓練，職業紹介や起業の支援を行い，雇用主には雇用に関する助成金を支給するなど，勤労者の能力開発を促進し，失業の長期化防止を目的に，労働市場に積極的な働きかけを行う政策である。すべての勤労者や求職者が本人の適性や市場のニーズに合った教育訓練を受け，エンプロイアビリティを高めていくようにするのが積極的労働市場政策の目指すところといえる。デンマークでは，伝統的な企業による解雇・退職自由の原則（柔軟性），充実した社会保障・失業給付制度（安定性）および積極的労働市場政策の3つがフレキシキュリティ政策のゴールデン・トライアングルとされている（Andersen &

Svarer, 2007)。

　それでは，雇用の多様化，流動化が進展してきたわが国の現状はどうなっているだろうか。デンマークやオランダなどの解雇規制が緩い高福祉国家とは対照的に，わが国では厳格な解雇規制が行われている。近年の統計をみても，積極的労働市場政策にかける経費のGDP比率は，デンマークをはじめEU諸国と比較して著しく低い（OECD Employment Outlook）。つまり，EUやOECD（経済協力開発機構）といった国際機関で一定の評価がなされてきたフレキシキュリティ政策では明らかに立ち遅れているといえる。もちろん，デンマークのような解雇・退職自由をわが国に導入する必要もないし，長期的な財政危機状況にあるわが国が，すぐに高福祉国家に生まれ変われるわけでもないだろう。

　しかし，積極的労働市場政策の良い点を導入することは必要だろう。つまり，就業形態に関わらずあらゆる勤労者，求職者が，特定の組織，産業に限定されず，本人の適性に合ったスキルを獲得するための能力開発制度の整備である。もちろん，わが国の公的職業訓練制度には多くの欠点が指摘されている。例えば，①訓練施設の建設による「ハコモノ型」訓練主体である，②市場の状況に応じ応急処置的な新制度の導入を続け，利用者がわかりにくい構造になっている，③訓練効果の評価を行っていないなどである（藤川，2008）。ただし，公的職業訓練制度は大規模な研修を実施できない中小企業や非正規従業員にとって欠かせない能力開発の場となっている（厚生労働省能力開発基本調査）。公的職業訓練制度は，境界のないキャリアの時代といわれる現代，多くの勤労者および求職者のエンプロイアビリティ向上に資するだろう。

　現職者のエンプロイアビリティを中心テーマとする本書の観点から考えて，現在の公的職業訓練制度をエンプロイアビリティ向上につなげていくには，組織の人的資源管理との連携が求められる。実際，企業への採用に結びつかないような公的な職業訓練制度は無駄である。それを防ぐためには，職業訓練機関におけるカリキュラム編成に企業人に加わってもらい，使われなくなったような陳腐化したスキル取得に関する科目をカリキュラムから除外する，卒業発表の場に実際採用に携わっている企業人に来てもらい，彼らの目で卒業生を評価してもらうなどが考えられる。これらの工夫によって，教育訓練機関で取得し

たスキルが採用と結びつきやすくなり，卒業生の外的エンプロイアビリティを高めることになる。企業からみても，現在または近い将来も確実に使える必要なスキルをもった従業員の採用につながり，彼らの入社後の内的エンプロイアビリティを高めることにもなるだろう。

　また，組織の能力開発管理との関係も考えられる。本書の結果，組織の積極的能力開発がエンプロイアビリティ保障として機能することが明らかにされた（第12章）。そこで，組織ごとに，公的な職業訓練制度と組織の能力開発が補完し合うようなエンプロイアビリティ保障システムをつくる必要があろう。つまり，組織内の多くの部署で必要とされるスキルを向上させていくための社内の能力開発と公的職業訓練制度とのより有効な連携である。このことは，能力開発予算のより効率的な使用にもつながるだろう。

第4節　キャリア発達論における本書の意義

　本書の分析結果から，次のようなキャリア発達論における意義が明らかにされた。

1　組織間キャリア発達過程におけるエンプロイアビリティの重要性

　雇用の流動化が進展し，多くの人々がそのキャリアにおいて転職を経験するようになってきた現代，組織間キャリア発達の必要性が高まってきた。他方，既に述べたように，転職可能性を示す外的エンプロイアビリティの高さと，転職後に組織間キャリア発達がみられるかどうかは必ずしも関係はない（第2章第6節）。しかし，本書の分析の結果外的エンプロイアビリティと組織間キャリア効力との相関は中程度以上みられ（第5章），また転職の誘いによる転職の場合は，そうでない場合と比較して転職後の処遇が良くなることも示された（第8章）。つまり，外的エンプロイアビリティは質的エンプロイアビリティとしてだけでなく，転職後のキャリア発達に結びつく可能性が示されたのである。一つの出来事が原因となって次から次へ新しい事が起こる，つまり次々と影響が他の出来事へ及ぶというキャリアの連鎖性という特性（山本, 2008）を考え

れば，1回，1回のキャリア上の選択は重要であり，それが長期的な発達につながることは誰もが求めるだろう。この点から，エンプロイアビリティ，特に外的エンプロイアビリティの高さは組織間キャリア発達において重要な働きを示すといえよう。特に，組織間キャリア発達過程における自信を示す組織間キャリア効力とは異なり，エンプロイアビリティは先行研究の蓄積もあり尺度も開発されている。今後は，エンプロイアビリティの組織間キャリア発達への影響も積極的に検討されるべきだろう。

2　組織外キャリアにおけるエンプロイアビリティの役割

　本書では，境界のないキャリアの時代といわれる現代において，組織への雇用可能性の向上という意味でエンプロイアビリティをとらえた。前述した組織間キャリアの観点である。

　しかし，組織への「雇用」を広くとらえると，組織外キャリアの観点，すなわち「自分で自分を雇える人のエンプロイアビリティは絶対的に高い」（佐々木，2003, p.44）という側面が考えられる。その観点から注目されるのが，インディペンデント・コントラクター（独立請負人）である。これは，高度な専門性を持ち，複数の企業と業務単位の請負契約を結んで仕事をする個人事業主のことをいう。IT分野の専門職に多く，アメリカでは一般的にみられる。企業にとっては，社会保険や福利厚生の負担が不要という大きなメリットがあり，今後わが国でも普及する可能性が高い。もちろん，これは，組織が人件費削減のため自社の正規従業員を減らす観点から促進するものではなく，あくまで高度な専門性に基づき従業員が自律的に選択したキャリアでなければならない。インディペンデント・コントラクターとしてキャリアを継続していく場合に問題となるのは，複数の企業と業務単位の請負契約を結べる，または結び続けられるということであり，それがリスクの分散を通じた広い意味での雇用と考えられるだろう。そこで重要となるのが，自分のスキルを常に市場価値の高いものにアップ・デートし続けるための継続的な能力開発である。これは，インディペンデント・コントラクターの団体やNPOを含め多方面で行われており，積極的に取り組んでいくことが広い意味でのエンプロイアビリティの向上に結

びつくだろう。今後，インディペンデント・コントラクターなど，組織外キャリアの観点から広い意味でのエンプロイアビリティを考えていく必要性が増大するだろう。

3　エンプロイアビリティを通した強靭なキャリアとは

　本書の結果から，雇用不安に代表されるような逆境においてエンプロイアビリティが「保険」の役割を果たし，キャリア展開上のモチベーションを低下させない可能性が示された（第10章・第11章）。このように，勤労者はエンプロイアビリティを維持するために，自身の能力開発を計画し，専門職としての評判を上げ，彼ら自身のキャリアをマネジメントすることを学ばねばならないのである（Handy, 1989）。これに関連して，キャリア発達に関する計画的偶発性理論では，キャリア発達を促進する日常の行動を推奨している（Mitchell et al., 1999）。すなわち，①偶然や想定外の出来事を重視し，それが起こったときにはいつでも利用できるよう心の準備をしておく，②趣味を含めさまざまな活動に積極的に参加して，自分の好きなこと，嫌いなことを見つけ出すようにする，③失敗や間違いを恐れず行動し，その経験を次に活かしていく（積極的にリスクをとる），④他人に対しできるだけオープンな態度をとり，関わりを持つなどである。確かに，これら持続性，柔軟性，楽観性やリスク負担性の高い行動を常にとっているような人には，より望ましい偶然すなわちキャリア上のチャンスが訪れる可能性が高まるだろう。このように，能力開発によってエンプロイアビリティを高める努力をするだけでなく，仕事上あるいは仕事以外の日常の行動レベルにおける努力が強靭なキャリアに結びつき，境界のないキャリアの時代におけるキャリア発達を促進させるだろう。

第5節　グローバルな観点からのエンプロイアビリティ研究における本書の意義

　エンプロイアビリティは，勤労者の失業の問題に長年悩まされてきた欧米において長年取り上げられてきた概念である（第1章第1節）。同時に，政府，企

業や勤労者個人といった多様な観点で必要とされてきた（第2章第3節）。さらに，グローバル化が進展している現代，わが国を含む非欧米圏の国々でも一般的な用語として使用されるようになってきた。

　本書で初めて行われた国際比較研究の結果，内部労働市場，外部労働市場の区分に基づく，内的，外的エンプロイアビリティの次元が日英間で共通してみられた（第6章）。また，日英間でエンプロイアビリティの影響に大きな差異はみられなかった（第9章）。経済のグローバル化が進展するに従い，モノやサービスだけではなく，国際的な労働移動が活発化する。これは，東欧諸国から西欧諸国への移動が活発なEU諸国だけではなく，少子高齢化が進行し，労働力不足が今後深刻化するわが国や中国などのアジア諸国でも同様である。これらの動向は，雇用の機会がグローバルに広がる可能性を示し，人の移動を妨げる見えない壁を除去し，グローバルな競争条件を整備することが求められるようになってきた。もちろん，それは入国管理制度における外国人の入国への対応だけを意味するものではない。組織の観点からすれば，国際的な人材獲得競争状況において，いかに能力のある人材を国籍に関わらず採用していくかという国際人的資源管理上の問題である。勤労者の観点からすれば，境界のないキャリアの時代においてグローバルに通用する能力をいかに高めていくかという問題である。これらの点から，外的エンプロイアビリティをグローバルに測定し，それを高めていくことが重要になってくる。さらに，それはグローバルに共通の基準であることが求められる。

　本書では，個人的観点，組織的観点，業種的観点から，エンプロイアビリティを測定した先行研究について検討した（第2章第7節）。しかし，もともとその正確な測定は困難だと考えざるを得ない。例えば，外的エンプロイアビリティについて考えよう。これは，基本的には人材の市場価値ということになるが，実際にその人が労働市場に出てみなければ正確に評価することは困難である。もっている資格で数値化することも考えられるが，実際の採用場面では，数値化することが困難な主観的要素，例えば人間性や人間的魅力といったものが大きく影響することは十分考えられる。確かに，特定の業種，職種を対象とすれば国家資格など，有効なエンプロイアビリティの基準は存在する。例えば，医

師や弁護士といった高度な専門職（としての資格）は，時代を超えてグローバルにエンプロイアビリティの基準として通用するだろう。しかし，現在組織で勤務していることを前提として，特定の業種，職種を対象としないエンプロイアビリティの基準となるとそう簡単に見つかるわけではない。

　本研究で開発されたエンプロイアビリティ尺度は，知覚レベルとはいえ，東洋，西洋文化圏をまたがってグローバルに使用可能な尺度である可能性が示された。何より，本尺度には知覚レベルで測定したため，組織の人的資源管理など，エンプロイアビリティの要因や結果との関係を多変量解析によって分析できるという利点がある。もちろん，知覚によるエンプロイアビリティの尺度は客観的基準との関連が求められる。もともと，エンプロイアビリティは労働市場や組織の経営者が評価するものだからだ。本書では，転職経験との関係の分析という形で一部試みられてはいるが十分ではない（第8章）。今後は，業種，職種ごとに客観的エンプロイアビリティの基準との関係を検討していくことが必要である。これらも含め，エンプロイアビリティ尺度が，より多くの文化のもとにあるより多くの国々での調査で使用されることによって，項目内容も含めより精緻なものとなっていくことが求められるだろう。

第6節　今後の研究課題

　本書の結果からいくつかの反省点が得られた。以下にそれらをまとめ，今後の研究課題としたい。

1　就業形態による差異の分析

　わが国でも雇用の多様化が進行し，非正規従業員と呼ばれる人々の比率が高まってきた。彼らは，正規従業員とは異なり長期雇用が前提とされていない。また，リーマンショック後のいわゆる「派遣切り」にみられたように，経営悪化に陥った多くの企業で真っ先に雇用調整の対象となってきたのは非正規従業員である。同時に，彼らは多くの業種や組織で基幹化が進み，欠くことのできない存在となってきている。長期雇用が前提の正規従業員と異なり，雇用不安

の職務態度などに与える影響，そしてそれに対するエンプロイアビリティの機能に違いがあるかどうかを明らかにすることは重要であろう。また，特に高業績を挙げる非正規従業員のエンプロイアビリティ保障を図り，彼らのリテンションを促進していくことも求められる。そのためには，ワークシェアリング[5]の導入など，社会全体での対応が必要なものも含め，施策立案を検討していくことが必要である。

　さらに，組織の能力開発施策は全従業員に実施されているわけではない。例えば，わが国では非正規従業員に対する能力開発施策の実施率は計画的OJT，Off JT，自己啓発支援とも正規従業員より低い（厚生労働省能力開発基本調査等）。こうした就業形態による違いも，能力開発のエンプロイアビリティへの影響においても考慮する必要があろう。

2　雇用関連の制度的環境との関係

　本書では，雇用不安と職務態度・行動との関係におけるエンプロイアビリティの効果について明らかにしてきた（第10章・第11章）。しかし，そこには国の制度的環境が影響するだろう。具体的には，雇用保護法制や解雇規制に関する法制である。例えば，厳格な雇用保護法制をとっている国々では，転職市場の未成熟を通し結果的に失業からの脱出を妨げ，失業のコストを高める。そこで，失業や雇用不安の勤労者に及ぼすネガティブな効果が高まることが考えられる。そうした国々では，特にエンプロイアビリティを高めることが重要であることは明らかだろう。特に，前節の観点でグローバルにエンプロイアビリティを検討する場合，国ごとの雇用関連の制度的環境の影響を十分考慮する必要がある。

3　能力開発の種類とエンプロイアビリティ保障

　組織の能力開発には，職場を離れて行われるOff JTのほかに，職場内で職務をこなしながら上司や先輩が直接部下に対して知識や技能を教えるOJTや，従業員一人ひとりが自己のニーズと興味に応じその能力向上のために行う活動を支援する自己啓発支援がある。例えば，わが国はOJTの先進国といわれ，

従来組織の能力開発，特に大企業ホワイトカラーの能力開発ではOJTがその中心であった（小池，1991）。しかし，現状では，職場単位の能力開発であるOJTや，能力開発の個別化・個性化の傾向のなかで重視されるようになってきた自己啓発支援のエンプロイアビリティに与える影響については検討されていない。今後の検討課題だろう。

4 能力開発の内容とエンプロイアビリティ保障

能力開発によって習得されるスキルは，①組織内でも組織外でも，どのような職種でも汎用的に使われる基礎的スキル（外国語会話，（接遇訓練による）コミュニケーションスキルなど），②組織内，組織外とも汎用的に使われる現在の当該職務に限定されたスキル（設計におけるCAD（Computer Aided Design），機械製造におけるCAM（Computer Aided Manufacturing）のスキルなど），③所属組織での職務遂行に関連した企業特殊的スキル（所属組織の製品知識や所属組織で使われるIT機器の操作スキルなど）に区別される。しかし，これら教育訓練内容（スキル）の違いとエンプロイアビリティとの関係の違いについてはほとんどわかっていない。わずかに，一般的訓練より職務に関連した訓練の方が，エンプロイアビリティ向上により影響しているという研究がみられる程度である（De Feyter, Smulders, & De Vroome, 2001）。また，これについては業種や職種による違いも大きい。そのため，それらを考慮して対象とするスキルを明らかにしていくことが今後の研究課題である。

5 広い意味のエンプロイアビリティ向上のための介入の視点

本書で分析した組織の能力開発や自律性重視のキャリア開発は，広い意味でのエンプロイアビリティ向上のための介入（employability intervention）の１つである。しかし，そのほかにも組織で行われる介入はあり得る。例えば，ジョブローテーションや職務拡大・職務充実等の職務設計[6]も介入の重要な手段とされている（Van Dam, 2004）。具体的には，仕事をより挑戦的なものにすることも，エンプロイアビリティ保障につながるとしている（Kanter, 1994）。今後，これらの検討も必要となるだろう。

6 ネットワークとエンプロイアビリティとの関係

近年,多くの学問分野で重視されるようになってきたネットワークやネットワークにおける人間関係を意味する社会関係資本とエンプロイアビリティとの関係は,ほとんど取り上げられてこなかった。しかし,キャリアは自分だけで発達させることは不可能である。すなわち,キャリアは他者との関わり合いのなかで相互に学習しあいながら発達していくというキャリアの関係性アプローチ (Hall, 2002) によれば,ネットワークや社会資本の存在は非常に重要である。本書でも,転職の誘いによる転職の場合,転職時の評価が高く,転職後の処遇も良かった (第8章)。つまり,よりキャリア発達がみられる可能性がある。そのために必要なネットワークを,どのように獲得し,維持していくかという問題が重要になろう。その際,普段接触の少ない知人など弱い紐帯 (ネットワーク) は,強いネットワーク同士をつなげるブリッジとなり,情報の広がりや相互の理解において重要だとする先行研究は参考になろう (Granovetter, 1973)。また,この研究は第4節で述べた計画的偶発性理論とも関連する。

7 縦断的研究の必要性

一時点での横断的調査ではなく,縦断的調査の実施が求められる。それも可能であれば,組織における雇用調整の前後や (M&Aやフラット化等) 組織内の雇用環境が変化する前後で実施することが求められる。それによって,雇用不安,エンプロイアビリティおよび両者の調整効果が,その後 (将来) の職務態度などにどのように影響するか (第10章・第11章) や,能力開発やキャリア自律その他の人的資源管理が,エンプロイアビリティ向上を経てその後 (将来) の職務態度などにどのように影響するか (第12章・第13章) といった因果関係モデルを確立することが可能になる。

結　語

本書のタイトルは,あえて「働く人のための」エンプロイアビリティとした。前述してきたように,これまでエンプロイアビリティは,現在失業中の人を主

な対象として，国の雇用対策の観点から語られることが多かった。また，最近は，欧米やわが国の学校卒業者の低い就職率から学生を対象とすることも多い。そのため，筆者は，現在組織で働いている人々のエンプロイアビリティは失業中の人と比較して緊急性が低く，等閑視されてきたと長年考えてきた。しかし，雇用調整の広がり等によって多くの働いている人々に雇用不安が広がってきた事情については述べてきた通りである。あえて本書で「働く人のための」とした理由もここにある。つまり，エンプロイアビリティは，現在働いていても，働いていなくても，働くことに関係したすべての人の問題だということである。

しかし，エンプロイアビリティはふわふわとしたとらえどころのない概念といわれることもある。エンプロイアビリティのめざすところは理想的といえるが，多くの課題もあり，現実の組織や勤労者においてどのように実現していくかについての検討は進んでいるとはいえない。しかし，多くの人々にとってエンプロイアビリティの実現が望ましいと考えられている以上，実現に向けて，国，公共団体，民間企業，勤労者，研究者それぞれがそれぞれの立場で努力すべきだろう。そして，グローバル化が進展している現在，国を超えた英知の結集が強く求められる。

【注】
1）序章の図序を参考にされたい。
2）組織の独自性を意味し，組織が自己の存在意義を明らかにした上で独自の文化を構築して，統一したイメージやメッセージを発信し存在価値を高めていくための経営戦略をいう。
3）従業員などの内部のステークホルダー（利害関係者）に対して，自社または自社のブランドについての認識や理解を深めてもらうための教育・啓蒙活動をいう。
4）「フレクシキュリティ」と表示される場合もある。
5）従業員1人当たりの労働時間を減少することで，雇用水準の維持や拡大を図ることである。
6）職務設計とは，従業員の能力を活かしモチベーションを高めていくために，各人の職

務内容を設計していくことをいう。職務設計には，従業員の職務を同程度の能力・責任を要する範囲でその種類を増やしていく職務拡大と，より高い能力・責任を要する方向に設計していく職務充実の2つがある。

付　表

付表7－A　能力ベースのエンプロイアビリティ項目の因子分析

項　目	因子	共通性
（予測と最適化）私は，新しく獲得した知識やスキルを応用していくことに継続的に注意を向けている	.810	.657
（バランス）私は，自分自身のキャリア目標を達成することと，同僚をサポートすることを織り交ぜるようバランスをとっている	.809	.654
（共同意識）私は，直接の職責を越えて所属組織や部署のために特別の努力をする	.805	.648
（柔軟性）一般的にいって，私は，私の部署における変化をすばやく予測し，利用している	.805	.647
（バランス）私は，自分自身の業務目標を達成することと，同僚をサポートすることを織り交ぜるようバランスをとっている	.798	.637
（柔軟性）私は，所属組織内での新しい事態に適応している	.798	.636
（専門知識）私は，仕事への取組みに関する問題を抱えた同僚に実践的な手助けを行えると思う	.797	.636
（専門知識）全体として，私は職務業績の観点からみて自分を高く評価している	.797	.636
（専門知識）私は，職務分野での詳細で専門的なディスカッションに関われると考えている	.792	.628
（専門知識）一般的にいって，昨年私は，仕事への取組みに関しすばやい決定を下せた	.790	.624
（柔軟性）一般的にいって，私は，私の働いている環境における変化をすばやく予測し，利用している	.789	.622
（専門知識）私は，いつ自分の知識が仕事の遂行や問題解決上，不足するかを明らかにできると思う	.788	.620
（専門知識）一般的にいって，私は，たやすく理解できる方法で私の職場に情報を提供できると思う	.784	.615
（専門知識）私は，全体として自分のもつスキルの質を高く評価している	.779	.606
（柔軟性）私は，職場での色々な変化に容易に適応できているといえる	.779	.606
（共同意識）私は，仕事で同僚との責任分担を主導している	.777	.603
（専門知識）一般的に，私は，主要な問題と主要でない問題を切り分け優先順位を決める能力がある	.772	.597
（共同意識）私は，私の経験と知識を他の人々と分かち合っている	.761	.579
（専門知識）昨年私は仕事に自信をもっていた	.758	.575
（共同意識）私は，所属組織や部署のミッションを達成することに没頭している	.750	.562
（予測と最適化）私は，私の労働市場における価値を維持する責任がある	.747	.558
（バランス）私は，仕事へ強く関与することと，より普通のレベルで関与することを，適切な時に織り交ぜるようバランスをとっている	.746	.556
（専門知識）私は，自分の専門領域における能力に自信がある	.742	.551
（共同意識）私は，組織内で大きな影響力を行使している	.740	.548
（専門知識）私は，昨年自分の仕事のかなりの部分が成功裏に終わったということができる	.734	.538

項目	因子	共通性
（バランス）私の仕事上の努力は，代わりに得られるもの（仕事から得られる喜びなど）と比例している	.722	.521
（柔軟性）私は，新しい人々と働くことをとても心地良いことだと思っている	.722	.521
（予測と最適化）私は，自己開発に継続的に取り組んでいる	.717	.514
（柔軟性）私は，私の職務上の変化にとても肯定的な態度をとっている	.717	.513
（予測と最適化）私は，自分の仕事に役立つ知識やスキルを向上させるためにかなりの時間を使ってきた	.716	.512
（バランス）私が仕事やキャリア開発のために使う時間と，自己啓発や息抜きに使う時間は等しくバランスがとれている	.713	.508
（共同意識）私は，所属組織で価値と目標に関し共通のビジョンをつくることに参加している	.711	.506
（専門知識）私は，昨年自分が遂行してきたことに良い評価を受けている	.695	.483
（予測と最適化）私はキャリア目標を練り上げるのに際し，外部の（労働）市場の需要に配慮している	.693	.480
（予測と最適化）私は，システマティックに自分の弱点を修正する（方法の）開発に取り組んでいる	.692	.479
（柔軟性）私は，必要があれば，所属組織を変えることができるといえる	.649	.421
（専門知識）一般的にいって，昨年私は，仕事を（他人に）頼らずに行えた	.616	.379
（バランス）私の仕事と個人生活は等しくバランスがとれている	.608	.370
（専門知識）一般的にいって，昨年私は，自分の仕事を正確に，そしてほとんどミスなく遂行できた	.608	.370
（バランス）仕事をした後，私は大体リラックスできる	.604	.365
固有値	22.53	

注）n=653

付表7-B　キャリア開発コンピテンス項目の因子分析

項目	因子	共通性
（変化対応）変化に対しては即座にその意味を理解し，積極的に対応する	.838	.701
（分析・問題解決）一見バラバラに見えることがらを，その背景にある関係から理解できる	.823	.678
（プランニングとマネジメント）直面する状況を分析し，困難な問題もスピーディーに決断している	.820	.672
（分析・問題解決）問題点を洗い出し，解決のための優先順位をつけている	.818	.670
（分析・問題解決）複雑で多くの課題がからみ合っている状況で，問題点を整理し解決できる	.812	.660
（分析・問題解決）複数のプランを作成し，その中から解決策を検討する	.808	.653
（変化対応）自ら新しい提案をしたり，変化を作り出すことができる	.803	.644
（プランニングとマネジメント）リスクを取らねばならない問題に対しても，果敢に挑戦してきた	.800	.640
（自己学習）新たな仕事に取り組むときに，自分に適した手順・方法を知っている	.800	.640
（対人関係・リーダーシップ）仕事相手や顧客から，あの人に任せれば大丈夫だと思われている	.799	.638

(コミュニケーション) 相手の話や相談に対する私の助言や示唆は，相手の満足を得ることが多い	.798	.637
(変化対応) 仕事に関係する情勢の変化はささいな兆候から事前に気づくことが多い	.796	.634
(自己マネジメント) 自分の能力開発で，どの分野に力を入れ，向上を図る必要があるか知っている	.795	.632
(変化対応) 生じつつある変化を認識し，必要であれば対応策を考える	.791	.626
(プランニングとマネジメント) 起こりうるリスクを検討し，計画達成に対する影響を明確にしている	.791	.626
(自己学習) つねに幅広い関心や斬新な問題意識を持っている	.790	.624
(分析・問題解決) 複雑かつ曖昧な状況の中でも，問題点を明らかにできる	.789	.623
(自己学習) 現在，どのような知識が必要か，また，それをどう身につけるかがわかる	.789	.623
(分析・問題解決) 必要な調査やデータ，情報の収集を行い，問題の所在を探れる	.789	.623
(自己学習) 日々の経験を通じて学び，自己の知識や技術を向上させている	.786	.618
(プランニングとマネジメント) 起こりうるリスクを想定し，問題が生じた場合の代替手段も検討している	.786	.618
(コミュニケーション) レポート等をデータ，事例，根拠を示し，明確でわかりやすく書いている	.786	.618
(分析・問題解決) 時間のかかる課題も，長期的なビジョンを示し解決できる	.784	.615
(プランニングとマネジメント) 質の高い決定が確実になされるような方法や手続きを考えている	.784	.615
(変化対応) 仕事に関係する社会的，技術的変化があった場合すぐにそれを把握できる	.784	.614
(分析・問題解決) 多くの資料の中から価値のある情報を選び，また情報間の関連を理解できる	.782	.612
(自己マネジメント) 自分のキャリア，人生は自らの責任で切り開いていく気構えを持っている	.782	.611
(自己学習) より高いレベルの仕事ができるよう挑戦を続けている	.781	.610
(対人関係・リーダーシップ) メンバーの長所を生かし，各人の意欲と能力を上手く引き出せる	.780	.608
(自己学習) 必要な知識や技術を幅広く吸収している	.778	.605
(対人関係・リーダーシップ) 与えられた仕事は着実にこなして，周囲から信頼を得ている	.777	.604
(自発性とストレス対応) 仕事に対してつねに積極的に取り組む態度を維持している	.775	.601
(自発性とストレス対応) 他人まかせではなく，つねに自発的に行動している	.773	.598
(プランニングとマネジメント) 期限までに質の高い仕事ができるよう，計画を作成し，進行管理をしている	.773	.598
(変化対応) 日ごろから，仕事に関係する変化があるかどうかアンテナを張っている	.773	.598
(対人関係・リーダーシップ) 必要に応じて，メンバーの意見をまとめ，先頭に立って行動している	.770	.593
(コミュニケーション) 相手の言うことを注意深く聞き，相手の考え，真意，気持ちをつかめる	.766	.587
(自発性とストレス対応) これを達成しようと思ったことは，できるまで徹底してやってきた	.766	.586

項目		
（コミュニケーション）相手に自分の考えや気持ちを的確に伝え，論理的で説得力ある説明をしている	.763	.582
（自発性とストレス対応）人並み以上の情熱，使命感，達成意欲，問題意識を持っている	.761	.579
（自己マネジメント）仕事の質を低下させることなく，仕事を人並み以上に早く処理できる	.756	.572
（自発性とストレス対応）行動力があり，活力，気力を高いレベルで維持している	.756	.571
（変化対応）状況に応じて，柔軟にやり方や方法を変えることができる	.755	.571
（自己マネジメント）複数の仕事・課題をやりくりして，多数の仕事を同時並行で進められる	.749	.562
（対人関係・リーダーシップ）必要であれば関係者を巻き込んで仕事を進めている	.748	.559
（変化対応）柔軟な見方ができ，変化をかえって楽しむことができる	.747	.558
（分析・問題解決）仕事上で，これまでにない革新的な手段や方法を提案したことがある	.747	.558
（プランニングとマネジメント）人・モノ・金・情報など，必要な資源を幅広く調達し，活用している	.741	.549
（変化対応）環境変化によって，それまでのやり方に不備が生じたときにはそれを見直す	.735	.540
（コミュニケーション）私の企画書や報告書等は，理路整然としてわかりやすいと言われている	.732	.535
（コミュニケーション）どんな人にも考え方や意図を明確に伝えられる文章を書ける	.725	.525
（自発性とストレス対応）ストレスの多い，緊張を要する場面でも，自分なりの有効な対処法がある	.712	.508
（自己学習）自分が成長できるような仕事を選び，それに取り組みたいと思っている	.707	.500
（自己学習）つねに視野を広げ，人脈を広げるようにしている	.707	.500
（プランニングとマネジメント）計画実現のために，チームを作り，役割を明確化し，実施体制を整えている	.706	.499
（コミュニケーション）会議や打ち合わせの場面で積極的に発言し，議論をリードする	.692	.479
（対人関係・リーダーシップ）仕事上のつきあいの人とも，次第に親しくなることが多い	.691	.478
（自己マネジメント）将来の働き方，仕事の分野（専門分野等）について計画や希望を持っている	.684	.468
（対人関係・リーダーシップ）仕事で必要な情報は，他のメンバーといつも共有できている	.682	.465
（自己マネジメント）今までの能力開発が，キャリアアップや自分の夢の実現のためになってきた	.673	.453
（自発性とストレス対応）仕事に集中，熱中し，時間がたつのも気がつかないことが多い	.671	.450
（コミュニケーション）仕事のことだけでなく，趣味，スポーツ，世間話など話題が豊富である	.655	.430
（対人関係・リーダーシップ）どんな場合もメンバーとの協力的な関係を築いてこられた	.639	.408

項目	因子負荷量	共通性
（自発性とストレス対応）ストレスや緊張を，むしろ活力源，仕事のエネルギーとしている	.631	.398
（自己マネジメント）時間をやりくりし，納期，期限に遅れたことは，ほとんどない	.630	.397
（自己マネジメント）自分の得意（分野），不得意（分野）を把握している	.622	.387
（自己学習）多様なメディア（印刷物，電子媒体，ネット）を活用し情報を収集している	.619	.384
（コミュニケーション）大切な会議等での口頭発表やスピーチが上手いと言われている	.591	.349
（対人関係・リーダーシップ）仕事上の行き違い等で，今までに信頼を損なったことはない	.589	.347
（自発性とストレス対応）自分なりの方法で，ストレスを溜め込まないようにしている	.585	.343
（自己マネジメント）セミナー，講習会，学会に参加し，幅広い学習の機会を持っている	.545	.297
（プランニングとマネジメント）今まで，自分の決定による思わぬ波及や問題が起こったことはない	.517	.268
固有値		40.27

注）n=653

付表7－C　エンプロイアビリティ項目の因子分析（調査5）

項目	因子1	因子2	共通性
私の会社は私を組織にとっての財産と見なしている	**.908**	-.128	.716
社内でも仕事の成果や能力に高い評価を受けている	**.884**	-.084	.710
私の技能・経験から，現在働いている会社では私を付加価値のある資源と見なしている	**.859**	-.029	.712
雇用主は私の貢献を評価しているため，私はこの組織で有望だ	**.848**	-.035	.689
組織内で私と同じ仕事をしている人々の間で私は尊敬されている	**.693**	.121	.584
この組織で人員削減があったとしても，私は組織に残れると確信している	**.603**	.185	.516
自分は当面リストラ（退職勧告等）される心配がない	**.567**	.045	.351
この組織で私と同じ仕事をしている人々は高く評価されている	**.557**	.003	.312
必要になれば，似たような組織で現在と同じような仕事を得るのは簡単だ	-.001	**.742**	.550
もし解雇された場合は，すぐに同じ対価の仕事を見つけることができる	.045	**.734**	.577
求職を開始したら，別の仕事が見つかると確信している	.051	**.661**	.476
たいていの組織で今と似たような仕事を得るのは簡単だ	.078	**.632**	.459
現在の組織を辞めた場合，新しい仕事を見つけるのは難しいだろう(R)	-.157	**.449**	.151
因子間相関		.533	

注）n=653；因子負荷量は斜交プロマックス回転後のものである。太字は因子負荷量の絶対値0.40以上を示す。

付表8　エンプロイアビリティ項目の因子分析（調査3）

項目	因子1	因子2	共通性
私の会社は私を組織にとっての財産と見なしている	.831	-.053	.644
雇用主は私の貢献を評価しているため，私はこの組織で有望だ	.801	-.157	.526
社内でも仕事の成果や能力に高い評価を受けている	.792	.002	.629
私の技能・経験から，現在働いている会社では私を付加価値のある資源と見なしている	.782	-.037	.580
組織内で私と同じ仕事をしている人々の間で私は尊敬されている	.730	.001	.533
この組織で人員削減があったとしても，私は組織に残れると確信している	.601	.120	.456
この組織で私と同じ仕事をしている人々は高く評価されている	.551	-.077	.262
自分は当面リストラ（退職勧告等）される心配がない	.485	.162	.350
もし解雇された場合は，すぐに同じ対価の仕事を見つけることができる	.008	.817	.675
求職を開始したら，別の仕事が見つかると確信している	-.014	.684	.458
必要になれば，似たような組織で現在と同じような仕事を得るのは簡単だ	.196	.673	.637
たいていの組織で今と似たような仕事を得るのは簡単だ	.194	.591	.514
現在の組織を辞めた場合，新しい仕事を見つけるのは難しいだろう(R)	-.322	.530	.194
因子間相関		.557	

注）n=402；因子負荷量は斜交プロマックス回転後のものである。太字は因子負荷量の絶対値0.40以上を示す。

付表13　エンプロイアビリティ項目の因子分析

項目	因子1	因子2	共通性
社内でも仕事の成果や能力に高い評価を受けている	.84	-.10	.63
雇用主は私の貢献を評価しているため，私はこの組織で有望だ	.83	-.18	.59
私の技能・経験から，現在働いている会社では私を付加価値のある資源と見なしている	.80	-.05	.60
私の会社は私を組織にとっての財産と見なしている	.76	.03	.55
組織内で私と同じ仕事をしている人々の間で私は尊敬されている	.62	.13	.48
この組織で人員削減があったとしても，私は組織に残れると確信している	.58	.21	.49
この組織で私と同じ仕事をしている人々は高く評価されている	.58	.01	.34
自分は当面リストラ（退職勧告等）される心配がない	.46	.11	.27
たいていの組織で今と似たような仕事を得るのは簡単だ	-.08	.76	.52
もし解雇された場合は，すぐに同じ対価の仕事を見つけることができる	.10	.75	.64
求職を開始したら，別の仕事が見つかると確信している	.12	.67	.54
現在の組織を辞めた場合，新しい仕事を見つけるのは難しいだろう(R)	.17	.67	.38
必要になれば，似たような組織で現在と同じような仕事を得るのは簡単だ	.07	.65	.46
因子間相関		.45	

注）n=308；因子負荷量は斜交プロマックス回転後のものである。太字は因子負荷量の絶対値0.40以上を示す。

引用文献

Abegglen, J.C. 1958 *The Japanese factory: Aspects of its social organization.* Glencoe Illinois: Free Press(山岡洋一[訳] 2004 新・日本の経営 日本経済新聞社).

Adams, G.A., & Beehr, T.A. 1998 Turnover and retirement: A comparison of their similarities and differences. *Personnel Psychology*, 51, 643-665.

Allen, J., & Grip, A. 2007 Skill obsolescence: Lifelong learning and labor market participation. *Research Centre for Education and the Labour Market*, 6, 1-23.

Allen, T.D., Russell, J.E.A., Poteet, M.L., & Dobbins, G.H. 1999 Learning and development factors related to perceptions of job content and hierarchical plateauing. *Journal of Organizational Bahavior*, 20, 1113-1137.

天谷正 1998 最近の日本企業の人事管理施策の変化と従業員のその施策に対する受容状況―人事管理の機能研究をめざして― 長谷川廣(編) 日本型経営システムの構造変換 中央大学出版部. pp.333-406.

Andersen, T.M. & Svarer, M. 2007 Flexicuity: Labour market performance in Denmark. *CESifo Economic Studies*, 53, 389-429.

Arnold, A., & Staffelbach, B. 2011 Insecurity after restructuring: Is it all about trust in one's employer and one's employability? Discussion paper, 18.

Arocena, P., Núñez, I., & Villanueva, M. 2007 The effect of enhancing workers' employability on small and medium enterprises: Evidence from Spain. *Small Business Economics*, 29, 191-201.

Arthur, J. 1994 Effects of human resource systems on manufacturing performance and turnover. *Academy of Management Journal*, 37, 670-687.

Arthur, M.B., 1994 The boundaryless career: A new perspective for organizational inquiry. *Journal of Organizational Behavior*, 15, 295-306.

Arthur, M. B., Khapova, S. N., and Wilderom, C. P. M. 2005 Career success in a boundaryless career world. *Journal of Organizational Behavior*, 26, 177-202.

Arthur, M.B., & Rousseau, D.M. 1996 Introductions: The boundaryless career as a new employment principle. In M.B. Arthur & D.M. Rousseau (Eds.), *The boundaryless career: A new employment principle for a new organizational era.* New York: Oxford University

Press. pp. 3-19.

Ashley, R. 1998 *Enhancing your employability: How to improve your prospects of achieving a fulfilling and rewarding career.* How To Books Ltd.

Bandura, A. 1977 Toward a unifying theory of behavioral change. *Psychological Review*, 84, 191-215.

Bardwick, J. 1986 *The plateauing trap: How to avoid it in your career・・・and your life.* New York: Amacon（江田順子［訳］1988「仕事に燃えなくなったとき」どうするか ティビーエス・ブリタニカ）.

Barney, J.B. 1991 Firm resources and sustained competitive advantage. *Journal of Management*, 17, 99-120.

Baron, R.M., & Kenny, D.A. 1986 The moderator-mediator variable distinction in social psychological research: Conceptual, strategic, and statistical considerations. *Journal of Personality and Social Psychology*, 51, 1173-1182.

Batt, R., & Valcour, P.M. 2003 Human resources practices as predictors of work-family outcomes and employee turnover. *Industrial Relations*, 42, 189-220.

Becker, G.S. 1994 *Human capital: A theoretical and empirical analysis, with special reference to education*, 3rd ed., University of Chicago Press.

Berntson, E., & Marklund, S. 2007 The relationship between employability and subsequent health. *Work & Stress*, 21, 279-292.

Berntson, E., Näswall, K., Sverke, M. 2008 Investigating the relationship between employability and self-efficacy: A cross-lagged analysis. *European Journal of Work & Organizational Psychology*, 17, 413-425.

Berntson, E., Näswall, K., & Sverke, M. 2010 The moderating role of employability in the association between job insecurity and exit, voice, loyalty and neglect. *Economic and Industrial Democracy*, 31, 215-230.

Berntson, E., Sverke, M., & Marklund, S. 2006 Predicting perceived employability: Human capital or labour market opportunities? *Economic and Industrial Democracy*, 27, 223-244.

Betz, N.E., & Hackett, G. 1981 The relationship of career-related self-efficacy expectations to perceived career options in college women and men. *Journal of Counseling Psychology*, 28, 399-410.

Beveridge, W.H., 1909 *Unemployment: A problem of industry.* Longmans, Green and Co., London.

Blau, P. M. 1964 *Exchange and Power in Social Life.* John Wiley & Sons, New York.

Blau, G.J. 1985 The measurement and prediction of career commitment. *Journal of Occupational Psychology*, 58, 277-288.

Bloch, S., & Bates, T.1995 *Employability: Your way to career success*. Kogan Page, London.

Boerlijst, J.G. 1994 The neglect of growth and development of employees over 40 in organizations: A managerial and training problem. In J. Snel & R. Cremer (Eds.), *Work and Aging*. Taylor & Francis Ltd, London. pp.251-271.

Bolweg, J. F., & Maenhout, J. M. M. 1995 Full employability: Economic necessity, sociologic naïveté? In L.Faase, M.Ott, & C. J.Vos *(Eds.), Nieuwe breukvlakken in het arbeidsbestel?* Utrecht: De Tijdstroom. pp.92-99.

Boom, J., & Metselaar, E. 2001 Determinanten van employability. *Gedrag en Organisatie*, 32, 21-35.

Borghans, L., & De Grip, A. 2000 Skills and low pay: Upgrading or overeducation? In M. Gregory, W. Salverda, & S. Bazen (Eds.), *Labour market inequalities: Problems and policies of low-wage employment in international perspective*. Oxford, Oxford University Press. pp.198-223.

Boudreau, J.W., Boswell, W.R., & Judge, T.A. 2001 Effects of personality on executive career success in the United States and Europe. *Journal of Vocational Behavior*, 58, 53-81.

Boxman, E.A., De Graaf, P.M., & Flap, H.D. 1991 The impact of social and human capital on the income attainment of Dutch managers. *Social Networks*, 13, 51-73.

Boyatiz, R.E. 1982 *Competent manager*. San Francisco: Jossey-Bass.

Bricout, J.C. & Bentley, K.J. 2000 Disability status and perceptions of employability by employers. *Social Work Research*, 24, 87-95.

Brown, P., & Hesketh, A. 2004 *The mismanagement of talent: Employability and jobs in the knowledge economy*. Oxford: Oxford University Press.

Browne, M.W., & Cudeck, R. 1993 Alternative ways of assessing model fit. In K.A. Bollen & J. S. Long (Eds.), *Testing structural equation models*. Newbury Park, CA: Sage.

Büssing, A. 1999 Can control at work and social support moderate psychological consequences of job insecurity? : Results from a quasi-experimental study in the steel industry. *European Journal of Work & Organizational Psychology*, 8, 219-242.

Campbell, D.T., & Fiske, D.W. 1959 Convergent and discriminant validity by the multitrait-multimethod matrix. *Pschylogical Bulletin*, 56, 81-105.

Camps, J. & Majocchi, A. 2010 Learning atmosphere and ethical behavior: Does it make sense? *Journal of Business Ethics*, 94, 129-147.

Carbery, R. & Garavan, T. 2005 Organizational restructuring and downsizing: Issues related to learning, training and employability of survivors. *Journal of European Industrial Training*, 29, 488-508.

Caroli, E., & Van Reenen, J. 2001 Skill-biased organizational change? Evidence from a panel of British and French establishments. *Quarterly Journal of Economics*, 116, 1449-1492.

Chan, D. 2000 Understanding adaptation to changes in the work environment: Integrating individual difference and learning perspectives.In G.R.Ferris (Ed.), *Research in Personnel and Human Resources Management*, 18,Stamford, CT: JAI Press. pp. 1-42.

Chao, G.T. 1990 Exploration of the conceptualization and measurement of career plateau: A comparative analysis. *Journal of Management*, 16, 181-193.

Chapman, G.M., & Martin, J.F. 1995 Computerized business games in engineering education. *Computers & Education*, 25, 67-73.

Chatterjee, S., & Price, B. 1977 *Regression analysis by examples*. New York: John Wiley & Sons.

Cheng, G.H.L., & Chan, D.K.S. 2008 Who suffer more from job insecurity? : A meta-analysis review. *Applied Psychology: An International Review*, 57, 272-303.

Chirumbolo, A., & Hellgren, J. 2003.Individual and organizational consequences of job insecurity: An European study. *Economic and Industrial Democracy*, 24, 217-240.

Confederation of British Industry 1998 *In search of employability: A CBI discussion document*. CBI Publications Unit.

Corvers, F. 1997 The impact of human capital on labour market productivity in manufacturing sectors of the European Union. *Applied Economics*, 29, 975-987.

Deci, E.L., & Flaste, R. 1995 *Why we do what we do: The dynamics of personal autonomy*. G.P. Putnam's Sons, New York（桜井茂男［監訳］1999 人を伸ばす力：内発と自律のすすめ 新曜社）.

Deci, E.L., & Ryan, R.M. 1985 *Intrinsic motivation and self-determination in human behavior*. New York: Plenum.

De Cuyper, N., Bernhard-Oettel, C., Berntson, E., De Witte, H., & Alarco, B. 2008 Employability and employees' well-being: Mediation by job insecurity. *International Review of Applied Psychology*, 27, 488-509.

De Cuyper, N., & De Witte, H. 2008 Job insecurity and employability among temporary workers: A theoretical approach based on the psychological contract. In K. Näswall, J. Hellgren & M. Sverke (Eds.), *The individual in the changing working life*. Cambridge: Cambridge

University Press. pp. 88-107.

De Cuyper, N., & De Witte, H. 2010 Temporary employment and perceived employability: Mediation by impression management. *Journal of Career Development*, 37, 635-652.

De Cuyper, N., & De Witte, H. 2011 The management paradox: Self-rated employability and organizational commitment and performance. *Personnel Review*, 40, 152-172.

De Cuyper, N., De Witte, H., Kinnunen, U., & Nätti, J. 2010 The relationship between job insecurity and employability and well-being among Finnish temporary and permanent employees. *International Studies of Management and Organization*, 40, 57-73.

De Cuyper, N., Mauno, S., Kinnunen, U., & Mäkikangas, A. 2011 The role of job resources in the relation between perceived employability and turnover intention: A prospective two-sample study. *Journal of Vocational Behavior*, 78, 253-263.

De Cuyper, N., Notelaers, G., & De Witte, H. 2009 Job insecurity and employability in fixed-term contractors, agency workers, and permanent workers: Associations with job satisfaction and affective organizational commitment. *Journal of Occupational Health Psychology*, 14, 193-205.

De Feyter, M., Smulders, P., & De Vroome, E. 2001 De inzetbaarheid van mannelijke en vrouwelijke werknemers/ Kenmerken van invloed. *Tijdschrift voor Arbaidesvraagstukken*, 17, 47-59.

De Fillippi, R., & Arthur, M.B. 1996 Boundaryless contexts and careers: A competency-based perspective. In M.B. Arthur & D.M. Rousseau (Eds.), *The boundaryless career: A new employment principle for a new organizational era*. New York: Oxford University Press. pp. 116-131.

De Grip, A., Van Loo, J., & Sanders, J. 2004 The industry employability index: Taking account of supply and demand characteristics. *Industrial Labour Review*, 143, 211-233.

Delery, J.E., & Doty, D.H. 1996 Modes of theorizing in strategic human resource management: Tests of universalistic, contingency, and configurational performance predictions. *Academy of Management Journal*, 39, 802-835.

Demerouti, E., Bakker, A., Nachreiner, F., & Schaufeli, W. 2001 The job demand resources model of burnout. *Journal of Applied Psychology*, 86, 499-512.

De Vaus, D. 2002 *Analyzing social science data: Fifty key problems in data analysis*. Sage, London.

De Vos, A., De Hauw, S., & Van der Heijden, B.I.J.M. 2011 Competency development and career success: The mediating role of employability. *Journal of Organizational Behavior*,

24, 689-708.

Dewhirst, H. 1991 Career patterns: Mobility, specialization, and related career issues. In R.F. Morrisson & J. Adams (Eds.),*Contemporary career development issues*. New Jersey, Hillsdale. pp. 73-107.

De Witte, H. 1999 Job insecurity and psychological well-being: Review of the literature and exploration of some unresolved issues. *European Journal of Work and Organizational Psychology*, 8, 155-177.

De Witte, H., De Cuyper, N., Handaja, Y., Sverke, M., N a swall, K., & Hellgren, J. 2010 Associations between quantitative and qualitative job insecurity and well-being: A test in Belgian banks. *International Studies of Management & Organization*, 40, 40-56.

De Witte, H., & Näswall, K. 2003 'Objective' vs 'subjective' job insecurity: Consequences of temporary work for job satisfaction and organizational commitment in four European countries. *Economic & Industrial Democracy*, 24,149-188.

De Witte, H., & Sverke, M. 2008 Job insecurity: State of the art. Paper presented at the small group meeting "*Job Insecurity in Europe: State of the Art and New Directions*". Leuven: Belgium. pp. 17-19.

Doeringer, P.B., & Piore, M.J. 1971 *Internal labor markets and manpower analysis*. Heath （白木三秀 [監訳] 2007 内部労働市場とマンパワー分析 早稲田大学出版部）.

Dries, N., Pepermans, R., & Carlier, O. 2008 Career success: Constructing a multidimensional model. *Journal of Vocational Behavior*, 73, 254-267.

Drucker, P.F. 1988 The coming of the new organization. *Harvard Business Review*, 66, January–February, 45-53.

Eby, L.T., Butts, M., & Lockwood, A. 2003 Predictors of success in the era of the boundaryless career. *Journal of Organizational Behavior*, 24, 689-708.

Eddleston, K. A., Baldridge, D. C., & Veiga, J. F. 2004 Toward modeling the predictors of managerial career success: Does gender matter? *Journal of Managerial Psychology*, 19, 360-385.

Ettington, D.R. 1992 *Successful career plateauing for middle managers*. Unpublished doctoral thesis.

EU-OSHA 2001 *Occupational safety and health and employability: Programmes, practices and Experiences*. Luxembourg: European Agency for Safety and Health at Work.

European Commission 1998 *Adapting and promoting the social dialogue at community level*. European Commission.

European Commission 2007 *Towards common principles of flexicurity: More and better jobs through flexibility and security.* European Commission. Ke7807284_en.pdf
Evers, F. T., Rush, J. C., & Berdrow, I. 1998 *The bases of competence: Skills for lifelong learning and employability.* Jossey-Bass.
Feintuch, A. 1955 *Improving the employability and attitudes of 'difficult to place' persons.* Psychological Monographs Series, No. 392. Washington, DC, American Psychological Association.
Ference, T., Stoner, T., & Warren, F. 1977 Managing the career plateau. *Academy of Management Review*, 2, 602-612.
Finn, D. 2000 From full employment to employability: A new deal for Britain's unemployed? *International Journal of Manpower*, 21, 384-99.
Flecker, J., Meil, P., & Pollert, A. 1998 The sexual division of labour in process manufacturing: Economic restructuring, training and women's work. *European Journal of Industrial Relations*, 4, 7-34.
Fombrun, C.J. 1996 *Reputation: Realizing value from the corporate image.* HBS Press.
Forrier, A., & Sels, L. 2003 The concept employability: A complex mosaic. *International Journal of Human Resources Development and Management*, 3, 102-124.
Foster, B.P., Lonial, S., & Shastri, T. 2011 Mentoring, career plateau tendencies, turnover intentions and implications for narrowing pay and position gaps due to gender: Structural equations modeling. *The Journal of Applied Business Research*, 27, 71-84.
Fugate, M., Kinicki, A.J. & Ashforth, B.E. 2004 Employability: A psycho-social construct, its dimensions, and applications. *Journal of Vocational Behavior*, 65, 14-38.
藤川恵子 2008 日本版フレキシキュリティ構築への課題―転職と多様な働き方を支援する労働市場政策― *Works Review*, 3, 1-14.
藤村博之 2000 社会的に通用する能力を高める方法 勤労よこはま, 7・8月号, 3-11.
Gaertner, K.N., & Nollen, S.D. 1989 Career experiences, perceptions of employment practices, and psychological commitment to the organization, *Human Relations*, 42, 975-991.
Gamboa, J.P., Gracia, F., Ripoll, P., & Peiro, J.M. 2009 Employability and personal initiative as antecedents of job satisfaction. *The Spanish Journal of Psychology*, 12, 632-640.
Gaspersz, J., & Ott, M. 1996 *Management van employability: Nieuwe in arbeidsrelaties.* Assen: Van Gorcum.
Gattiker, U.E., & Larwood, L. 1988 Predictors for managers' career mobility, success, and

satisfaction. *Human Relations*, 41, 569-591.

Gazier, B. 1990 Employability: Short registration of a changing concept, *Sociologie du Travail*, 32, 575-584.

Gazier, B. 1999 Employability: An evolutionary notion, an interactive concept. In B. Gazier (Eds.), *Employability: Concepts and policies*. Berlin: Institute for Applied Socio-Economics. pp.37-67.

Ghebregiorgis, F., & Karsten, L. 2007 Human resource management and performance in a developing country: The case of Eritrea. *International Journal of Human Resource Management*, 18, 321-332.

Ghoshal, S., & Bartlett, C.A. 1999 *The individualized corporation. A fundamentally new approach to management*. A Harper Business Book.

Glebbeck, A. 1993 *Perspectieven op loopbanen*. Assen, van Gorcum.

Gouldner, A. W. 1957 Cosmopolitans and locals: Toward an analysis of latent social roles-I. *Administrative Science Quarterly*, 2, 281-306.

Granovetter, M. 1973 The strength of weak ties. *American Journal of Sociology*, 78, 1360-1380.

Greenhalgh, L., & Rosenblatt, Z. 1984 Job insecurity: Toward conceptual clarity. *Academy of Management Review*, 9, 438-448.

Greenhaus, J.H., Parasuraman, S., & Wormley, W.M. 1990 Effects of race on organizational experiences, job performance evaluations, and career outcomes. *Academy of Management Journal*, 33, 64-86.

Groot, W., & Maassen Van den Brink, H. 2000 Education, training and employability. *Applied Economics*, 32, 573-581.

Gutek, B., & Cohen, G. 1987 Sex role spillover, and sex at work: A comparison of men's and women's experiences. *Human Relations*, 40, 97-115.

Guthrie, J.P., Coate, C.J., & Schwoerer, C.E. 1998 Career management strategies: The role of personality. *Journal of Managerial Psychology*, 13, 371-86.

Guzzo, R.A., & Noonan, K.A. 1994 Human resource practices as communications and the psychological contract. *Human Resource Management*, 33, 447-462.

Hackman, J.R., & Oldham, G.R. 1975 Development of the job diagnostic survey. *Journal of Applied Psychology*, 60, 159-170.

Hall, D.T. 2002 *Careers in and out of organizations*.Thousand Oaks, California: Sage Publications.

Handy, C. 1989 *The age of unreason*. Boston, MA, Harvard Business School Press.
Handy, C. 1994 *The age of paradox*. Cambridge, MA, Harvard Business School Press.
原井新介 2002 キャリア・コンピテンシー・マネジメント―どうすれば人材のミスマッチは防げるのか― 日本経団連出版.
Hartley, J., Jacobson, D., Klandermans, B., & Van Vuuren, T. 1991 *Job insecurity: Coping with jobs at risk*. London: Sage.
林吉郎・福島由美 2003 異端パワー:「個の市場価値」を活かす組織革新 日本経済新聞社.
Heilmann, S.G., Holt, D.T., & Rilovick, C.Y. 2008 Effects of career plateauing on turnover: A test of a model. *Journal of Leadership & Organizational Studies*, 15, 59-68.
Hellgren, J., Sverke, M., & Isaksson, K. 1999 A two-dimensional approach to job insecurity: Consequences for employee attitudes and well-being. *European Journal of Work and Organizational Psychology*, 8, 179-195.
Hillage, J., & Pollard, E. 1998 *Employability: Developing a framework for policy analysis*. Department for Education and Employment, London.
Hills, J. M., Robertson, G., Walker, R., Adey, M. A., & Nixon, I. 2003 Bridging the gap between degree programme curricula and employability through implementation of work-related learning. *Teaching in Higher Education*, 8, 211-231.
Hiltrop, J.M. 1995 The changing psychological contract: The human resource challenge of the 1990's. *European Management Journal*, 13, 286-294.
平野光俊 1999 キャリア・ドメイン―ミドル・キャリアの分化と統合― 千倉書房.
Hofstede, G. 1991 *Cultures and organizations: Software of the mind*. London: McGraw-Hill (岩井紀子・岩井八郎［訳］1995 多文化社会―違いを学び共存への道を探る 有斐閣).
堀内泰利・岡田昌毅 2009 キャリア自律が組織コミットメントに与える影響 産業・組織心理学研究, 23, 15-28.
Hoyt, K.B. 1978 Employability: Are the schools responsible? In L. Solmon (Ed.), *Reassessing the link between work and education*. New Directions for Education and Work Series, No.1 San Francisco, CA, Jossey-Bass.
Huselid, M.A. 1995 The impact of human resource management practices on turnover, productivity, and corporate financial performance. *Academy of Management Journal*, 38, 635-672.
Hyatt, C. 1996 *Lifetime employability: How to become indispensable*. New York, NY, Mastermedia Limited.
International Labour Organization 2000 *Training for employment: Social inclusion, produc-*

tivity and youth employment. International Labour Conference, 88th Session, Report V.Geneva.

石山恒貴 2011 組織内専門人材の専門領域コミットメントと越境的能力開発の役割 イノベーション・マネジメント, 8, 17-36.

Janssens, M., Sels, L., & Van den Brande, I. 2003 Multiple types of psychological contracts: A six-cluster solution. *Human Relations*, 56, 1349-1378.

Jennings, E.E. 1967 *The mobile manager: A study of the new generation of top executives.* Appleton, New York, NY.

Johada, M. 1984 Social institutions and human needs: A comment on Fryer and Payne. *Leisure Studies*, 3, 297-299.

Judge, T.A., & Bretz, R.D. 1994 Political influence behavior and career success. *Journal of Management*, 20, 43-65.

Judge, T.A., Cable, D.M., Boudreau, J.W., & Bretz, R.B. 1995 An empirical investigation of the predictors of executive career success. *Personnel Psychology*, 48, 485-519.

Kalyal, H. J., Berntson, E., Baraldi, S., Näswall, K., & Sverke, M. 2010 The moderating role of employability on the relationship between job insecurity and commitment to change. *Economic and Industrial Democracy*, 31, 327-344.

Kanter, R. M. 1989 *When giants learn to dance: Mastering the challenge of strategy, management, and careers in the 1990s.* Simon & Schuster, New York.

Kanter, R.M. 1994 *Employability and job security in the 21st century.* Demos, London.

Karasek, R.A. 1979 Job demands, job decision latitude, and mental strain: Implications for job redesign. *Administrative Science Quarterly*, 24, 285-308.

Katigbak, M.S., Church, A.T., & Akamine, T.X. 1996 Cross-culture generalizability of personality dimensions: Relating indigenous and imported dimensions in two cultures. *Journal of Personality and Social Psychology*, 70, 99-114.

Katz, R.L. 1955 Skills of effective administrator. *Harvard Business Review*, 33, 33-42.

経済産業省 2006 社会人基礎力に関する研究会—「中間取りまとめ」— 経済産業省. http://www.meti.go.jp/policy/kisoryoku/honbun.pdf

King, J.E. 2000 White-collar reactions to job insecurity and the role of the psychological contract: Implications for human resource management. *Human Resource Management*, 39, 79-92.

Kinnunen, U., Mäkikangas, A., Mauno, S., Siponen, K., & Nätti, J. 2011 Perceived employability: Investigating outcomes among involuntary and voluntary temporary employees

compared to permanent employees. *Career Development International*, 16, 140-160.
木下武男 2012 若者の逆襲―ワーキングプアからユニオンへ 旬報社.
Kirchmeyer, C. 1998 Determinants of managerial career success: Evidence and explanation of male/female differences. *Journal of Management*, 24, 673-692.
Kluytmans, F., & Ott, M. 1999 Management of employability in the Netherlands. *European Journal of Work and Organizational Psychology*, 8, 261-272.
小池和男 1991 大卒ホワイトカラーの人材開発 東洋経済新報社.
小池和男 2005 仕事の経済学［第3版］東洋経済新報社.
厚生労働省 2001 エンプロイアビリティの判断基準等に関する調査研究報告書 厚生労働省.
　http://www.mhlw.go.jp/houdou/0107/h0712-2.html
厚生労働省 2003 若年者キャリア支援研究会報告書 厚生労働省.
厚生労働省 2004 若年者の就職能力に関する実態調査 厚生労働省.
　http://www.mhlw.go.jp/houdou/2004/01/dl/h0129-3a.pdf
厚生労働省 2007 平成18年転職者実態調査 厚生労働省.
　http://www.mhlw.go.jp/houdou/2007/08/h0808-2.html
黒澤昌子 2003 円滑な転職のための環境整備―知らせる仕組みと知る仕組み 佐藤博樹・玄田有史（編）成長と人材―伸びる企業の人材戦略 勁草書房. pp.105-146.
Lane, D., Puri, A., Cleverly, P., Wylie, R., & Rajan, A. 2000 *Employability: Bridging the gap between rhetoric and reality; second report: Employee's perspective*. London: Create Consultancy/Professional Development Foundation.
Lapalme, M.E., Tremblay, M., & Simard, G. 2009 The relationship between career plateauing, employee commitment and psychological distress: The role of organizational and supervisor support. *The International Journal of Human Resource Management*, 20, 1132-1145.
Lazarus, R.S., & Folkman, S. 1984 *Stress, appraisal, and coping*. New York, NY, Springer.
Lefresne, F. 1999 Employability at the heart of the European employment strategy. *Transfer*, 5, 460-480.
Lentz, E., & Allen, T.D. 2009 The role of mentoring others in the career plateauing phenomenon. *Group & Organization Management*, 34, 358-384.
Leslie, D., & Drinkwater, S. 1999 Staying on in full-time education: Reasons for higher participation rates among ethnic minority males and females. *Economica*, 66, 63-77.
Leuven, E. 2005 The economics of private sector training: A survey of the literature. *Journal of Economic Surveys*, 19, 91-111.

Lincoln, J.R., & Kalleberg, A.L. 1996 Commitment, quits, and work organization in Japanese and U.S. plants. *Industrial and Labor Relations Review*, 50, 39-59.

Locke, E.A. 1976 The nature and cause of job satisfaction, In M.D. Dunnet, (Ed.), *Handbook of industrial and organizational psychology*. Rand, McNally College Publishing Company.

Lodahl, T.M., & Kejner, M. 1965 The definition and measurement of job involvement. *Journal of Applied Psychology*, 49, 24-33.

London, M. 1983 Toward a theory of career motivation. Academy of Management Review, 8, 620-630.

Louis, M.R. 1980 Career transitions: Varieties and commonalities. *Academy of Management Review*, 5, 329-340.

Lyness, K.S., & Thompson, D.E. 2000 Climbing the corporate ladder: Do female and male executives follow the same route? *Journal of Applied Psychology*, 85, 86-101.

March, J.G., & Simon, H.A. 1958 *Organizations*. New York: John Wiley & Sons (土屋守章 [訳] 1977 オーガニゼーションズ ダイヤモンド社).

Markus, H. 1983 Self-knowledge: An expanded view. *Journal of Personality*, 51, 541-565.

Mathieu, J.E. & Zajac, D.M. 1990 A review and meta-analysis of the antecedents, correlates, and consequences of organizational commitment. *Psychological Bulletin*, 108, 171-194.

McClelland, D.C. 1985 *Human motivation*. Scott Foresman, Glenview. IL.

McQuaid, R.W., & Lindsay, C. 2005 The concept of employability. *Urban Studies*, 42, 197-219.

Meyer, J.P., & Allen, N.J. 1991 *Commitment in the workplace*, Sage Publications.

Meyer, J.P., Allen, N.J., & Smith, C.A. 1993 Commitment to organizations and occupations: Extension and test of a three-component conceptualization. *Journal of Applied Psychology*, 78, 538-551.

三木佳光 2008 "人材獲得優位の企業と市場価値のある人材" の研究 文教大学国際学部紀要, 19, 29-45.

Milliman, J.F. 1992 *Causes, consequences, and moderating factors of career plateauing*. Unpublished doctoral dissertation, University of Southern California.

Mitchell, K.E., Levin, A.S., & Krumboltz, J.D. 1999 Planned happenstance: Constructing unexpected career opportunities, *Journal of Counseling and Development*, 77, 115-124.

Mobley, W.H. 1977 Intermediate linkages in the relationship between job satisfaction and employee turnover. *Journal of Applied Psychology*, 62, 237-240.

Mobley, W.H., Horner, S.O., & Hollingsworth, A.T. 1978 An evaluation of precursors of hospital employee turnover. *Journal of Applied Psychology*, 63, 408-414.

森五郎 1989 労務管理序論 森五郎（編）労務管理論（新版）有斐閣 pp. 1-15.
森田慎一郎 2006 大学生における職業の専門性への志向：尺度の作成と医学部進学予定者の職業決定への影響の検討 発達心理学研究, 17, 252-262.
Morrow, P.C., & Wirth, R.E. 1989 Work commitment among salaried professionals. *Journal of Vocational Behavior*, 14, 40-65.
Mowday, R.T., Steers, R., & Porter, L. 1979 The measurement of organizational commitment. *Journal of Vocational Behavior*, 14, 224-247.
Muchinsky, P.M.1976 An assessment of the Litwin & Stringer Organizational Climate Questionnaire: An empirical and theoretical extension of the Sim and LaFollette study. *Personnel Psychology*, 29, 371-392.
Neilsen, J. 1999 Employability and workability amongst Danish employees. *Experimental Ageing Research*, 25, 393-397.
Neuman, S., & Weiss, A. 1995 On the effects of schooling vintage on experience-earning profiles: Theory and evidence. *European Economic Review*, 39, 943-955.
日本看護協会 1996 日本看護協会専門看護師規則 日本看護協会.
http://www.nurse.or.jp/nursing/qualification/howto/pdf/sensaisoku.pdf
日本看護協会 1997 日本看護協会認定看護師規則 日本看護協会.
http://www.nurse.or.jp/nursing/qualification/howto/pdf/censaisoku.pdf
日本経営者団体連盟 1995 新時代の日本的経営 日本経営者団体連盟.
日本経営者団体連盟 1999 エンプロイヤビリティの確立をめざして―「従業員自律・企業支援型」の人材育成を― 日本経営者団体連盟教育研修部.
西脇暢子 2007 成果主義導入組織におけるエンプロイヤビリティと組織コミットメントの関係―電機メーカー3社のアンケート調査とデータ分析に基づく考察．調査と研究（京都大学経済学会），34, 38-61.
Noe, R.A., Noe, A.W., & Bachhuber, J.A. 1990 An investigation of the correlates of career motivation. *Journal of Vocational Behavior*, 37, 340-356.
Organ, D.W. 1988 *Organizational citizenship behavior: The good soldier syndrome.* Lexington Books.
Outin, J.L. 1990 Trajectoires professionnelles et mobilite de la main-d'oeuvre: La construction sociale de l'employabilite, *Sociologie de Travail*, 32, 469-489.
Parsons, F. 1909 *Choosing vocation.* Houghton Mifflin.
Paul, A.K., & Anantharaman, R.N. 2003 Impact of people management practices on organizational performance: Analysis of a causal model. *International Journal of Human*

Resource Management, 14, 1246-1266.

Peck, J., & Theodore, N. 2000 Beyond 'employability'. *Cambridge Journal of Economics*, 24, 729-749.

Pfeffer, J. 1998 *The human equation: Building profits by putting people first*. Boston: Harvard Business School Press.

Pink, D.H. 2009 *Drive: The surprising truth about what motivates us*. Riverhead Hardcover, New York（大前研一［訳］2010 モチベーション3.0：持続する「やる気！」をいかに引き出すか 講談社）.

Pool, L.D., & Sewell, P. 2007 The key to employability: Developing a practical model of graduate employability. *Education +Training*, 49, 277-289.

（NPO法人）POSSE 2008 08年度POSSE若者の「仕事」アンケート調査の概要〜「やりがい」と違法状態のはざまで〜（NPO法人）POSSE

http://www.npoposse.jp/images/08questionnaire

Putnam, R.D. 2000 *Bowling alone: The collapse and revival of American community*, Simon & Schuster（柴内康文［訳］2006 孤独なボウリング——米国コミュニティの崩壊と再生 柏書房）.

Ragins, B.R. & Sundstrom, E. 1989 Gender and power in organizations: A longitudinal perspective, *Psychological Bulletin*, 105, 51-88.

Reisel, W. D., & Banai, M. 2002 Comparison of a multidimensional and a global measure of job insecurity: Predicting job attitudes and work behaviors. *Psychological Reports*, 90, 913-922.

Rhodes, S.R., & Doering, M. 1983 An integrated model of career change. *Academy of Management Review*, 8, 631-639.

Riddell, W., & Sweetman, A. 2000 Human capital formation in a period of rapid change, In W.C. Riddell & F. St-Hiliaire (Eds.), *Adapting public policy to labour market in transition*. Montreal. Institute for Research on Public Polocy. pp. 85-151.

リクルート 2004（平成14年度経済産業省委託調査）平成15年度人材ニーズ調査 リクルート．

http://www.meti.go.jp/report/downloadfiles/ji04_16.pdf

リクルートワークス研究所 2010 ワーキングパーソン調査2010 リクルートワークス研究所．

Romaniuk, K., & Snart, F. 2000 Enhancing employability: The role of prior learning assessment and portfolios. *Journal of Workplace Learning*, 12, 29-34.

Rosenbaum, J. 1989 Organization career systems and employee misperceptions. In M. Arthur, D. Hall & B. Lawrence (Eds.), *Handbook of career theory*. Cambridge, Cambridge University Press. pp. 329-353.

Roskies, E., & Louis-Guerin, C. 1990 Job insecurity in managers: Antecedents and consequences. *Journal of Organizational Behavior*, 11, 345-359.

Rothwell, A., & Arnold, J. 2007 Self-perceived employability: Development and validation of a scale. *Personnel Review*, 36, 23-41.

Rothwell, A., Herbert, I., & Rothwell, F. 2008 Self-perceived employability: Construction and initial validation of a scale for university students. *Journal of Vocational Behavior*, 73, 1-12.

Rothwell, A., Jewell, S., & Hardie, M. 2009 Self-perceived employability: Investigating the responses of post-graduate students. *Journal of Vocational Behavior*, 75, 152-161.

労働政策研究・研修機構 1995 ホワイトカラーの人事管理 調査研究報告書No.68 労働政策研究・研修機構.

労働政策研究・研修機構 2003 調査研究報告書No.161 組織の診断と活性化のための基盤尺度の研究開発―HRMチェックリストの開発と利用・活用― 労働政策研究・研修機構.

労働政策研究・研修機構 2005 "日本人の仕事観"定点観測―「第4回勤労生活に関する調査」結果報告 労働政策研究・研修機構.

労務行政研究所 1985 労務管理実務入門 労務行政研究所.

Rousseau, D.M. 1989 Psychological and implied contracts in organization. *Employee Responsibilities and Rights Journal*, 2, 121-139.

Rousseau, D. M. 2001 The Idiosyncratic deal: Flexibility versus fairness? *Organizational Dynamics*, 29, 260-273.

Ryan, R. M., Huta, V., & Deci, E. L. 2006 Living well: A self-determination theory perspective on eudaimonia. *Journal of Happiness Studies*, 9, 139-170.

櫻田涼子 2010 フラット型組織における昇進展望に関する実証的一考察 ――キャリア・プラトー現象に着目して 福島大学地域創造, 21, 20-34.

坂爪洋美 1999 サバイバー・シンドローム―リストラ後企業に残る人々の心理 経営情報学会誌, 8, 107-110.

Salami, S.O. 2010 Career plateauing and work attitudes: Moderating effects of mentoring with Nigerian employees. *The Journal of International Social Research*, 3, 499-508.

Sanders, J. & De Grip, A. 2004 Training, task flexibility and the employability of low-skilled workers. *International Journal of Manpower*, 25, 73-89.

産業能率大学 2009 新入社員の会社生活調査 産業能率大学.
http://www.sanno.ac.jp/research/pdf/fresh2009.pdf

佐々木直彦 2003 キャリアの教科書―「自分の人生。自分の時間」をつかむエンプロイアビリティの磨き方 PHP研究所.

Schieman, S., Milkie, M.A., & Glavin, P. 2009 When work interferes with life: Work-non work interference and the influence of work-related demands and resources. *American Sociological Review*, 74, 966-988.

関口功 1996 終身雇用制―軌跡と展望 文真堂.

Senge, P.M. 2006 *The fifth discipline: The art & practice of the learning organization*. New York: Crown Business（枝廣淳子・小田理一郎・中小路佳代子［訳］2011 学習する組織―システム思考で未来を創造する 英治出版).

Sheckley, B. G. 1992 *Employability in a high performance economy*. Council for Adult & Experiential.

塩見邦雄・金光義弘・足立明久 1982 心理検査・測定ガイドブック ナカニシヤ出版.

Silla, I., De Cuyper, N.D., Gracia, F.J., Peiro, J.M., & De Witte, H.D. 2009 Job insecurity and well-being: Moderation by employability. *Journal of Happiness Studies*, 10, 739-751.

Sobel, M. E. 1982 Asymptotic confidence intervals for indirect effects in structural equation models. *Sociological Methodology*, 13, 290-312.

Sora, B., Caballer, A., & Peiro, J.M. 2010 The consequence of job insecurity for employees: The moderator role of job dependence. *International Labour Review*, 149, 59-72.

Sousa-Poza, A., & Henneberger, F. 2004 Analyzing job mobility with job turnover intentions: An international comparative study. *Journal of Economic Issues*, 38, 113-137.

Spector, P. E. 1988 Development of the work locus of control scale. *Journal of Occupational Psychology*, 61, 335-340.

Spence, M. 1973 Job market signaling. *Quarterly Journal of Economics*, 87, 355-374.

Steers, R.M., & Mowday, R.T. 1981 Employee turnover and post-decision accomodation process. In L.L. Cummings & B.M. Staw (Eds.), *Research in Organizational Behavior*. Greenwich, Conn.: JAI Press. pp. 237-249.

諏訪康雄 2002 エンプロイアビリティは何を意味するのか? 季刊労働法, 199, 81-95.

Sverke, M., & Hellgren, J. 2002 The nature of job security: Understanding employment uncertainty on the brink of a new millennium. *Applied Psychology: An International Review*, 51, 23-42.

Sverke, M., Hellgren, J., & Näswall, K. 2002 No security: A meta-analysis and review of job

insecurity and its consequences. *Journal of Occupational Health Psychology*, 7, 242-264.
高橋伸夫 1996 見通しと組織均衡 組織科学, 29, 57-68.
高橋俊介 1999 成果主義―どうすればそれが経営改革につながるのか? 東洋経済新報社.
高橋俊介 2003 キャリア論―個人のキャリア自律のために会社は何をすべきなのか 東洋経済新報社.
高橋俊介 2006 人が育つ会社をつくる―キャリア創造のマネジメント 日本経済新聞出版.
竹信三恵子 2009 ルポ 雇用劣化不況 岩波書店.
竹内規彦・竹内倫和・外島裕 2007 人的資源管理研究へのマルチレベル分析の適用可能性：HRM施策と組織風土が職務態度・行動に与える影響の検討事例 経営行動科学, 20, 127-141.
谷口雄治 2010 英国のNVQからQCFへの経過と背景について 職業能力開発研究, 28, 1-14.

Thijssen, J. G. L. 1998 *Employability: Conceptuele varianten en componenten*. Utrecht, FSW, University of Utrecht.

Thijssen, J. G. L., & Van der Heijden, B. I. J. M. 2003 Employability in the focus of attention. In M. J.Morley, P. Gunnigle, N. Heraty, J. Pearson, H.Shiekh, & S. Tiernan (Eds.), *Exploring the mosaic: Developing the discipline*. Dublin: Interesource Group Limited. pp.229-239.

Thomas, W.L., & Thomas, D.S. 1928 *The child in America: Behavior problems and programs*. New York: Knopf.

Trevor, C. 2001 Interactions among actual ease-of-movement determinants and job satisfaction in the prediction of voluntary turnover. *Academy of Management Journal*, 44, 621-39.

Turban, D.B., & Dougherty, T.W. 1994 Role of protégé personality in receipt of mentoring and career success. *Academy of Management Journal*, 37, 688-702.

Van Dam, K. 2004 Antecedents and consequences of employability orientation. *European Journal of Work and Organizational Psychology*, 13, 29-51.

Van Dam, K., Van der Heijden, B.I.J.M., & Schyns, B. 2006 Employability and employee development at work. *Gedrag and Organisatie*, 19, 53-68.

Van der Heijde, C. M., & Van der Heijden, B. I. J. M. 2005 The development and psychometric evaluation of a multi-dimensional measurement instrument of employability—and the impact of aging. *International Congress Series*, 1282, 826-830.

Van der Heijde, C. M., & Van der Heijden, B. I. J. M. 2006 A competence-based and multidimensional operationalization and measurement of employability. *Human Resource Management*, 45, 449-476.

Van der Heijden, B. I. J. M.1999 The relationship between job-related factors and the development of professional expertise throughout the career. *Conference Human Resource Management: Confronting Theory and Reality*, Rotterdam.

Van der Heijden, B. I. J. M. 2002 Prerequisites to guarantee life-long employability. *Personnel Review*, 31, 44-61.

Van der Heijden, B.I.J.M., Boon, J., Van der Klink, M., & Meijs, E. 2009a Employability enhancement through formal and informal learning: An empirical study among Dutch non-academic university staff members. *International Journal of Training and Development*, 13, 19-37.

Van der Heijden, B. I. J. M., De Lange, A.H., Demerouti, E., & Van der Heijde, C.M. 2009b Age effects on the employability-career success relationship. *Journal of Vocational Behavior*, 74, 156-164.

Van Yperen, N.W., Hagedoorn, M., & Geurts, S.A.E. 1996 Intent to leave and absenteeism as reactions to perceived inequity: The role of psychological and social constraints. *Journal of Occupational and Organizational Psychology*, 69, 367-372.

Veiga, J.F. 1981 Plateaued versus nonplateaued managers: Career patterns, attitudes, and path potential. *Academy of Management Journal*, 24, 566-578.

Veiga, J.F. 1983 Mobility influences during managerial career stages. *Academy of Management Journal*, 26, 64-85.

Vroom, V.H. 1964 *Work and motivation*. New York: John Wiley & Sons（坂下昭宣・榊原清則・小松陽一・城戸康彰［訳］1982 仕事とモティベーション 千倉書房）.

Waterman, R.H., Waterman, J.A., & Collard, B.A. 1994 Towards a career-resilient workforce. *Harvard Business Review*, July/August, 87-95.

Wayne, S.J., Liden, R.C., Kraimer, M.L., & Graf, I.K. 1999 The role of human capital, motivation and supervisor sponsorship in predicting career success. *Journal of Organizational Behavior*, 20, 577-595.

Weick, K. E. 1996 Enactment and the boundaryless career: Organizing as we work. In M. B.Arthur & D. M.Rousseau (Eds.), *The boundaryless career: A new employment principle for a new organizational era*. Oxford, UK: Oxford University Press. pp.40-57.

Weiss, D.J., Dawis, R.V., England, G.W., & Lofquist, L.H. 1967 *Manual for the Minnesota Satisfaction Questionnaire*. Minneapolis, MN: University of Minnesota, Work Adjustment

Project, Industrial Relations Center（日本語版出典：高橋弘司 1999 第4章 態度の測定（I）：職務満足 渡辺直登・野口裕之（編）組織心理測定論 白桃書房 pp.107-130）.
Whitely, W., Dougherty, T.W., & Dreher, G.F. 1991 Relationship of career mentoring and socioeconomic origin to managers' and professionals' early career progress. *Academy of Management Journal*, 34, 331-351.
Wircenski, J. L. 1982 *Employability skills for the special needs learner.* ASPEN Publication.
Wittekind, A., Raeder, S., & Grote, G. 2010 A longitudinal study of determinants of perceived employability. *Journal of Organizational Behavior*, 31, 566-586.
Wong, Y.T., Ngo, H.Y., & Wong, C.S. 2002 Affective organizational commitment of workers in Chinese joint ventures. *Journal of Managerial Psychology*, 17, 580-598.
Wood, A. 1994 *North-South trade, employment and inequality: Changes fortunes in a skills driven world.* Oxford, Clarendon Press.
Wright, P.M., & Boswell, W.R. 2002 Desegregating HRM: A review and synthesis of micro and macro human resource management research. *Journal of Management*, 28, 247-276.
山本寛 1995 勤労者のワーク・コミットメントの比較とその関係要因の検討（2）—キャリア上の決定・行動との関係を中心として－日本労務学会年報（第24回全国大会），66-75.
山本寛 1996 勤労者のワーク・コミットメントの比較とその関係要因の検討（3）—勤労者のもつイメージとの関係を中心として 日本労務学会年報（第25回全国大会），85-97.
山本寛 2000 人材開発 服部治・谷内篤博（編）人的資源管理要論 晃洋書房 pp.99-114.
山本寛 2006 昇進の研究［新訂版］—キャリア・プラトー現象の観点から 創成社.
山本寛 2008 転職とキャリアの研究［改訂版］—組織間キャリア発達の観点から 創成社.
山本寛 2009 人材定着のマネジメント—経営組織のリテンション研究 中央経済社.
Yamamoto, H. 2011 The relationship between employee benefit management and employee retention. *International Journal of Human Resource Management*, 22, 3550-3564.
山本寛 2012a 雇用不安と従業員の職務上の態度，意思・行動との関係におよぼすエンプロイアビリティ知覚の影響 日本労務学会第42回全国大会研究報告論集，121-128.
山本寛 2012b エンプロイアビリティ保障の実証的研究 産業・組織心理学会第28回大会発表論文集，64-67.
山本寛 2012c エンプロイアビリティ保障の実証的研究（2）—能力開発以外の観点から—経営行動科学学会第15回年次大会発表論文集，425-430.
山本寛 2013 量的および質的雇用不安と勤労者の職務態度・行動との関係におよぼすエンプロイアビリティの影響 日本労務学会第43回全国大会研究報告論集，139-146.
山本寛・松下由美子・田中彰子・吉田文子・杉本君代・雨宮久子 2013 専門職のキャリア

の停滞と退職との関係におよぼすエンプロイアビリティと専門性コミットメントの影響――キャリア・プラトー現象の観点から　産業・組織心理学会第29回大会発表論文集, 54-57.

Yorke, M. 2004 *Employability in higher education: What it is — what it is not.* Learning and Employment Series 1. York: Learning and Teaching Support Network.

吉池基泰・白石浩介・本田えり子　2010「35歳1万人アンケート」からみえてきた課題　三菱総合研究所所報, 53, 54-65.

吉野諒三　2005　東アジア価値観国際比較調査:文化多様体解析（CULMAN）に基づく計量的文明論構築へ向けて　行動計量学, 32, 133-146.

勇上和史　2001　転職時の技能評価――過去の実務経験と転職後の賃金――　猪木武徳・連合総合生活研究所（編）「転職」の経済学――適職選択と人材育成　東洋経済新報社. pp.93-113.

Zhao, H., Wayne, S.J., Glibkowski, B.C., & Blavo, J. 2007 The impact of psychological contract breach on work-related outcomes: A meta-analysis. *Personnel Psychology*, 60, 647-680.

参考文献

厚生労働省　賃金構造基本統計調査（各年版）.
厚生労働省　雇用管理調査（各年版）.
厚生労働省　能力開発基本調査（各年版）.
厚生労働省　就労条件総合調査（各年版）.
厚生労働省　転職総合実態調査
内閣府　　　国民生活選好度調査.
OECD（Organisation for Economic Co-operation and Development）Employment Outlook（各年版）

事項索引

A-Z
- JD-Rモデル ……… 200, 211, 221, 230
- NEDモデル ……… 39
- NVQ ……… 288
- QCF ……… 288

ア
- 移動資本 ……… 70
- イノベーション ……… 5
- インディペンデント・コントラクター ……… 292
- エンプロイアビリティ ……iv, 193, 204, 211, 225, 229, 264, 266, 268, 273, 275, 276, 292
  - ・アセット ……… 52
  - ──期待 ……… 58
  - ──志向 ……… 3
  - ・スキル……52, 127, 139, 141, 158, 194
  - ──の影響 ……… 92, 171, 192
  - ──の客観的基準 ……… 143, 194
  - ──の知覚……58, 104, 108, 120, 127, 132, 139, 141, 149, 157, 194
  - ──の定義 ……… 27
  - ──の要因 ……… 70, 161
  - ・パラドックス ……… 285
  - ──保障 ……3, 57, 233, 235, 237, 239, 242, 245, 249, 285～287
- エンプロイメンタビリティ ……… 57
- 欧州資格枠組みEQF ……… 289

カ
- 階層プラトー化 ……… 263, 266, 268, 272～275
- 階層プラトー現象 ……… 261
- 外的エンプロイアビリティ …37, 41, 64, 105～107, 146, 192, 241, 249, 250, 255, 268, 291
  - ──知覚 ……… 150, 152
  - ──保障 …242, 243, 248, 257, 258
- 外的質的エンプロイアビリティ ……42, 65
- 外的なプラトー状態 ……… 51
- 外的量的エンプロイアビリティ ……… 65
- 概念的等価性 ……… 117
- 外部労働市場 ……… 72
- 学歴 ……… 77, 158, 164
- 代わりの雇用機会 ……… 49
- 看護師 ……… 267
- 看護職 ……… 275
- 完全雇用 ……… 17
- 企業の社会的責任 ……… 22
- 期待理論 ……… 71, 84
- 客観的エンプロイアビリティの基準 …158
- キャリア意識……98, 176, 198, 212, 258
- キャリア開発コンピテンス ……… 131, 134, 138
- キャリア自律 ………246, 249, 250, 252, 255, 257, 258
- キャリア成功 ……… 2
- キャリアデザイン研修 ……… 247
- キャリア展望 …99, 132, 160, 179, 198, 204, 207, 223, 241, 255
- キャリア・トランジション ……… 36
- キャリアの関係性アプローチ ……… 298
- キャリアの強靭さ ……… 198
- キャリアの幅 ……… 82
- キャリアの明確性 ……… 48
- キャリアの連鎖性 ……… 291
- キャリア発達の意欲 ……… 84
- キャリア・プラトー ……… 243
  - ──化 ……… 51, 263, 268, 274
  - ──現象 ……… 261
- キャリア満足 …98, 132, 160, 176, 198, 204, 207, 223, 241
- キャリア・モチベーション ……198, 269
- キャリア・ラダーシステム ……… 276
- 境界のないキャリア ……… 1
- 業種 ……… 87
- 強靭なキャリア ……… 293
- 共同意識 ……… 46, 64
- 居住・就労地域 ……… 87

勤続期間 …………………79, 159, 167, 191
クリニカル・ラダーシステム …………275
計画的偶発性理論 ………………261, 293
現職務担当期間 …………78, 158, 166
高業績を生む労働施策 ……………238
公的資格 …………………………286
公的職業訓練 ……………………290
国際業務の経験 ………81, 159, 169, 190
国際比較 ……………………116, 194
個人主導のエンプロイアビリティ………20
雇用調整 …………………………216
雇用の劣化 ………………………215
雇用不安…196, 203, 210, 222, 227, 229
雇用保障 ……………246, 249～251, 255
雇用ポートフォリオモデル ……………24
コンピテンシー ………………56, 287

サ

ジェンダーモデル…………………………75
シグナリング理論…………………………73
資源ベース理論……………………………45
自己決定理論…………………92, 197
市場性……………………………………50
質的エンプロイアビリティ ………41, 291
質的雇用不安…215, 217, 218, 221～223
社会医学的エンプロイアビリティ ……17
社会関係・人的資本………………………48
社会人基礎力…………………54, 288
社会的交換理論……………………………94
若年者就職基礎能力………………………54
社内人材公募制度………………………247
就業形態……………………………………86
柔軟性……………………………46, 64
―――と自律のパラドックス
（マネジメント・パラドックス）………7
収入 …………………100, 160, 181
周辺労働者…………………………………72
生涯教育戦略……………………………289
昇進………………………………………100
―――可能性………………………106, 109
職位 ………………80, 159, 167, 188
職業能力評価システム …………………288
職種転換教育………………………………76
職務関与 ………84, 159, 171, 192
職務業績 ………101, 109, 160, 183
職務態度…………………172, 227, 229
職務同一エンプロイアビリティ………40
職務特性理論………………………218, 262
職務の特性…………………………………83

職務満足 ………94, 132, 159, 172, 197,
  204, 207, 223, 241, 255, 258
ジョブモデル………………………………75
自律的な問題解決の程度…………………62
人材輩出企業……………………………244
人的資源管理の知覚……………………238
人的資本……………………………3, 77
―――理論……………………70, 93
心理的契約…………………………2, 219
スカウト候補者としての推薦基準………61
ストレスの評価理論……………………197
性別……………………………74, 158, 161
積極的労働市場政策……………………289
絶対的エンプロイアビリティ……………42
潜在的剥奪モデル………………………219
専門化と脱専門化のパラドックス ………8
専門看護師………………………………276
専門職………………………………260, 266
専門性……………………………………265
―――意識……………………………265
―――コミットメント
  …………264～266, 269, 273, 275, 276
専門知識…………………………45, 64
戦略的人的資源管理……………238, 245
相互作用としてのエンプロイアビリティ…21
相対的エンプロイアビリティ……………42
組織外キャリア…………………………292
組織間キャリア効力……………………109
組織間キャリア発達……………51, 291
組織コミットメント ………96, 132, 160,
  174, 197, 204, 207, 223, 241, 258
組織内エンプロイアビリティ……………40
組織の規模…………………………………90
組織のサポート……………………………89

タ

対象の共通性優位仮説…………………228
退職………………………………260, 263
―――意思 ………102, 133, 161, 184,
  204, 207, 212, 223, 241, 255, 259,
  266, 269, 272, 274
他職種・部門の仕事を担当する程度・
  範囲………………………………………62
多能工化……………………………………7
知覚された外的市場性……………………51
知覚された内的市場性……………………51
中核労働者…………………………………72
適応性………………………………………48
デュアルラダー……………………………40

転勤……………………………………85
転職経験……………61, 143, 149, 150, 152
転職後の処遇の変化………149, 151, 153
転職時の評価………………149, 151, 153
転職の誘い……………145, 146, 151, 153
転職理由…………………………145, 149
特性因子理論……………………………52
トーマスの法則…………………………59

ナ

内的エンプロイアビリティ………37, 41, 64, 105, 106, 192, 241, 247, 255
───保障
　……242, 243, 249, 250, 257, 258
内的質的エンプロイアビリティ……42, 65
内発的動機づけ…………………………93
内部労働市場……………………………72
内容プラトー化……262, 263, 266, 268, 272, 274, 277
内容プラトー現象……………………261
二重労働市場論…………………………72
二分化エンプロイアビリティ…………16
日本型エンプロイアビリティ…………24
任意雇用原則……………………………23
認定看護師……………………………276
ネットワーク…………………………298
年齢………………………75, 158, 163
能力……………………………………242
　───開発　…88, 234, 237〜239, 241
　───ベースのエンプロイアビリティ
　　　…………………………133, 136

ハ

ハイ・インボルブメントモデル………238

ハイ・コミットメント労働施策………246
バランス……………………………47, 64
ビジネス・キャリア制度……………288
評判管理………………………………286
フレキシキュリティ…………………289
ベストプラクティス・アプローチ
　…………………………………238, 246

マ

マンパワー政策としてのエンプロイ
　アビリティ……………………………17
メタ・コンピテンシー…………………56
メンタリング……………………………89
モチベーション…………………………83

ヤ

予測と最適化………………………46, 64

ラ

リテンション……………………260, 285
　───・マネジメント………………57
量的エンプロイアビリティ……………41
量的雇用不安………215, 217, 222, 223
労働時間…………………………………83
労働市場…………………………………86
　───におけるパフォーマンス
　　としてのエンプロイアビリティ……19
　───の変動…………………………91

ワ

ワーク・ライフ・バランス（WLB）
　………………246, 248〜251, 255, 257

人名索引

A

Abegglen, J.C.……………………………2
Adams, G.A.……………………………50
Adey, M.A.……………………………36
Akamine, T.X.………………………118
Alarco, B.………………………………74
Allen, J.…………………………………8
Allen, N.J.……………………………96, 132
Allen, T.D.………………262, 263, 274, 275
Anantharaman, R.N.………………249
Andersen, T.M.………………………289
Arnold, A.　……64, 74, 76, 80, 93, 108, 110, 113, 118, 149, 268

Arocena, P. ·····················37, 65, 96
Arthur, M. B. ········1, 45, 98, 238, 251
Ashforth, B. E. ································30
Ashley, R. ······································29

B

Bachhuber, J. A. ·····························269
Bakker, A. ····································200
Baldridge, D. C. ·····························85
Banai, M. ·····································220
Bandura, A. ···································68
Baraldi, S. ···································201
Bardwick, J. ································261
Barney, J. B. ··································68
Baron, R. M. ························136, 240
Bartlett, C. A. ··································3
Bates, T. ·······································21
Batt, R. ······································250
Becker, G. S. ·························70, 236
Beehr, T. A. ···································50
Bentley, K. J. ·································36
Berdrow, J. ····································54
Bernhard-Oettel, C. ························74
Berntson, E. ········30, 58, 73～78, 83,
 86, 87, 91, 97, 102, 105, 198, 199,
 201, 203～205
Beveridge, W. H. ····························16
Blau, G. J. ···································269
Blau, P. M. ····································94
Blavo, J. ···3
Bloch, S. ······································21
Boerlijst, J. G. ································75
Bolweg, J. F. ····································7
Boom, J. ··7
Boon, J. ·····································235
Boswell, W. R. ·························2, 246
Boudreau, J. W. ···········2, 3, 45, 61,
 77～80, 82～84, 146
Boxman, E. A. ································48
Boyatiz, R. E. ·································56
Bretz, R. D. ····································3
Bricout, J. C. ·································36
Brown, P. ·······················28, 42, 60
Browne, M. W. ······························115
Büssing, A. ··································203
Butts, M. ······································51

C

Caballer, A. ···································95

Cable, D. M. ···································3
Campbell, D. T. ····························144
Camps, J. ···············97, 129, 234, 236
Carbery, R. ····································99
Carlier, O. ·····································98
Caroli, E. ··6
Chan, D. ··························48, 92, 197
Chao, G. T. ···································51
Chapman, G. M. ·····························47
Chatterjee, S. ·······························142
Cheng, G. H. L. ····························197
Chirumbolo, A. ·····························210
Church, A. T. ·······························118
Cleverly, P. ····································41
Coate, C. J. ···································85
Cohen, G. ······································75
Collard, B. A. ··································4
Confederation of British Industry ······30
Corvers, F. ·····································6
Cudeck, R. ··································115

D

Deci, E. L. ·························92, 252, 258
De Cuyper, N. ········41, 63, 65, 74, 79,
 83, 86, 88, 95, 97, 101, 102, 197,
 217, 218, 220
De Feyter, M. ·······························297
De Fillippi, R. ·································45
De Graaf, P. M. ······························48
De Grip, A. ·······16, 30, 40, 58, 60, 61,
 66, 79, 82, 84, 86, 88, 102, 144
De Hauw, S. ··································76
De Lange, A. H. ····························100
Delery, J. E. ·································238
Demerouti, E. ·······················100, 200
De Vaus, D. ·································105
De Vos, A. ············76, 79, 89, 99, 101,
 235, 236
De Vroome, E. ······························297
Dewhirst, H. ··································78
De Witte, H. ········41, 63～65, 74, 86,
 97, 197, 201, 203, 217～220, 232
Dobbins, G. H. ·····························262
Doering, M. ··································50
Doeringer, P. B. ·····························72
Doty, D. H. ·································238
Dougherty, T. W. ·····················71, 89
Dreher, G. F. ·································71
Dries, N. ·······································98

人名索引 | 331

Drinkwater, S. ································36
Drucker, P. F. ································264

E

Eby, L. T. ································51
Eddleston, K. A. ················85, 86, 90
Ettington, D. R. ················109, 161
EU-OSHA ································37
European Commission ··············23, 289
Evers, F. T. ································54

F

Feintuch, A. ································17
Ference, T. ················51, 275, 277
Finn, D. ································36
Fiske, D. W. ································144
Flap, H. D. ································48
Flaste, R. ································252, 258
Flecker, J. ································74
Folkman, S. ································197
Fombrun, C. J. ································286
Forrier, S. ······17, 29, 32, 33, 38, 43, 60, 63, 86
Foster, B. P. ································263, 275
Fugate, M. ········30, 47, 93, 102, 128, 188, 200, 211, 230

G

Gaertner, K. N. ························238, 251
Gamboa, J. P. ·····························93, 95
Garavan, T. ································99
Gaspersz, J. ································44, 285
Gattiker, U. E. ································98
Gazier, B. ························2, 16, 17, 19, 21
Geurts, S. A. E. ································133
Ghebregiorgis, F. ························236
Ghoshal, S. ································3
Glavin, P. ································200
Glebbeck, A. ································69
Glibkowski, B. C. ································3
Gouldner, A. W. ································263
Gracia, F. J. ································93, 197
Graf, I. K. ································89
Granovetter, M. ································298
Greenhalgh, L. ········196, 203, 215, 219
Greenhaus, J. H. ············132, 160, 204
Grip, A. ································8
Groot, W. ································31, 62, 83
Grote, G. ································76

Gutek, B. ································75
Guthrie, J. P. ································85
Guzzo, R. A. ································238

H

Hackman, J. R. ················83, 218, 262
Hagedoorn, M. ································133
Hall, D. T. ································56, 298
Handaja, Y. ································217
Handy, C. ································7, 19, 293
Hardie, M. ································41
Hartley, J. ································217
Heilmann, S. G. ································262
Hellgren, J. ··········196, 197, 200, 203, 210, 212, 217, 218, 220
Henneberger, F. ································119, 153
Herbert, I. ································28
Hesketh, A. ································28, 42, 60
Hillage, J. ································29, 41, 44
Hills, J. M. ································36
Hiltrop, J. M. ································1, 2
Hofstede, G. ································117
Hollingsworth, A. T. ································102
Holt, D. T. ································262
Horner, S. O. ································102
Hoyt, K. B. ································18
Huselid, M. A. ································238, 245
Huta, V. ································93
Hyatt, C. ································21

I

International Labour Organization ······287
Isaksson, K. ································203

J

Jacobson, D. ································217
Janssens, M. ································108
Jennings, E. E. ································85
Jewell, S. ································41
Johada, M. ································219
Judge, T. A. ························2, 3, 71, 72, 82

K

Kalleberg, A. L. ································249
Kalyal, H. J. ································201
Kanter, R. M. ················3, 4, 276, 297
Karasek, R. A. ································200
Karsten, L. ································236
Katigbak, M. S. ································118

Katz, R. L. ·····80
Kejner, M. ·····84, 159
Kenny, D. A. ·····136, 240
Khapova, S. N. ·····98
King, J. E. ·····211
Kinicki, A. J. ·····30
Kinnunen, U. ·····63, 101
Kirchmeyer, C. ·····49
Klandermans, B. ·····217
Kluytmans, F. ·····37
Kraimer, M. L. ·····89
Krumboltz, J. D. ·····261

L

Lane, D. ·····41
Lapalme, M. E. ·····109
Larwood, L. ·····98
Lazarus, R. S. ·····197
Lefresne, F. ·····31
Lentz, E. ·····262, 263, 274
Leslie, D. ·····36
Leuven, E. ·····236
Levin, A. S. ·····261
Liden, R. C. ·····89
Lincoln, J. R. ·····249
Lindsay, C. ·····20, 53
Locke, E. A. ·····94
Lockwood, A. ·····51
Lodahl, T. M. ·····84, 159
London, M. ·····198, 228
Lonial, S. ·····263
Louis, M. R. ·····36
Louis-Guerin, C. ·····220
Lyness, K. S. ·····49

M

Maassen Van den Brink, H. ···31, 62, 83
Maenhout, J. M. M. ·····7
Majocchi, A. ·····97, 129, 234, 236
Mäkikangas, A. ·····101
March, J. G. ·····5, 49, 96, 262
Marklund, S. ·····30, 74, 76
Markus, H. ·····48
Martin, J. F. ·····47
Mathieu, J. E. ·····198
Mauno, S. ·····101
McClelland, D. C. ·····71
McQuaid, R. W. ·····20, 53
Meijs, E. ·····235

Meil, P. ·····74
Metselaar, E. ·····7
Meyer, J. P. ·····96, 132, 160, 204
Milkie, M. A. ·····200
Milliman, J. F. ·····109, 268
Mitchell, K. E. ·····261, 293
Mobley, W. H. ·····102, 148, 267
Morrow, P. C. ·····265, 269
Mowday, R. T. ·····50, 96, 269
Muchinsky, P. M. ·····91

N

Nachreiner, F. ·····200
Näswall, K. ·····74, 197, 201, 203, 217
Nätti, J. ·····63, 101
Neilsen, J. ·····74, 76
Neuman, S. ·····76
Ngo, H. Y. ·····249
Nixon, I. ·····36
Noe, A. W. ·····269
Noe, R. A. ·····269
Nollen, S. D. ·····238, 251
Noonan, K. A. ·····238
Notelaers, G. ·····97
Núñez, I. ·····37

O

OECD Employment Outlook ·····290
Oldham, G. R. ·····83, 218, 262
Organ, D. W. ·····68
Ott, M. ·····37, 44, 285
Outin, J. L. ·····21, 44

P

Parasuraman, S. ·····132
Parsons, F. ·····52, 128
Paul, A. K. ·····249
Peck, J. ·····31
Peiro, J. M. ·····93, 95, 197
Pepermans, R. ·····98
Pfeffer, J. ·····238, 246
Pink, D. H. ·····248
Piore, M. J. ·····72
Pollard, E. ·····29, 41, 44
Pollert, A. ·····74
Pool, L. D. ·····28
Porter, L. ·····96
Poteet, M. L. ·····262
Price, B. ·····142

R

Puri, A. ·····41
Putnam, R.D. ·····48
Raeder, S. ·····76
Ragins, B.R. ·····101
Rajan, A. ·····41
Reisel, W.D. ·····220
Rhodes, S.R. ·····50
Riddell, W. ·····5, 6
Rilovick, C.Y. ·····262
Ripoll, P. ·····93
Robertson, G. ·····36
Romaniuk, K. ·····200
Rosenbaum, J. ·····80, 88
Rosenblatt, Z. ·····196, 203, 215, 219
Roskies, E. ·····220
Rothwell, A. ·····28, 41, 64, 74, 76, 80, 93, 108, 110, 113, 118, 149, 268
Rothwell, F. ·····28
Rousseau, D.M. ·····1, 2, 93
Rush, J.C. ·····54
Russell, J.E.A. ·····262
Ryan, R.M. ·····93

S

Salami, S.O. ·····261, 262
Sanders, J. ·····16, 30, 40, 58, 60, 61, 79, 84, 86, 144
Schaufeli, W. ·····200
Schieman, S. ·····200
Schwoerer, C.E. ·····85
Sels, L. ·····17, 29, 32, 33, 38, 43, 60, 63, 86, 108
Senge, P.M. ·····243
Sewell, P. ·····28
Shastri, T. ·····263
Sheckley, B.G. ·····55, 233
Silla, I. ·····197
Simard, G. ·····109
Simon, H.A. ·····5, 49, 96, 262
Siponen, K. ·····101
Smith, C.A. ·····132
Smulders, P. ·····297
Snart, F. ·····200
Sobel, M.E. ·····138, 241
Sora, B. ·····95, 97, 102, 198, 201
Sousa-Poza, A. ·····119, 153
Spector, P.E. ·····68

Spence, M. ·····73
Steers, R.M. ·····50, 96
Stoner, T. ·····51
Sundstrom, E. ·····101
Svarer, M. ·····290
Sverke, M. ·····30, 74, 196, 197, 200, 201, 203, 212, 217
Sweetman, A. ·····5, 6

T

Theodore, N. ·····31
Thijssen, J.G.L. ·····27, 31, 66, 152
Thomas, D.S. ·····59
Thomas, W.L. ·····59
Thompson, D.E. ·····49
Tremblay, M. ·····109
Trevor, C. ·····30, 59, 70
Turban, D.B. ·····89

V

Valcour, P.M. ·····250
Van Dam, K. ·····3, 4, 32, 297
Van den Brande, I. ·····108
Van der Heijde, C.M. ·····2, 16, 28, 45, 47, 64, 76, 95, 100, 127～129, 131
Van der Heijden, B.I.J.M. ·····2, 16, 27, 28, 32, 45, 47, 63, 64, 76, 95, 100, 127～129, 131, 235
Van der Klink, M. ·····235
Van Loo, J. ·····16
Van Reenen, J. ·····6
Van Vuuren, T. ·····217
Van Yperen, N.W. ·····133, 161, 204, 269
Veiga, J.F. ·····50, 85
Villanueva, M. ·····38
Vroom, V.H. ·····71

W

Walker, R. ·····36
Warren, F. ·····51
Waterman, J.A. ·····4
Waterman, R.H. ·····4
Wayne, S.J. ·····3, 89
Weick, K.E. ·····8, 46
Weiss, D.J. ·····76
Whitely, W. ·····71
Wilderom, C.P.M. ·····98
Wircenski, J.L. ·····127
Wirth, R.E. ·····265, 269

Wittekind, A. ……76, 77, 80, 108, 235
Wong, C.S. ……249
Wong, Y.T. ……249
Wood, A. ……6
Wormley, W.M. ……132
Wright, P.M. ……246
Wylie, R. ……41

Y

Yamamoto, H. ……249
Yorke, M. ……28

Z

Zajac, D.M. ……198
Zhao, H. ……3

ア

足立明久 ……115
天谷正 ……238
石山恒貴 ……265, 269
岡田昌毅 ……132, 160, 204

カ

金光義弘 ……115
木下武男 ……216
黒澤昌子 ……146
経済産業省 ……54
小池和男 ……63, 82, 297
厚生労働省 ……2, 21, 25, 29, 44, 54, 67, 144, 217, 229, 234, 245, 290, 296

サ

坂爪洋美 ……213
櫻田涼子 ……274
佐々木直彦 ……38, 55, 57, 292
産業能率大学 ……iii
塩見邦雄 ……115
白石浩介 ……216
諏訪康雄 ……29
関口功 ……249

タ

高橋俊介 ……56, 57, 234, 247, 248

高橋伸夫 ……99, 199, 210
竹内倫和 ……236
竹内規彦 ……236
竹信三恵子 ……215
谷口雄治 ……288
外島裕 ……236

ナ

西脇暢子 ……97
日本看護協会 ……278
日本経営者団体連盟 ……24, 38, 39, 125

ハ

林吉郎 ……3
原井新介 ……82
平野光俊 ……199
福島由美 ……3
藤川恵子 ……290
藤村博之 ……39
堀内泰利 ……132, 160, 204
本田えり子 ……216

マ

三木佳光 ……243
森五郎 ……101, 230
森田慎一郎 ……264

ヤ

山本寛 ……iv, v, 43, 51, 57, 76, 80, 88, 107〜109, 228, 234, 238, 243〜245, 247〜249, 252, 260〜263, 265, 285, 291
勇上和史 ……146
吉池基泰 ……216
吉野諒三 ……124

ラ

リクルート ……55
————ワークス研究所 ……217
労働政策研究・研修機構 ……iv, 61, 75, 77, 81, 131, 187
労務行政研究所 ……216

《著者紹介》

山本　寛（やまもと・ひろし）
早稲田大学政治経済学部卒業。
その後，銀行などに勤務，大学院を経て，現在青山学院大学経営学部・大学院経営学研究科教授。博士（経営学）。メルボルン大学客員研究員歴任。日本労務学会賞（奨励賞），経営科学文献賞，日本応用心理学会奨励賞，日本労務学会賞（学術賞），経営行動科学学会優秀事例賞，青山学術褒賞受賞。
＜専門領域＞人的資源管理論　組織行動論　キャリア・ディベロップメント
＜主要業績＞
著書（単著）：『人材定着のマネジメント―経営組織のリテンション研究』（中央経済社 2009年），『自分のキャリアを磨く方法―あなたの評価が低い理由』（創成社 2008年），『転職とキャリアの研究［改訂版］―組織間キャリア発達の観点から』（創成社 2008年），『昇進の研究［新訂版］―キャリア・プラトー現象の観点から―』（創成社 2006年）。
著書（主な共著・分担執筆）：『ストーリーで学ぶマネジメントの心理学―「働くこと」を科学する』（ミネルヴァ書房 2014年），『産業・組織心理学―変革のパースペクティブ』（福村出版 2010年），『現代の人的資源管理』（学文社 2004年），『人的資源管理要論』（晃洋書房 2000年）。その他論文多数。
e-mail: yamamoto@busi.aoyama.ac.jp
研究室ホームページ http://yamamoto-lab.jp/

（検印省略）

2014年4月20日　初版発行　　　　　　略称―エンプロイアビリティ

働く人のためのエンプロイアビリティ

著　者　山本　寛
発行者　塚田尚寛

発行所　東京都文京区　株式会社　創　成　社
　　　　春日2-13-1
　　　　電　話 03 (3868) 3867　　FAX 03 (5802) 6802
　　　　出版部 03 (3868) 3857　　FAX 03 (5802) 6801
　　　　http://www.books-sosei.com　振　替 00150-9-191261

定価はカバーに表示してあります。

©2014 Hiroshi Yamamoto　　　　組版：でーた工房　印刷：S・Dプリント
ISBN978-4-7944-2436-5 C3034　　製本：カナメブックス
Printed in Japan　　　　　　　　落丁・乱丁本はお取り替えいたします。

――――― 経営選書 ―――――

働く人のためのエンプロイアビリティ	山本　寛　著	3,400円
転職とキャリアの研究 ―組織間キャリア発達の観点から―	山本　寛　著	3,200円
昇　進　の　研　究 ―キャリア・プラトー現象の観点から―	山本　寛　著	3,200円
テキスト経営・人事入門	宮下　清　著	2,400円
東北地方と自動車産業 ―トヨタ国内第3の拠点をめぐって―	折橋伸哉 目代武史　編著 村山貴俊	3,600円
おもてなしの経営学［実践編］ ―宮城のおかみが語るサービス経営の極意―	東北学院大学経営学部 おもてなし研究チーム　編著 みやぎ　おかみ会　協力	1,600円
おもてなしの経営学［理論編］ ―旅館経営への複合的アプローチ―	東北学院大学経営学部 おもてなし研究チーム　著	1,600円
おもてなしの経営学［震災編］ ―東日本大震災下で輝いたおもてなしの心―	東北学院大学経営学部 おもてなし研究チーム　編著 みやぎ　おかみ会　協力	1,600円
経　営　戦　略 ―環境適応から環境創造へ―	伊藤賢次　著	2,000円
現代生産マネジメント ―TPS（トヨタ生産方式）を中心として―	伊藤賢次　著	2,000円
雇用調整のマネジメント ―納得性を追求したリストラクチャリング―	辻　隆久　著	2,800円
経　営　財　務　論	小山明宏　著	3,000円
イノベーションと組織	首藤禎史 伊藤友章　訳 平安山英成	2,400円
経営情報システムとビジネスプロセス管理	大場允晶 藤川裕晃　編著	2,500円
グローバル経営リスク管理論 ―ポリティカル・リスクおよび異文化 　　ビジネス・トラブルとその回避戦略―	大泉常長　著	2,400円

（本体価格）

――――― 創　成　社 ―――――